经济分析与政策模拟研究报告 2020

ECONOMIC ANALYSIS AND
POLICY SIMULATION
REPORT 2020

李平 娄峰 ◎ 著

中国社会科学出版社

图书在版编目（CIP）数据

经济分析与政策模拟研究报告.2020／李平，娄峰著.—北京：中国社会科学出版社，2020.10
ISBN 978 - 7 - 5203 - 7479 - 8

Ⅰ.①经… Ⅱ.①李…②娄… Ⅲ.①中国经济—经济政策—研究报告—2020 Ⅳ.①F120

中国版本图书馆 CIP 数据核字（2020）第 231313 号

出 版 人	赵剑英	
责任编辑	黄　晗	
责任校对	王玉静	
责任印制	王　超	
出　　版	中国社会科学出版社	
社　　址	北京鼓楼西大街甲 158 号	
邮　　编	100720	
网　　址	http://www.csspw.cn	
发 行 部	010 - 84083685	
门 市 部	010 - 84029450	
经　　销	新华书店及其他书店	
印　　刷	北京明恒达印务有限公司	
装　　订	廊坊市广阳区广增装订厂	
版　　次	2020 年 10 月第 1 版	
印　　次	2020 年 10 月第 1 次印刷	
开　　本	710×1000　1/16	
印　　张	17.5	
字　　数	302 千字	
定　　价	99.00 元	

凡购买中国社会科学出版社图书，如有质量问题请与本社营销中心联系调换
电话：010 - 84083683
版权所有　侵权必究

前　　言

随着经济全球化迅猛发展和中国改革开放的不断深入，经济政策对经济运行正发挥着至关重要的作用。但由于中美经贸摩擦加剧，全球经济发展失衡，突发事件（疫情、地缘冲突等）频发，复杂严峻的国际环境给国内经济带来的波动性和不确定性加剧；同时，国内改革开放已经进入攻坚期和深水区，中央政府多次强调"决策科学化"。在新形势下如何把握政策调整的力度及政策的组合是政府、企业、居民乃至国际社会都非常关注的问题，既是中国经济全面、协调、可持续发展的迫切要求，也是提高中国政府决策水平和促进政府管理现代化的必要条件。因此，对各种政策可能导致的经济效果进行定量分析与模拟日益重要。

通过对经济政策的模拟，分析其对宏观经济、产业结构、社会福利等社会诸方面的影响，可以为我们应对经济社会中出现的各种问题提供理论依据。本报告介绍了中美经贸摩擦政策模拟、中国宏观经济年度计量模型的构建及应用、数据驱动社会科学研究新范式、互联网发展对中国产业结构转型升级的影响分析、金融供给侧结构性改革的异质债务对研发投入的影响、融资约束对企业创新的影响、人力资本对中国服务业企业生产效率的影响、新冠肺炎疫情危机下的农业发展战略、高铁开通的旅游经济效应等宏观、微观分析模拟研究等内容。

本报告具体分工和撰写如下：李平总策划；第一章娄峰承担；第二章张延群承担；第三章万相昱承担；第四章左鹏飞承担；第五章庄芹芹承担；第六章程远承担；第七章张慧慧承担；第八章胡安俊承担；第九章冯

烽承担；第十章王喜峰承担；第十一章朱承亮承担。

  本报告是中国社会科学院中国经济社会综合集成与预测中心研究成果之一。

目　　录

**第一章　中美经贸摩擦的动态效应模拟研究:基于动态
　　　　GTAP 模型** ……………………………………………………（1）
　第一节　文献综述 ……………………………………………………（1）
　第二节　理论模型构建 ………………………………………………（3）
　　一　国际贸易和运输利润方程 ……………………………………（3）
　　二　要素市场均衡方程 ……………………………………………（4）
　　三　动态机制 ………………………………………………………（5）
　第三节　模拟情景设定 ………………………………………………（6）
　第四节　模拟结果分析 ………………………………………………（7）
　第五节　中美经贸摩擦相关政策建议 ………………………………（12）
　　一　从战略高度重视中美贸易纠纷,转变发展模式 ……………（12）
　　二　加强协商,坚持中国的核心利益 ……………………………（12）
　　三　切实有效降低企业宏观税负,改善营商环境 ………………（13）
　　四　加强科技创新,深化制度改革 ………………………………（13）

第二章　中国宏观经济年度计量模型的构建和应用 ………………（14）
　第一节　大型宏观经济计量模型简介 ………………………………（14）
　第二节　中国宏观经济年度计量（CAEM2019）模型简介 …………（16）
　　一　CAEM2019 模型的特点 ………………………………………（16）
　　二　CAEM2019 模型的结构和特征 ………………………………（17）
　第三节　CAEM2019 模型中行为方程和恒等式 ……………………（18）
　　一　消费 ……………………………………………………………（18）

二　投资 …………………………………………………………（20）
　　三　国外贸易 ………………………………………………………（21）
　　四　劳动就业 ………………………………………………………（22）
　　五　生产和工资 ……………………………………………………（23）
　　六　价格 ……………………………………………………………（24）
　　七　政府部门 ………………………………………………………（26）
　　八　金融 ……………………………………………………………（26）
　　九　模型中的等式 …………………………………………………（28）
第四节　模型的预测和情景分析 ………………………………………（32）
　　一　外生变量的设定 ………………………………………………（32）
　　二　模型的预测 ……………………………………………………（36）
　　三　情景分析 ………………………………………………………（38）

第三章　数据驱动社会科学研究新范式：从微观模拟技术到综合集成方法论 …………………………（40）

第一节　引言 ……………………………………………………………（40）
第二节　社会科学研究既有范式对复杂社会的认知局限 …………（41）
　　一　社会科学研究既有范式及其认知局限 ………………………（41）
　　二　人类社会活动复杂适应性特征 ………………………………（42）
　　三　社会科学研究既有范式认知局限背后的方法论
　　　　根源 ………………………………………………………………（43）
　　四　应对人类社会复杂性的综合集成方法论 ……………………（44）
第三节　大数据内涵特征与数据驱动的社会科学研究范式 ………（45）
　　一　大数据概念特征及内涵辨析 …………………………………（45）
　　二　大数据技术应对人类社会复杂适应性的优势 ………………（46）
　　三　大数据技术应对人类社会复杂适应性的障碍 ………………（46）
第四节　微观模拟模型与公共政策精准评价 …………………………（48）
　　一　微观模拟模型的概述 …………………………………………（48）
　　二　微观模拟模型的发展进程 ……………………………………（52）
　　三　中国特色的微观模拟模型探索 ………………………………（55）
第五节　综合集成方法论 ………………………………………………（56）

一　方法论的发展 …………………………………………（57）
　　二　钱学森—综合集成方法形成过程 ……………………（58）
　　三　综合集成方法的运行机理 ……………………………（60）
　　四　钱学森综合集成方法的主要内容 ……………………（61）
　第六节　总结性评论及推动数据驱动研究范式的建议 …………（64）

第四章　互联网发展对中国产业结构转型升级的影响分析
　　　　——基于系统 GMM 与门限效应的检验 ………………（67）
　第一节　文献综述 …………………………………………………（68）
　第二节　作用机制与理论假说 ……………………………………（70）
　第三节　模型设定与变量选取 ……………………………………（72）
　　一　模型设定 ………………………………………………（72）
　　二　变量选取 ………………………………………………（75）
　第四节　估计结果及分析 …………………………………………（78）
　　一　基本估计结果 …………………………………………（78）
　　二　区域差异性分析 ………………………………………（85）
　　三　基于 LOWESS 方法的曲线拟合 ……………………（89）
　　四　面板门限模型的回归结果及分析 ……………………（90）
　　五　稳健性检验 ……………………………………………（92）
　第五节　研究结论 …………………………………………………（93）
　第六节　对策建议 …………………………………………………（94）

第五章　基于金融供给侧结构性改革的异质债务对研发投入的
　　　　影响研究 …………………………………………………（97）
　第一节　研究背景 …………………………………………………（97）
　第二节　文献述评与理论分析 ……………………………………（99）
　　一　文献述评 ………………………………………………（99）
　　二　理论分析 ………………………………………………（100）
　第三节　研究设计 …………………………………………………（105）
　　一　样本说明 ………………………………………………（105）
　　二　变量定义 ………………………………………………（105）

三　估计方法 …………………………………………………… (107)

第四节　实证结果与分析 …………………………………………… (108)

　　一　基准回归结果分析 ………………………………………… (108)

　　二　制约因素分析 ……………………………………………… (110)

　　三　稳健性与内生性讨论 ……………………………………… (111)

第五节　进一步研究：金融配给机制分析 ………………………… (113)

　　一　金融配给机制检验 ………………………………………… (113)

　　二　动态效应检验 ……………………………………………… (116)

第六节　结论与启示 ………………………………………………… (119)

第六章　融资约束对企业创新的影响：基于中国工业企业数据的经验证据 ……………………………………………………… (121)

第一节　引言 ………………………………………………………… (121)

第二节　实证方法 …………………………………………………… (122)

　　一　实证模型 …………………………………………………… (122)

　　二　变量与数据 ………………………………………………… (123)

第三节　实证结果分析 ……………………………………………… (124)

　　一　企业创新决策的实证结果分析 …………………………… (124)

　　二　稳健性检验 ………………………………………………… (125)

　　三　企业创新成果的实证结果分析 …………………………… (128)

　　四　稳健性检验 ………………………………………………… (129)

　　五　对高技术产业的进一步分析 ……………………………… (132)

第四节　结论与政策建议 …………………………………………… (135)

第七章　人力资本如何影响中国服务业企业生产效率
　　　　——基于企业内外部的视角 ………………………………… (136)

第一节　引言 ………………………………………………………… (136)

第二节　实证模型 …………………………………………………… (139)

　　一　生产函数的设定 …………………………………………… (139)

　　二　实证方法：多层模型 ……………………………………… (140)

第三节　数据及变量 ………………………………………………… (142)

一　数据来源 …………………………………………………（142）
　　二　企业及地区层面变量构建 …………………………………（143）
第四节　描述性统计 …………………………………………………（145）
　　一　服务业技能分类 ……………………………………………（145）
　　二　变量描述性统计 ……………………………………………（147）
第五节　实证结果 ……………………………………………………（148）
　　一　生产函数估计 ………………………………………………（148）
　　二　企业内外人力资本的交互效应 ……………………………（150）
第六节　进一步讨论 …………………………………………………（151）
　　一　分技能类型 …………………………………………………（151）
　　二　功能类型 ……………………………………………………（153）
　　三　细分行业 ……………………………………………………（158）
　　四　分所有制 ……………………………………………………（159）
第七节　结论与政策建议 ……………………………………………（164）

第八章　新冠肺炎疫情危机下的农业发展战略：适度规模与绿色品牌 ………………………………………………（167）
第一节　引言 …………………………………………………………（167）
第二节　新冠肺炎疫情影响下的粮食安全与农业基础地位 ………（168）
　　一　粮食安全战略 ………………………………………………（168）
　　二　农业的基础地位 ……………………………………………（169）
第三节　严峻的经营形势与出路 ……………………………………（170）
　　一　农业经营形势十分严峻 ……………………………………（170）
　　二　提高农业经济效益的思路与出路 …………………………（173）
第四节　适度规模与农业发展 ………………………………………（174）
　　一　农业规模经营的适度问题 …………………………………（174）
　　二　适度规模经营的主要作用区域 ……………………………（175）
　　三　适度规模经营的运转路径 …………………………………（176）
第五节　绿色品牌与农业发展 ………………………………………（177）
　　一　农产品特性与绿色品牌发展逻辑 …………………………（177）
　　二　地理标志产品与品牌建设抓手 ……………………………（178）

三　绿色品牌建设的路径 ……………………………………… (179)
　第六节　结论 ……………………………………………………… (181)

第九章　高铁开通的旅游经济效应研究 ……………………………… (182)
　第一节　引言 ……………………………………………………… (182)
　第二节　中国高铁发展历程与理论分析 ………………………… (185)
　　一　中国高铁发展历程 ………………………………………… (185)
　　二　理论分析 …………………………………………………… (186)
　第三节　实证设计 ………………………………………………… (188)
　　一　识别策略 …………………………………………………… (188)
　　二　样本与变量 ………………………………………………… (189)
　第四节　实证结果与分析 ………………………………………… (192)
　　一　双重差分法适用性检验 …………………………………… (192)
　　二　基本回归 …………………………………………………… (193)
　　三　异质性 ……………………………………………………… (195)
　　四　稳健性检验 ………………………………………………… (196)
　　五　内生性问题 ………………………………………………… (199)
　第五节　识别检验与机制分析 …………………………………… (200)
　第六节　与相关研究结果的比较与讨论 ………………………… (202)
　第七节　结论与启示 ……………………………………………… (204)

第十章　2035年中国十九大城市群常住人口预测 ………………… (206)
　第一节　研究背景 ………………………………………………… (206)
　第二节　研究进展 ………………………………………………… (208)
　第三节　研究范围 ………………………………………………… (209)
　第四节　模型构建 ………………………………………………… (210)
　第五节　结果与分析 ……………………………………………… (210)
　　一　中国人口现状分析 ………………………………………… (210)
　　二　十九大城市群常住人口总体现状及演变趋势分析 ……… (213)
　　三　十九大城市群常住人口预测 ……………………………… (217)
　第六节　研究结论与政策建议 …………………………………… (222)

第十一章 智慧城市是否加速了城市创新？ (224)
第一节 问题的提出 (224)
第二节 机制分析与理论假说 (226)
第三节 模型构建与变量说明 (230)
  一 模型构建 (230)
  二 变量说明 (231)
第四节 实证检验及结果分析 (234)
  一 基准模型检验 (234)
  二 平行趋势检验 (235)
  三 内生性问题讨论 (237)
  四 稳健性检验 (238)
  五 异质性检验 (242)
第五节 作用机制识别 (243)
  一 信息技术效应检验 (244)
  二 人力资本效应检验 (245)
  三 制度环境效应检验 (247)
第六节 结论与政策建议 (249)

参考文献 (251)

第 一 章

中美经贸摩擦的动态效应模拟研究:基于动态 GTAP 模型

自从 2018 年美国首先对中国产品加征关税以来,中美经贸摩擦持续不断加剧。从本质上来看,中美经贸摩擦与争端深刻体现了全球经济结构变化失衡、中美两国经济实力变化失衡以及世界经济增长新旧动能的失衡等,将对中国既定发展模式产生长期影响和冲击,应引起中国的充分重视和警惕。2019 年中美贸易谈判破裂后,美国不仅对中国产品进一步提高关税税率,而且还对中国企业(比如华为)实施围追堵截政策,企图遏制中国经济和科技水平的进步和发展。因此,在国内外形势剧变和战略环境不断变化的情况下,准确研判不断加剧的中美经贸摩擦将对中国宏观经济及其结构产生什么样的影响?中国应采取什么政策措施?如何确保中国经济社会平稳快速发展?这些问题的分析和研究显然具有重要的现实意义。

第一节 文献综述

中美两国的经贸摩擦问题从中美两国建交开始就不断发生,作为全球最大的经济体,中美两国的经贸摩擦势必会引起国内外学者的广泛关注,其研究主要包括两个方面。

一是关于中美经贸摩擦发生原因方面的研究。中美贸易失衡的不断加剧,导致中美经贸摩擦频繁发生(黄晓凤、廖雄风,2011),但中美贸易不平衡的根本原因是中美两国国内的宏观经济结构中储蓄与投资的不平衡

（亢梅玲，2006），以及美国违背国际贸易的理论，限制资本与技术密集型产品向中国出口（于铁流、李秉祥，2004），再加上美国近年来经济发展不景气，国内失业率上升，使得中美经贸摩擦愈演愈烈（Suk Hi Kim 等，2014）。中美经贸摩擦表面上是中国处于高额的贸易顺差，美国处于高额的贸易逆差，但是贸易顺差或逆差只是表面现象，在全球价值链的背景下，贸易利益与贸易失衡并不是同向的（刘建江、杨细珍，2011）。中美贸易冲突充分体现了美国的单边贸易政策，并且与美国税改等国内政策具有内在的逻辑关系（张华新等，2019）。

二是关于中美经贸摩擦对两国和世界经济影响的研究。肖志敏、冯晟昊（2019）基于贸易增加值视角分析了中美经贸摩擦的经济影响，模拟结果显示，以出口总值衡量的贸易影响极大地高估了中国出口损失，以出口增加值衡量的中国出口受损程度要小于美国。周政宁、史新鹭（2019）运用 GTAP 模型模拟分析经贸摩擦对中美两国经济的影响，研究发现中国经济增速、出口和进口的下降幅度均高于美国，这表明经贸摩擦对中国的负面冲击更大。李昕（2012）基于 GTAP 模型，对中、美或将发生的局部经贸摩擦及不同程度的全面贸易制裁进行模拟，结果显示，经贸摩擦对中美两国的影响均是弊大于利。朱梦楠、曹春玉（2019）基于随机一般均衡模型，研究了美国发动经贸摩擦对中国贸易均衡、金融稳定和实体经济的整体影响，研究发现，面对不利贸易条件和进口需求降低的冲击，中国需要根据具体经济形势在金融稳定、贸易均衡及实体经济稳定等目标之间做出相应的汇率安排。黄鹏等（2018）基于全球价值链的视角，发现全球价值链在中美经贸摩擦中起到了缓冲作用，但随着摩擦规模的扩大，中国受到的负面影响将会叠加。崔连标等（2018）研究发现，中美经贸摩擦对两国经济均产生负面影响，并且美国的贸易制裁并不能有效解决贸易失衡问题，反而会形成明显的贸易转移效应。刘元春（2018）认为，若中国实现技术提升，将有利于抵消中美经贸摩擦的不利影响。Dixon（2017）基于 GTAP 模型，模拟分析了美国对中国进口产品征收 45% 关税的影响，结果显示，中美两国的 GDP 均出现不同程度的下降，并且美国的制造业没有明显的复苏。同时，中美关税增加本身不会造成全球重大的经济损失，但可能产生重要的示范效应，全球关税上调将使许多经济体陷入衰退，最终将使世界贸易量减少三分之一。Justin 等（2018）研究发现，美国对中国出口产品征收严厉关税的提议对减少美国整体贸易不平衡和增加美国就业机会的贡献微乎其微，同时，这样的措施可能会将一些制造业活动从中国转移到其他低收入经济体，虽然可以缓解美中贸易不平衡，但并不能扭转美国贸易逆差总额的事实。Saiful Alim Rosyadi 和 Tri Widodo（2017）使用 GTAP 标准模型研究了美国进口中国商品关税增加对全球经济的影响，模拟情景描述了全面保护和制造保护的短期效应以及来自中国的适当报复。在全球层面，该政策预计会导致 GDP、贸易条件和福利的下降，并增加美国和中国的贸易平衡，同时其他国家的宏观经济变量将受到混合影响。

上述文献对中美经贸摩擦及其影响进行了有益的开拓性分析与探讨，但很少构建动态模型模拟分析中美经贸摩擦的动态累积效应，而且都是仅仅分析关税加征的影响，缺乏与现实政策的结合，没有考虑中国现实的应对策略（比如降低增值税税率等），因此研究结论缺乏现实的政策参考价值和指导意义；另外，上述文献几乎都是基于第九版 GTAP 数据库，而第九版 GTAP 数据库是各国 2011 年的数据，因此相对陈旧，与现在的各国经济产业结构差异较大。因此，本书根据最新的 GTAP 数据库（第十版），构建了一个动态全球贸易分析模型，动态模拟中美经贸摩擦对中美两国以及世界其他国家宏观经济的中长期影响（2019—2025 年）；另外，还结合中国现实的财政税收政策，从降低增值税税率的角度设置了中国不同的应对策略模拟方案，以期寻找有效应对和降低中美经贸摩擦对中国经济及产业结构负面影响的对策。

第二节　理论模型构建

本书基于国际贸易理论和一般均衡理论等，构建一个全球动态可计算一般均衡模型，其中主要核心方程如下：

一　国际贸易和运输利润方程

GTAP 模型中包括贸易和运输服务，对其需求利润可以用商品离岸价和到岸价之间的差额来表示，式（1—1）用简单的 Leontief 函数来刻画对国际贸易和运输服务的总需求 $XWMG$。式（1—2）通过简单的 Leontief 函数，刻画不同类型的国际贸易和运输服务的总需求，并记为 m。式（1—3）表示国际贸易和运输服务的价格，由各种类型的运输服务方式加权得到，其中，$PTMG_m$ 表示类型 m 的全球贸易和运输服务的价格。式（1—4）用来刻画国际贸易和运输服务 m 的全球需求 $XTMG$。

$$XWMG_{r,i,d} = \zeta^{mg}_{r,i,d} X W^d_{r,i,d} \qquad (1—1)$$

$$XMGM_{m,r,i,d} = \frac{\alpha^{mg}_{m,r,i,d}}{\lambda^{mg}_{m,t,i,d}} XWMG_{r,i,d} \qquad (1—2)$$

$$PWMG_{r,i,d} = \sum_m \frac{\alpha^{mg}_{m,r,i,d}}{\lambda^{mg}_{m,t,i,d}} PTMG_m \qquad (1—3)$$

$$XTMG_m = \sum_r \sum_i \sum_d XMGM_{m,r,i,d} \qquad (1—4)$$

式（1—5）表示在 r 区域，供给商对类型 m 的国际贸易和运输服务的需求，各供给商之间的替代弹性由 σ^{mg} 表示，其中变量 $XA_{r,m,tmg}$ 表示 r 区域 m 部门的产出。式（1—6）表示每种类型 m 的国际贸易和运输服务的全球平均供应价格，由于在 GTAP 数据库中，进口份额为零，因此 Armington 变量将等于国内部分。

$$XA_{r,m,tmg} = \alpha^a_{r,m,tmg} XTM G_m \left(\frac{PTMG_m}{PA_{r,m,tmg}}\right)^{\sigma^{mg}_{r,m}} \qquad (1—5)$$

$$PTMG_m = \left[\sum_r \alpha^a_{r,m,tmg} PA^{(1-\sigma^{mg}_{r,m})}_{r,m,tmg}\right]^{\frac{1}{(1-\sigma^{mg}_{r,m})}} \qquad (1—6)$$

二 要素市场均衡方程

式（1—7）刻画了可移动要素的总供应量 XFT，它是变量经济系统价格 $PABS$ 的函数，在式（1—7）中，如果将 η^{ft} 的数值设为 0，其产生的影响与总供给外生化相同。式（1—8）表示不同类型要素的供应量，第一行用标准 CET 函数刻画了部分可激动要素（如陆地）的供应量，第二行刻画了完全可移动要素（劳动力和资本）的供应量，第三行刻画了自然资源要素的供应量。式（1—9）刻画了可移动要素的复合要素的价格。通过式（1—7）—式（1—12），将要素市场的供给和需求，以及要素的均衡价格联系在一起，实现了要素市场的均衡。

$$XFT_{r,fm} = A^{ft}_{r,fm} \left(\frac{PFT_{r,fm}}{PABS_r}\right)^{\eta^{ft}_{r,fm}} \quad (1—7)$$

$$\begin{cases} XF^s_{r,fm,a} = \gamma^f_{r,fm,a} XFT_{r,fm} \left(\frac{PF^y_{r,fm,a}}{PFT_{r,fm}}\right)^{\omega^f_{r,fm}} \text{if } \omega^f_{r,fm} \neq \infty \\ PF^y_{r,fm,a} = PFT_{r,fm} \text{if } \omega^f_{r,fm} \neq \infty \\ XF^s_{r,fnm,a} = \gamma^f_{r,fnm,a} \left(\frac{PF^y_{r,fnm,a}}{PABS_r}\right)^{\eta^{ff}_{fnm}} \end{cases} \quad (1—8)$$

$$\begin{cases} PFT_{r,fm} = \left[\sum_a \gamma^f_{r,fm,a} PF^{y(1+\omega^f_{r,fm})}_{r,fm,a}\right]^{1/(1+\omega^f_{r,fm})} \text{if } \omega^f_{r,fm} \neq \infty \\ XFT_{r,fm} = \sum_a XF^s_{r,fm,a} \text{if } \omega^f_{r,fm} \neq \infty \end{cases} \quad (1—9)$$

$$XF^s_{r,f,a} = XF^d_{r,f,a} \quad (1—10)$$

$$PF^a_{r,f,a} = PF_{r,f,a}(1 + \tau^{ft}_{r,f,a} + \tau^{fs}_{r,f,a}) \quad (1—11)$$

$$PF^y_{r,f,a} = PF_{r,f,a}(1 - \kappa^f_{r,f,a}) \quad (1—12)$$

三 动态机制

在模型的动态化机制方面，采用动态递归的方式，式（1—13）刻画了人均 GDP 增长率，在 GTAP 模型中，GDP 一般设定为内生的，但是在基准情景条件下，为了实现与现实目标 GDP 的一致，需要将 GDP 暂时外生化，而此时就需要寻找一个工具变量以替代 GDP，如全要素生产率（TFP）。在式（1—14）中，变量 λ^f 表示先前定义的生产率要素，变量 γ^l 是整个经济体的劳动生产率要素，参数 π^a 和 π^m 用于区分不同部门的整体经济变量 γ^l 的活动和劳动生产率，通过式（1—14），阐述了如何确定生产率增长和目标 GDP 的规范。

$$RGDPMP_{r,t} = \frac{(1 + g^y_{r,t}) RGDPMP_{r,t-1} Pop_{r,t}}{Pop_{r,t-1}} \quad (1—13)$$

$$\delta^f_{r,l,a,t} = \pi^a_{r,l,a,t} + \pi^m_{r,l,a,t} \gamma^l_{r,t} \quad (1—14)$$

$$ARK_{r,t} = \sum_i \left[\left(\frac{K_{r,i,t}}{\sum_i K_{r,i,t}}\right) \cdot R_{r,t} \cdot kdist_{r,i,t}\right] \quad (1—15)$$

$$\eta_{r,i,t} = \left(\frac{K_{r,i,t}}{\sum_i K_{r,i,t}}\right) \cdot \left(1 + \beta_{r,i} \cdot \left(\frac{R_{r,t} \cdot kdist_{r,i,t}}{ARK_{r,t}} - 1\right)\right) \quad (1—16)$$

$$\Delta K_{r,i,t} = \frac{\eta_{r,i,t} \cdot \sum_i PQ_{r,i} \cdot INV_{r,i}}{PK_{r,t}} \qquad (1—17)$$

$$K_{r,i,t+1} = K_{r,i,t} \cdot (1 + \frac{\Delta K_{r,i,t}}{K_{r,i,t}} - depr_{r,i}) \qquad (1—18)$$

式（1—15）描述了平均资本价格，式（1—16）描述了根据风险调整后的资本分配系数，式（1—17）描述了各区域的新增资本；式（1—18）为资本存量公式，这四个公式集中刻画了资本积累及新增资本的流动及其分配。

第三节 模拟情景设定

本书基于 GTAP 模型，模拟分析了中国和美国上述经贸摩擦对中美经济及世界经济的影响。首先，将 GTAP 数据库中的 143 个国家加总为 10 个国家和地区，分别为中国、美国、澳大利亚、日本、韩国、越南、印度、欧盟、墨西哥、其他国家；其次，将 GTAP 数据库中的 57 个部门加总为 56 个；8 种要素加总为 5 种，分别为土地、资本、非熟练劳动力、熟练劳动力、自然资源。

本书共设置了四种政策模拟方案，分别是：模拟方案一：中国和美国对进口两国所有商品（除了服务业）互相加征 25% 的关税；模拟方案二：在模拟方案一的情景下，中国政府为减少中美经贸摩擦对中国经济的影响，采取降低 20% 的增值税税率[①]；模拟方案三：在模拟方案一的情景下，中国政府为减少中美经贸摩擦对中国经济的影响，加快技术创新，使得生产技术效率和全要素生产率提升 1%；模拟方案四：在模拟方案一的情景下，中国政府为减少中美经贸摩擦对中国经济的影响，在采取降低 20% 的增值税税率的同时，加快技术创新，使得生产技术效率和全要素生产率提升 1%。

---

① 为应对中美经贸摩擦的负面影响，自 2018 年 5 月 1 日起，中国将制造业等行业增值税税率从 17% 降至 16%，将交通运输、建筑、基础电信服务等行业及农产品等货物的增值税税率从 11% 降至 10%；自 2019 年 4 月 1 日起，进一步将制造业等行业 16% 的税率降至 13%；将交通运输业、建筑业等行业的增值税税率从 10% 降至 9%；因此，增值税税率总体降幅约 20%。

另外，值得一提的是，本书构建的动态 GTAP 模型还使用了中国海关提供的 2018 年 6 月—2019 年 5 月进出口及关税数据，从而可以更加准确地模拟中美经贸摩擦对中国经济的结构性影响。

第四节　模拟结果分析

模拟结果（见表 1—1）显示，中美经贸摩擦使得中国和美国的 GDP 增速均出现不同程度的下降，其他国家的 GDP 增速出现不同程度的提高。对比中国和美国的 GDP 增速可以看出，中美经贸摩擦使得中国 GDP 增速减少 0.59%，使得美国 GDP 增速减少 0.27%，中美经贸摩擦对中国 GDP 增速的影响大于美国。

表 1—1　模拟方案一下各国宏观经济主要指标的影响（2019 年）

	中国	美国	澳大利亚	日本	韩国	越南	印度	欧盟	墨西哥	其他国家
GDP 增速（%）	-0.59	-0.27	0.04	0.02	0.11	0.55	0.06	0.02	0.17	0.06
居民消费（%）	-0.95	-0.38	0.12	0.11	0.40	1.69	0.15	0.05	0.82	0.18
政府消费（%）	-0.52	-0.01	0.05	0.04	0.19	0.79	0.17	0.01	0.23	0.09
投资（%）	-2.31	-4.10	0.90	1.00	1.34	9.13	0.52	0.75	2.80	0.90
总出口（%）	-2.79	-3.02	-0.20	-0.21	-0.06	-0.59	-0.01	-0.07	-1.36	0.08
总进口（%）	-7.33	-6.39	1.01	1.27	1.03	3.08	0.85	0.32	3.48	1.02
贸易平衡（亿美元）	235.83	647.42	-14.23	-86.00	-35.05	-31.39	-39.92	-198.25	-109.19	-369.22
社会福利（亿美元）	-826.28	-450.77	13.21	55.57	43.17	19.94	35.03	75.42	90.79	334.85
贸易条件（%）	-2.28	-0.66	0.49	0.59	0.53	1.36	0.46	0.14	2.20	0.42
CPI（%）	-1.94	-0.03	0.63	0.65	0.74	1.78	0.81	0.46	2.73	0.69
GDP 平减指数（%）	-2.37	-0.13	0.72	0.76	1.03	3.02	0.88	0.53	3.35	0.82

中美经贸摩擦使得中美两国商品的总进口和总出口均出现不同程度的下降，表现在中国商品的总进口较美国波动较大，而美国商品的总出口较中国波动较大；中美两国进出口贸易的减少使得中美两国的贸易条件出现不同程度的恶化，表现在中国贸易条件恶化 2.28%，美国贸易条件恶化

0.66%。再加上中美经贸摩擦使得两国的居民消费、政府消费、投资、CPI、GDP平减指数等宏观经济指标出现不同程度的减少,最终使得中美两国的社会福利降低,表现在,中国社会福利减少826.28亿美元、美国社会福利减少450.77亿美元。

模拟结果(见表1—2)显示:无论从短期效应还是从长期效应来看,中美经贸摩擦既不利于中国经济的发展,又不利于美国经济的发展,而且随着摩擦程度的加剧,对美国经济的负面影响也在逐渐加剧,说明美国对中国实施的贸易制裁,是典型的"杀敌一千自损八百"的政策,中国若是能顶得住这种压力,美国很可能会自己撤销贸易制裁,这给我们的启示是在贸易谈判中一定坚持核心利益,不轻易妥协,因为美国缺乏持久的贸易制裁动力和底气。

另外,表1—2显示中美经贸摩擦产生"鹬蚌相争,渔翁得利"效果,中国产品的替代国——越南与墨西哥受益最大;随着时间推移,经贸摩擦对美国经济负面影响快速减弱,而中国经济负面影响消除速度远远小于美国,说明经贸摩擦可能给中国经济带来中长期的持久负面影响。

表1—2　　模拟方案一下各国GDP增速的动态累积效应
（2019—2025年）　　　　　　　　　　单位:%

	2019	2020	2021	2022	2023	2024	2025
中国	-0.59	-0.70	-0.81	-0.93	-1.03	-1.13	-1.22
美国	-0.27	-0.31	-0.35	-0.38	-0.42	-0.44	-0.47
澳大利亚	0.04	0.06	0.07	0.09	0.10	0.11	0.11
日本	0.02	0.04	0.07	0.09	0.10	0.12	0.13
韩国	0.11	0.17	0.23	0.28	0.33	0.37	0.42
越南	0.55	0.79	1.02	1.22	1.39	1.53	1.65
印度	0.06	0.09	0.13	0.16	0.19	0.22	0.25
欧盟	0.02	0.04	0.06	0.08	0.10	0.11	0.12
墨西哥	0.17	0.38	0.57	0.71	0.82	0.90	0.96
其他国家	0.06	0.09	0.13	0.17	0.20	0.22	0.25

模拟结果（见表1—3）显示，在产出方面，中美经贸摩擦对中国的皮革制品部门、木制品部门、其他矿物制品部门、电子设备部门、其他制造部门、建筑部门的负面影响较大，分别为 -2.24%、-3.69%、-2.25%、-3.71%、-3.80%、-3.78%，对美国的油料作物部门、纤维作物部门、羊毛丝绸蚕茧部门、林业部门、其他金属部门的负面影响较大，分别为 -13.36%、-11.57%、-2.75%、-3.79%、-3.49%；在进口方面，中美经贸摩擦对中国的小麦种植部门、家畜肉类加工部门、家禽肉类加工部门、其他运输工具生产部门的负面影响较大，分别为 -26.05%、-25.79%、-32.07%、-28.87%，对美国的木制品部门、金属制造部门、电子设备部门的负面影响较大，分别为 -23.41%、-22.08%、-18.08%；在出口方面，中美经贸摩擦对中国的木制品部门、造纸及印刷出版部门、电子设备部门、其他制造部门的负面影响较大，分别为 -7.66%、-7.16%、-7.96%、-10.81%，对美国的油料作物部门、林业部门、皮革制品部门、电子设备部门的负面影响较大，分别为 -22.35%、-28.69%、-25.12%、23.20%。

表1—3　　　　中美经贸摩擦对中美两国主要行业的影响　　　　单位：%

	中国			美国		
	产出	进口	出口	产出	进口	出口
水稻种植部门	-0.18	-16.65	19.44	3.45	-12.25	6.39
小麦种植部门	-0.19	-26.05	21.68	4.10	-3.99	5.38
其他谷物部门	0.00	-12.05	4.46	0.32	-1.83	0.69
蔬菜水果种植部门	0.02	-8.45	4.93	1.29	-3.05	1.72
油料作物部门	5.74	-4.59	2.54	-13.36	-9.04	-22.35
糖类作物部门	0.50	-7.08	3.90	0.81	-4.73	7.25
纤维作物部门	5.32	-9.92	2.35	-11.57	-4.78	-13.02
其他作物部门	3.03	-4.89	2.62	2.92	-4.32	1.42
家畜饲养部门	-0.74	-6.37	11.59	0.48	-2.82	4.77
家禽饲养部门	-0.86	-11.20	-0.97	-0.21	-6.15	-10.13
奶产品生产部门	0.25	-11.76	10.11	0.16	-8.99	8.68
羊毛丝绸蚕茧部门	2.23	-7.45	12.28	-2.75	-0.08	-9.54
林业部门	-0.34	-16.76	0.75	-3.79	-5.48	-28.69

续表

	中国			美国		
	产出	进口	出口	产出	进口	出口
渔业部门	-0.32	-8.66	3.63	-0.12	-1.02	-2.94
煤炭开采部门	0.26	-4.48	5.23	-0.47	-1.73	-1.17
石油开采部门	0.38	-0.64	0.28	-0.03	-0.54	1.12
天然气开采部门	0.14	-0.23	-0.17	0.11	-0.67	0.49
其他矿业部门	0.80	-1.01	-1.04	-1.89	-3.07	-4.61
家畜肉类加工部门	1.76	-25.79	16.14	0.22	-3.12	-2.96
家禽肉类加工部门	0.37	-32.07	15.11	0.48	-6.38	1.53
动植物油加工部门	0.21	-6.11	1.46	4.40	-4.35	8.03
乳品加工部门	0.40	-15.67	12.24	0.13	-3.29	1.04
大米加工部门	-0.27	-7.31	8.48	0.85	-1.94	2.27
糖类制品部门	0.55	-5.26	4.93	0.87	-1.62	4.72
其他食品加工部门	-0.48	-10.74	-2.18	0.30	-6.21	-1.99
饮料烟草部门	-0.50	-6.41	2.54	-0.24	-0.84	-1.25
纺织品部门	0.28	-9.58	-1.40	6.43	-15.47	-12.47
服装部门	-0.01	-8.98	-4.72	6.84	-15.99	-11.24
皮革制品部门	-2.24	-14.40	-4.07	23.40	-17.15	-25.12
木制品部门	-3.69	-17.54	-7.66	1.72	-23.41	-9.58
造纸及印刷出版部门	0.31	-16.83	-7.16	-0.62	-11.19	-10.90
石油煤炭制品部门	-0.21	-2.68	0.01	-0.30	-0.99	-0.77
化工产品部门	0.51	-10.64	-3.16	-0.81	-6.76	-7.15
其他矿物制品部门	-2.25	-17.25	0.88	0.42	-17.10	-4.42
钢铁部门	-0.28	-9.21	4.46	-0.77	-4.52	-5.03
其他金属部门	1.73	-10.78	5.41	-3.49	-3.73	-9.46
金属制造部门	-0.70	-14.32	-0.63	0.93	-22.08	-2.84
汽车部门	-0.82	-9.98	-1.08	-1.81	-3.91	-4.26
其他运输工具生产部门	3.58	-28.87	9.78	-3.45	-7.20	-6.79
电子设备部门	-3.71	-12.07	-7.96	3.27	-18.08	-23.20
其他机械设备部门	0.13	-12.95	-0.64	-1.15	-14.97	-7.84
其他制造部门	-3.80	-16.43	-10.81	6.65	-17.09	-5.90
电力部门	-0.24	-5.48	10.92	-0.28	-1.21	1.76
燃气制造和供应部门	-0.76	-3.10	5.13	-0.23	-1.12	1.70

续表

	中国			美国		
	产出	进口	出口	产出	进口	出口
自来水生产及供应部门	-0.54	-7.88	15.31	-0.25	-0.01	1.16
建筑部门	-3.78	-8.25	9.85	-2.54	-3.68	1.62
贸易部门	-0.47	-6.13	10.73	-0.29	-1.00	1.31
其他运输部门	-0.85	-5.69	8.64	-0.23	-0.79	1.08
海运部门	-0.64	-4.29	-0.42	-0.66	-0.62	-1.94
空运部门	0.45	-3.54	4.21	0.04	-0.37	0.73
通信部门	-0.73	-5.76	10.16	-0.30	-0.53	0.51
金融服务业部门	-0.76	-5.97	11.40	-0.13	-1.75	2.07
保险业部门	0.03	-6.02	11.27	0.11	-1.27	1.99
其他商业部门	-0.82	-6.15	10.42	-0.17	-0.98	1.43
娱乐和其他部门	-0.43	-6.14	11.42	-0.12	-0.94	1.28
公共事业部门	-0.67	-6.76	11.98	-0.12	-0.37	1.36

表1—4显示，对比模拟方案一的结果可以看出，模拟方案二下，将现行标准下的增值税降低20%在一定程度上会减少中美经贸摩擦对中国宏观经济的负面冲击，但是效果较小。模拟方案三下，加快技术创新，使得生产技术效率和全要素生产率提升1%，使中国各宏观经济指标得到明显改善，GDP增速提高3.71%，居民消费和政府消费分别增加3.32%和3.21%，投资增加6.24%，虽然进口和出口均出现不同程度的减少，最终导致贸易平衡由贸易顺差转变为贸易逆差，但是相比于方案一，贸易条件仍是得到明显好转。并且国内社会福利得到了大幅度提升。模拟方案四下，由于方案四是方案二和方案三的组合方案，各项宏观经济指标的变化在方案二和方案三的基础上又得到了进一步的提升和改善。

表1—4 中国宏观经济的变化（2019年）

	方案一	方案二	方案三	方案四
GDP增速（%）	-0.59	-0.49	3.71	3.81
居民消费（%）	-0.95	1.74	3.32	6.13
政府消费（%）	-0.52	-1.82	3.21	1.87

续表

	方案一	方案二	方案三	方案四
投资（%）	-2.31	-2.13	6.24	6.43
总出口（%）	-2.79	-5.37	-6.62	-9.29
总进口（%）	-7.33	-7.05	-4.83	-4.49
贸易平衡（亿美元）	235.83	-282.72	-912.24	-1462.81
社会福利（亿美元）	-826.28	-681.42	2552.87	2710.74
贸易条件（%）	-2.28	-1.79	-1.51	-0.98
CPI（%）	-1.94	-5.92	-0.52	-4.55
GDP平减指数（%）	-2.37	-3.56	-0.92	-2.11

第五节　中美经贸摩擦相关政策建议

一　从战略高度重视中美贸易纠纷，转变发展模式

随着中国经济发展阶段的转换、经济地位和格局的变迁、中国制造的崛起以及高技术领域与美国差距的减小，美国对中国的警觉和遏制意图越来越明显。美国发动贸易争端的目的不仅在于改变中美贸易不平衡，同时也有迫使我们改变有中国特色社会主义市场制度的意图，要求中国更多地遵守西方规矩，按照美国意图进行发展。因此，从中长期来看，保持战略定力，持续深化供给侧结构性改革，切实发展实体经济，提升自主创新能力才是根本之策，是中国积极应对各类国际挑战，在国际竞争中牢牢掌握主动权，以不变应万变的理性战略选择。

二　加强协商，坚持中国的核心利益

中美两国经济的互补性较强，合作空间很大，"和则互赢，斗则互损"。一方面，中国具有庞大的消费市场，并拥有完整的工业生产体系，而且社会政治环境稳定，对外开放包容性强，区域经济差异较大，是世界第二大经济体，这就意味着美国对中国的经济制裁短期内难以见效；另一方面，美国掌握着国际核心技术，掌握国际话语体系和国际货币体系的控制权，但由于人工成本、经营环境、产业链等因素，美国许多中低端产品对中国依赖性很大，短期内也难以替代。因此，根据税收归宿理论，美国

对中国产品加征关税制最终大部分将由美国民众承担,从而使得美国社会福利水平快速下降,这也使得美国政府在对中国进行贸易制裁时面临美国国内强大的社会压力和反对呼声。这给我们的启示是在贸易谈判中一定坚持核心利益,美国缺乏持久的贸易制裁动力和底气。

三 切实有效降低企业宏观税负,改善营商环境

近几年实施的结构性减税政策对降低企业税负无疑起到了积极作用,中国税收占生产总值的比重呈现下降趋势。然而,总体上看,中国企业的宏观税负依然处于较高水平,具体体现在以下方面:非税收入快速增长、个人所得税增长过快、企业增值税负担过重等。在中国经济增速减缓,企业利润增速下滑的形势下,当前积极财政政策的一个核心内容是减轻企业税费负担,降低企业税费负担有利于企业,尤其是中小企业增加活力,从而促进企业增加投入、扩大生产、增加就业、刺激产业发展。政策模拟也显示:适当降低增值税税率有助于中国实际 GDP 增长、有利于降低通货膨胀水平、有利于出口和社会福利提高等。还要切实改善营商环境,进一步加快减税降费改革的步伐,要加大清理力度,规范地方涉企收费,合并或撤销重复征收的税费,切实降低企业税费负担。

四 加强科技创新,深化制度改革

中国必须在教育体制、人才培养、激励机制、管理制度、科研创新、成果评价等方面进行深层次的制度改革。政策模拟结果显示,中国如果加快技术创新,促使生产技术效率和全要素生产率提升1%,将会带动宏观经济的快速发展,并能够有效化解中美经贸摩擦对中国宏观经济所造成的负面冲击。因此,中国必须在产业结构、经济结构、经济运行机制等方面进行更为深层次的制度改革,强调自主创新,激发和调动全社会科技创新的热情、积极性和主动性。

第 二 章

中国宏观经济年度计量模型的构建和应用

第一节　大型宏观经济计量模型简介

大型宏观经济计量模型被广泛用于预测和政策分析。它有两个优点，一是它能通过行为方程和会计等式将宏观经济各个方面的相互关系进行刻画，将一个变量的变动对其他变量的影响在模型中反映出来，因此可以用于分析外生冲击或者政策变动在系统内的传导机制和作用效果，从而用于模拟和政策分析。二是它所具有的结构性，即将模型细分为各个模块，可以使我们清楚地看到不同部门的行为特征及相互关系。因此，宏观经济计量模型是我们理解宏观经济运行机制，进行政策分析的必不可少的工具（Fair，1999）。

宏观经济计量模型在20世纪70年代由于在预测和政策分析方面出现的失败，遇到了质疑和挑战。从20世纪80年代开始，大型宏观经济计量模型开始不断发展和创新。为了克服卢卡斯批判（Lucas，1976），许多模型在方程中添加了前瞻性预期，并增加动态设定；针对Sims（1980）提出的长期关系没有限制的问题，目前的宏观经济计量模型强调通过经济学理论对模型中的长期关系施加限制。Engle和Granger（1987）的误差修正机制（Error Correction Mechanism，ECM）理论提出之后，误差修正（ECM）模型的设定开始成为主流，在ECM模型的设定下，可以将长期均衡和短期动态在一个框架下进行分析，而且可以对长期均衡施加符合经济学理论的限制（Johansen，1995）。

宏观经济计量模型的另一个改进方向是从侧重需求方转向需求和供给相结合。20 世纪 70 年代之前大多数的宏观经济计量模型基于凯恩斯理论，主要以需求为导向，适合进行需求分析和短期预测，对供给方、经济理论以及模型的长期稳定性重视不足（Klein 等，1999）。出于解决实际问题的需要，比如分析社会保障系统或税收系统改革的影响，从 20 世纪 80 年代开始，国际主流大型宏观经济计量模型开始转向同时关注需求和供给方，将短期需求和长期供给相结合（Don，2003）。

将宏观经济计量模型与可计算一般均衡（CGE）模型相结合也是一个创新的方向。CGE 模型能够描述国民经济各个部门、各个核算账户之间的相互依存关系，有坚实的微观经济学基础，是对长期经济政策效果和结构调整的较好的模拟（张欣，2010）。但 CGE 模型大多数属于比较静态分析，缺乏对从一个均衡向另一个均衡调整的动态轨迹的模拟，因此，不太适合对经济政策短期效果进行模拟（Don，2003）。目前的主流宏观经济计量模型都更加注重模型中的经济学理论，其中一类模型是将 CGE 模型具有坚实微观理论基础以及能够刻画长期均衡的优点，与结构宏观经济模型的动态性相结合，既体现经济变量之间的长期均衡关系，又反映出向均衡调整的动态过程，因此非常适合分析短期和长期、供给和需求之间的关系。荷兰中央计划局（CPB）研发并应用的 JADE 模型（Don，2003；Kranendonk 等，2007）是这一类模型的一个代表。它基于年度数据，结合结构宏观经济模型和 CGE 模型，强调供给和需求以及均衡和动态的相互联系，包含 2600 多个方程和恒等式，其中 50 多个为行为方程，核心行为方程通过估计或者校准得到，用于荷兰经济中长期分析和政策模拟。

目前拥有宏观经济分析的大型模型多种多样，除了大型宏观经济模型之外，许多国家的中央银行、政府部门等开发了 CGE 模型、动态随机一般均衡（DSGE）模型等模型，用于决策和政策分析的供给。特别是 DSGE 模型，由于其具有坚实的微观经济学基础，成为目前学术界比较主流的宏观经济计量模型形式。但是从宏观经济政策分析的角度看，各种模型形式其实是不能相替代的，每个模型有自己的优势，也有自己的局限性。

第二节 中国宏观经济年度计量
（CAEM2019）模型简介

一 CAEM2019 模型的特点

（一）将资金流量表和国民生产账户的信息相结合

国外成熟的标准大型宏观经济结构模型都是建立在国民生产账户（NIPA）、资金流量表（FFA）以及更多的国民经济核算统计数据的基础上，充分运用每个统计核算体系的信息，并通过行为方程和恒等式，在模型中刻画各个不同统计核算体系中变量之间相互影响或制约的关系。

目前中国 FFA 的样本期为 1992—2016 年，数据时滞为 2 年左右，样本期较短，因此，较早研发的大型宏观经济模型很难将 FFA 中的时序数据应用于中国大型宏观经济模型中，都是仅仅基于 NIPA 统计数据，目前还没有将 NIPA 和 FFA 结合使用的模型。我们所构建的 CAEM 模型是首次将 NIPA 和 FFA 这两个核算体系的数据结合使用的一个标准中国大型宏观模型，在模型中刻画了 NIPA 和 FFA 中变量之间的相互影响和制约关系，大大丰富了模型的内容。由于引入 FFA 统计数据，使得分析不同财政政策，如改变税率、改变转移支付支出、改变政府支出等财政政策对宏观经济的影响成为可能。

（二）将财富变量引入到模型中

中国社会科学院李扬研究员领导的团队编制了《中国国家资产负债表 2018》（以及 2015 和 2013），对 2000—2016 年的中国国家资产负债表与各部门资产负债表进行了完整的编制。Piketty、Yang 和 Zuckman (2019) 结合了中国国民收入账户数据、调查数据以及最新的税收数据，对 1978—2015 年的收入分配和财富的累积存量进行了估计，提供了比较可靠的、较长时间长度的中国住户、政府部门的财富数据。本研究将以上文献中得到的财富数据引入到宏观模型中，将其与国民经济核算中的消费、投资等变量联系起来，分析财富变动对消费、投资以及宏观经济的影响。

（三）将投资需求设定为以需求为导向

这一点与现有模型有较大的区别，在现有模型中投资一般是由投资来源，也就是说由投资的能力决定的。在 CAEM2019 模型中，将投资设定为是由投资需求决定的，或者说，是由总需求 GDP 以及投资的效率来决定的。将模型设定从需求和供给相结合，转变为主要以需求为制约和决定因素，符合中国经济从高速发展向中速和高质量发展的新常态转型的特点。在经济转型的过程中，许多领域，特别是传统工业领域普遍存在供给过剩、投资收益率下降的现象，投资从过去短缺经济时期受投资能力约束，向着由总需求和生产效率来决定的方式来转变。因此，将模型设定为以需求约束为导向会更加符合目前和未来的经济发展的特征。

综上所述，与原有的模型版本相比较，CAEM2019 模型有以下三个主要特点：一是建模思想为完全以需求为导向、受需求约束；二是将 NIPA 数据与 FFA 数据相结合，充分利用两者的数据和信息，并且通过行为方程和大量的恒等式建立 NIPA 数据和 FFA 数据之间的相互关系；三是将居民和政府的财富存量数据引入到模型中，特别是在构建居民消费的行为方程时，居民的财富存量数据是一个重要的解释变量。

二　CAEM2019 模型的结构和特征

CAEM2019 模型运用 1992—2016 年的年度数据，受数据样本长度所限；行为方程的规模适中，由于结合了 FFA 中的数据，恒等式的数量较大，共有 18 个行为方程、75 个恒等式；内生变量 93 个，外生变量 55 个。

图 2—1 是 CAEM2019 模型结构的示意图。按照国民经济收入账户的结构，结合国民经济各部门的划分，将模型分解为 7 大模块，即消费、投资、国外贸易、生产和工资、价格、政府部门、金融。按照基金流量表的分类，首先分为国内部门和国外部门，再从部门的角度，将国内部门分为非金融企业、金融、政府、住户部门。

行为方程的模型设定形式为 ECM 模型，在 ECM 模型设定形式下，变量之间的长期均衡关系、短期动态和调整系数可以分别得到识别。长期均衡关系的设定由经济学理论来决定，短期动态和调整系数由数据进行估计。单方程的估计方法采用最小二乘（OLS）法，由于数据的样本期较短，因此没有选择更加复杂的考虑到内生性处理的两阶段最小二乘（2SLS）法，或者更加复杂的估计方法。

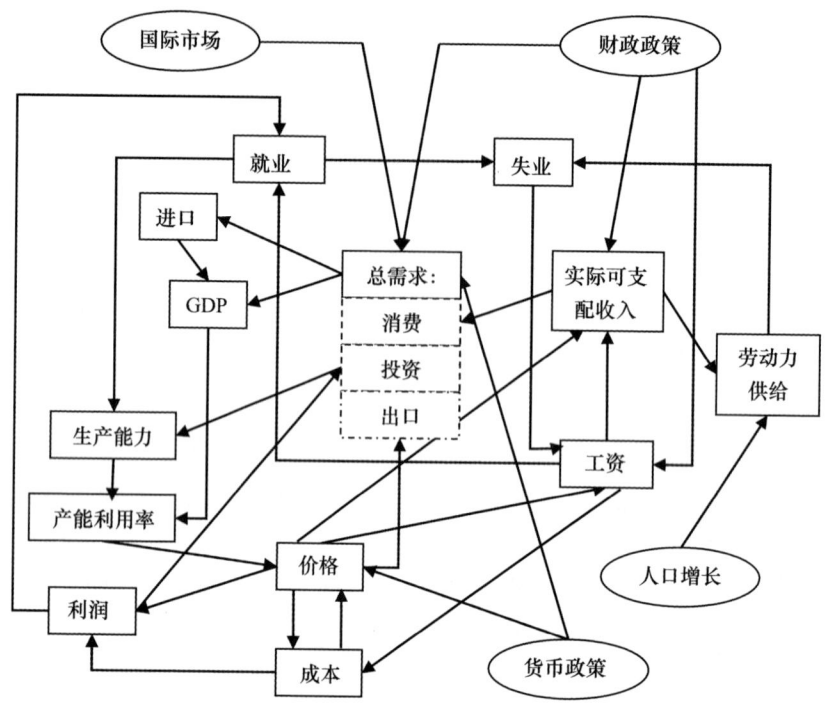

图 2—1　CAEM2019 模型结构图示

模型估计之后，进行了样本外预测和情景分析，具体结果见后面的章节。

第三节　CAEM2019 模型中行为方程和恒等式

在这一部分对模型所包括的 7 大模块中主要的行为随机方程进行解释。为了更好的可读性，本节的模型介绍仅展示模型的设定、变量的定义、估计的结果、系数显著性检验、拟合度和 DW 值。

一　消费

居民消费和劳动报酬是这一模块中的关键行为方程。居民（或住户部门，下文中将两者看作是同一个概念）消费，分为非住房消费和住房消费。在 Fair（2018）的美国宏观经济模型中，还进一步将居民的非住房消费分解为服务、耐用品、非耐用品消费，因为各类消费函数具有不同的特征，在数据允许的情况下，对不同类型消费进行细分，能够更好地刻画不同类型消费函数的特征。由于中国目前缺乏足够的相关数据，因此先将居民消费只分解为住房和非住房消费，未来随着更多统计数据的获得，可以考虑将消费函数进一步细分。

居民人均非住房消费方程中的主要解释变量为人均可支配收入、人均所拥有的财富水平以及价格水平。

这里实际可支配收入的数据是 FFA 中住户部门的名义可支配收入经过消费者价格指数（PCPI）进行平减得到的，住户部门名义可支配收入由住户部门的劳动者报酬总额、个人所得税税率、净转移支付水平决定，在模型中是由 FFA 中的变量构成的一个恒等式，因此，居民人均消费与人均劳动者报酬、人均个人所得税、净转移支付水平、人均财富水平以及通胀水平等因素有关，这些变量的变化，能够引起居民人均消费的变化。居民部门的实际财富变量，定义为实际的金融财富和实际非金融财富之和，后者与居民的住房投资和存量有很强的相关性。财富存量数据来源为 Piketty 等（2019）的有关数据。

居民的住房消费由居民的可支配收入、住房的存量水平所决定。居民住房投资又进一步成为居民的住房存量和非金融财富的一部分。

居民消费方程（EQ01）：

$$\begin{aligned} D[\log(chr/pop)] = &\underset{(3.32)}{1.11} - \underset{(-2.83)}{0.27} D\{\log[whr(-1)/pop(-1)]\} \\ &- \underset{(-6.00)}{0.54} \log[chr(-1)/pop(-1)] \\ &+ \underset{(2.93)}{0.24} \log[inhr(-1)/pop(-1)] \\ &+ \underset{(4.53)}{0.22} \log[whr(-1)/pop(-1)] \\ &R^2 = 0.67, DW = 2.31 \end{aligned} \qquad (2—1)$$

其中，chr 为居民消费（2000 年不变价），whr 为居民财富存量（2000 年不变价），$inhr$ 为居民可支配收入（2000 年不变价），pop 为人口数。

劳动者人均劳动者报酬方程（EQ02）：

$$\begin{aligned} D[\log(ctr)] = &\underset{(-5.71)}{-4.39} - \underset{(-6.04)}{0.43} D\{\log[ctr(-1)]\} \\ &+ \underset{(6.31)}{0.40} D\{\log[wr23(-1)]\} \\ &+ \underset{(3.25)}{0.18} \log[emp2(-1)/emp3(-1)] \end{aligned}$$

$$+ \underset{(3.11)}{0.13} \log[pcpi(-1)]$$

$$R^2 = 0.71, DW = 2.20 \qquad (2\text{—}2)$$

其中，ctr 为劳动者人均劳动者报酬，wr23 为第二、第三产业的平均实际工资，emp2 为全社会第二产业就业人数，emp3 为全社会第三产业就业人数，pcpi 为居民消费价格指数（2000 年 = 100）。

二 投资

这一模块中的主要方程包括企业部门的投资需求和就业需求。由于非金融企业部门占投资总额（即 FFA 中的资本形成）的 70% 左右，是投资的主体，因此将总投资方程放在这一模块中进行研究。

由于非住房投资和住房投资有不同的行为模式，因此将投资分为住房和非住房投资两个行为方程，分别进行模拟。这里的总投资是指 GDP 支出方中的固定资本形成中不包括存货增加的部分，与投资统计中的全社会固定资产投资的概念有较大差别，二者的定义有所不同（国家统计局网站）。主要差别在于，固定资本形成不包括房地产投资，而全社会固定资产投资包括房地产投资。因此，在房地产投资增长较快的年份，如 2014—2017 年，二者的数据有较大的差距。

投资由需求决定，具体说，行为方程中的被解释变量不是投资，而是非住房的资本存量，即被解释变量是生产总产出所需要的资本存量，解释变量为总产出、资本存量的产出效率以及利率水平。企业的投资水平设定为是考虑折旧之后的非住房资本存量的变化。

投资方程的设定反映出模型以需求为导向的特征。在以前以供给为导向，或者供给与需求相结合的模型中，投资是由投资来源决定的（参见本报告第五章中的中国宏观经济季度模型中投资方程的设定），反映出在很大程度上是由供给决定的特点。这是本模型不同于以往模型的一个显著特点。

居民住房资本存量是由国内生产总值和城镇化水平决定的，居民住房投资水平是考虑折旧之后的住房资本存量的变化。

根据中国经济的特点，将总就业分为第一和第二、第三产业的就业。全部就业主要是由需求和劳动生产率决定，第一产业就业数量设定为外生变量，在基准模型中假设每年减少一个百分点，第二、第三产业是全部就业与第一产业就业之差。

非住房资本存量方程（EQ03）：

$$D[\log(kk1/pop)] = \underset{(4.20)}{0.11} + \underset{(1.92)}{0.23}D\{\log[kk1(-1)/pop(-1)]\}$$
$$- \underset{(-3.56)}{0.11}\log[kk1(-1)/pop(-1)]$$
$$+ \underset{(3.68)}{0.11}\log[ysr(-1)/pop(-1)]$$
$$- \underset{(-1.48)}{0.05}\log[muh(-1)] + 0.02D09$$
$$R^2 = 0.86, DW = 1.26 \qquad (2\text{—}3)$$

其中，kk1 为非住房资本存量（2000 年不变价）；ysr 为国内生产总值（支出法 GDP，2000 年不变价）；muh 为每单位的非住房资本的最小产出能力；pop 为人口数；D09 为哑变量，2009 年等于 1，其他年份等于 0。

住房资本存量方程（EQ04）：

$$D[\log(kk2/pop)] = \underset{(6.57)}{0.46} + \underset{(1.92)}{0.34}D\{\log[kk2(-1)/pop(-1)]\}$$
$$- \underset{(-9.12)}{0.45}\log[kk2(-1)/pop(-1)]$$
$$+ \underset{(6.17)}{0.33}\log[ysr(-1)/pop(-1)]$$
$$+ \underset{(8.38)}{0.80}\log[rateU(-1)] - 0.03D08$$
$$R^2 = 0.93, DW = 1.97 \qquad (2\text{—}4)$$

其中，kk2 为居民住房资本存量，由住房投资经永续盘存法加总得到（2000 年不变价）；ysr 为国内生产总值（支出法 GDP，2000 年不变价）；rateU 为城镇化率，定义为城镇人口与总人口的比值；pop 为人口数；D08 为哑变量，2008 年等于 1，其他年份等于 0。

三　国外贸易

国外贸易模块中的主要行为方程是商品出口和进口方程。不变价出口主要由外部需求即世界贸易量决定，实际汇率影响出口的价格，也是一个重要的解释变量。

进口主要由国内需求决定，也受到了实际汇率的影响，考虑到中国出口中有很大一部分是加工贸易，所以出口也是进口的一个潜在的解释变量。进口方程的被解释变量是实际的人均进口，解释变量包括收入、财富、进口价格平减指数 PIM。收入变量使用全口径的收入，即总产出 Y，不是可支配收入，因为进口是由全部部门购买的。

商品进口方程（EQ05）：

$$D[\log(imc/pim/pgdp)] = \underset{(3.61)}{2.29} + \underset{(9.27)}{0.89}D[\log(exc/pex/pgdp)]$$
$$- \underset{(-3.90)}{0.71}D\{\log[imc(-1)/pim(-1)/pgdp(-1)]\}$$
$$+ \underset{(3.85)}{0.47}D\{\log[exc(-1)/pex(-1)/pgdp(-1)]\}$$
$$R^2 = 0.82, DW = 1.52 \quad\quad\quad (2—5)$$

其中，imc 为商品进口总额（人民币，现价）；exc 为商品出口总额（人民币，现价）；pim 为进口价格指数（2000年=100）；pex 为出口价格指数（2000年=100）；$pgdp$ 为 GDP 平减指数（2000年=100）。

商品出口方程（EQ06）：

$$D[\log(exc/pex/pgdp)] = \underset{(-0.75)}{-1.02} + \underset{(5.73)}{1.01}D[\log(ex05r)]$$
$$- \underset{(-1.02)}{0.13}D\{\log[exc(-1)/pex(-1)/pgdp(-1)]\}$$
$$+ \underset{(0.91)}{0.16}D\{\log[ex05r(-1)]\}$$
$$R^2 = 0.69, DW = 1.22 \quad\quad\quad (2—6)$$

其中，exc 为商品出总额（人民币，现价）；$ex05r$ 为世界商品进出口总额（人民币，2000年不变价）；pex 为进口价格指数（2000年=100）；$pgdp$ 为 GDP 平减指数（2000年=100）。

商品出口方程中有几个系数不显著，但是估计的长期关系系数的符号符合经济学理论，且预测效果较高，总体上比尝试过的其他模型的设定形式好，因此，保留这一方程的设定和估计，在取得更多的统计数据之后，再进行更新。

四　劳动就业

总就业需求方程（EQ07）：

$$D[\log(emp)] = \underset{(-1.59)}{-0.35} + \underset{(0.84)}{0.18}D\{\log[emp(-1)]\} - \underset{(-2.20)}{0.036}\log[emp(-1)]$$
$$+ \underset{(3.14)}{0.069}\log[y(-1)] - \underset{(-2.68)}{0.050}\log[pod(-1)]$$
$$- \underset{(-3.57)}{0.002}@trend(1996)$$
$$R^2 = 0.95, DW = 2.26 \quad\quad\quad (2—7)$$

其中，emp 为全社会就业人数；y 为实际 GDP（生产方，2000年不变价）；pod 为趋势变量，反映劳动生产率的变化情况；@trend（1996）为趋势变量（1996＝0，之后每年增加 1）。

将第一产业就业人数定义为外生变量，假设 2018—2025 年每年减少 2%，第二、第三产业的就业人数等于总就业人数减去 emp1。模型中没有将第二、第三产业就业人数进一步细分。

五 生产和工资

生产模块中的主要行为方程是第二、第三产业的实际增加值。第一产业增加值由 GDP 和第二、第三产业的差额这一定义式计算得到的。第二、第三产业实际增加值行为方程的主要解释变量是实际 GDP，而实际 GDP 是由需求决定的，因此反映出模型的需求导向。第二、第三产业实际增加值是第二、第三产业劳动力需求的主要解释变量，而分产业的劳动生产率由分产业增加值和劳动者人数决定，分产业工资率由劳动生产率决定。

第二产业实际增加值方程（EQ08）：

$$D[\log(vac2)] = \underset{(0.65)}{16.10} + \underset{(3.58)}{0.40} D\{\log[vac2(-1)]\} - \underset{(-3.56)}{0.73} \log[vac2(-1)]$$
$$- \underset{(-0.66)}{4.17} \log[y(-1)] + \underset{(0.93)}{0.47} \log[y(-1)] \times \log[y(-1)]$$
$$- \underset{(-1.043)}{0.014} \log y(-1) \times \log[y(-1)] \times \log[y(-1)]$$
$$R^2 = 0.92, DW = 2.12 \qquad (2\text{—}8)$$

其中，vac2 为第二产业实际增加值；y 为国内生产总值（生产方，2000 年不变价）。

理论上讲，生产方 GDP 等于第一、第二、第三产业增加值之和，支出方 GDP 等于总消费、资本形成、净出口之和，二者在数值上应当是相等的。国家统计局发布的数据是各项的名义值以及以不变价格计算的增长率，按照实际增长率计算的总的实际 GDP 与计算得到的各项实际值之和存在误差项，不是完全相等的，因此，在 QAMM 模型中，分别定义 3 个有关 GDP 的概念，一是支出法的实际 GDP，记做 ysr，等于实际总消费、资本形成总额（包括存货调整）、净出口（包括商品和服务的净出口）之和，是模型的关键方程；二是生产法实际 GDP，记做 y，等于第一、第二、第三产业实际增长值之和；三是由 GDP 实际增长率计算得到的不变价 GDP，记做 GDPC。

第一产业的实际平均工资方程（EQ09）：

$$D[\log(wage1/pcpi)] = \underset{(1.82)}{1.11} + \underset{(5.59)}{1.05}\log[wage1(-1)/pcpi(-1)]$$
$$- \underset{(-1.79)}{0.11}\log[wage1(-1)/pcpi(-1)]$$
$$+ \underset{(1.75)}{0.17}\log[prod1(-1)]$$
$$R^2 = 0.68, DW = 1.72 \qquad (2—9)$$

其中，wage1 为城镇单位第一产业平均工资（当年价格）；pcpi 为 CPI 价格指数（2000 年 =100）；prod1 为第一产业实际劳动生产率。

第二、第三产业的实际平均工资方程（EQ10）：

$$D[\log(wr23)] = \underset{(2.11)}{0.62} + \underset{(3.08)}{0.51}\log[wr23(-1)] - \underset{(-1.97)}{0.17}\log[wr23(-1)]$$
$$+ \underset{(1.94)}{0.22}\log[prod23(-1)]$$
$$R^2 = 0.41, DW = 1.80 \qquad (2—10)$$

其中，wr23 为第二、第三产业实际平均工资方程（以第二、第三产业就业人数所占比重作为权重）；prod23 为第二、第三产业实际劳动生产率（以第二、第三产业就业人数所占比重作为权重）。

六　价格

这个模块中的核心变量是消费者价格指数 PCPI 的变化率，因为消费者价格的通胀率是央行货币政策的调控目标。中国的 CPI 通货膨胀主要由四个因素，一是超额需求拉动，即短期需求超过了供给能力；二是超额货币因素，即货币供给超过了货币需求；三是进口价格的通胀，例如受国际市场价格变动的影响，原油、铁矿石等大宗商品进口价格的大幅变动对中国 CPI 造成了影响；四是食品价格的周期性波动（张延群，2010）。

价格模块中的主要行为方程是居民消费品价格指数方程、GDP 平减指数方程、投资品价格指数方程、进口和出口价格指数方程，通过求解这些价格指数，得到各个价格指数的预测值。在现价 GDP 方程中，将构成不变价 GDP 的各个组成部分，即消费、资本形成、进口、出口的不变价通过乘以各自的价格指数，获得现价 GDP 的各个部分，相加之后得到现价的 GDP。

CPI 价格通胀方程（EQ11）：

$$D[\log(pcpi)] = \underset{(6.89)}{2.84} + \underset{(5.16)}{0.43} D\{\log[pcpi(-1)]\} - \underset{(-7.82)}{0.22}\log[pcpi(-1)]$$
$$+ \underset{(5.90)}{0.34}\log\{M2(-1)/pcpi(-1) - 1.1\log[ysr(-1)$$
$$+ 0.03rateS(-1)]\}$$
$$R^2 = 0.89, DW = 1.62 \tag{2—11}$$

其中，pcpi 为居民消费价格指数（2000 年 =100）；GDPC 为国内生产总值（2000 年不变价）；M2 为货币供给 M2；rateS 为一年期存款利率（短期利率）。

资本形成价格指数方程（EQ12）：
$$D[\log(pcap)] = \underset{(1.72)}{0.007} - \underset{(-2.31)}{0.22} D\{\log[pcap(-1)]\} + \underset{(1.42)}{0.07} D[\log(pim)]$$
$$+ \underset{(10.63)}{1.23} D\{\log[pifh(-1)]\} + \underset{(1.42)}{0.03} d09$$
$$R^2 = 0.89, DW = 1.79 \tag{2—12}$$

其中，pcap 为资本形成（GDP 支出方的包括存货的资本形成，2000 年 =100）；pim 为进口价格指数（2000 年 =100）；pifh 为房地产投资价格指数；d09 为哑变量（2009 年等于 1，其他年份等于 0）。

GDP 平减指数方程（EQ13）：
$$D[\log(pgdp)] = \underset{(2.77)}{0.24} + \underset{(3.72)}{0.56} D\{\log[pgdp(-1)]\} - \underset{(-2.14)}{0.44}\log[pcap(-1)]$$
$$- \underset{(-5.04)}{0.41}\log[pgdp(-1)] + \underset{(8.38)}{0.59}\log[pcap(-1)]$$
$$R^2 = 0.76, DW = 1.86 \tag{2—13}$$

其中，pgdp 为 GDP 平减指数（2000 年 =100）；pcap 为资本形成价格指数（GDP 支出方的包括存货的资本形成，2000 年 =100）。

进口价格方程（EQ14）：
$$D[\log(pim)] = \underset{(5.95)}{1.26} - \underset{(-2.70)}{0.32} D\{\log[pim(-2)]\} - \underset{(-6.08)}{0.44}\log[pim(-1)]$$
$$+ \underset{(5.76)}{0.19}\log[poil(-1)] - \underset{(-2.57)}{0.11} d2010$$
$$R^2 = 0.75, DW = 1.50 \tag{2—14}$$

其中，pim 为进口价格指数（2000 年 =100）；poil 为国际原油价格指数（2000 年 =100）；d2010 为哑变量（2010 年等于 1，其他年份等于 0）。

出口价格方程（EQ15）：
$$D[\log(pex)] = \underset{(1.82)}{1.09} + \underset{(4.88)}{0.56} D\{\log[pex(-1)]\} + \underset{(3.00)}{0.18} D\{\log[exch(-1)]\}$$
$$+ \underset{(5.33)}{0.45} D[\log(pim)] - \underset{(-2.38)}{0.43}\log[pex(-1)]$$

$$+ \underset{(2.96)}{0.27} \log[pcpi(-1)] - \underset{(-2.24)}{0.18} \log[exch(-1)]$$

$$R^2 = 0.82, DW = 1.79 \tag{2—15}$$

其中，pex 为出口价格指数（2000 年 = 100）；pim 为进口价格指数（2000 年 = 100）；pcpi 为消费品价格指数（2000 年 = 100）；exch 为美元兑人民币汇率（例如 2018 年 exch = 6.8）。

七 政府部门

政府部门是各项税收收入的接收方，在中国资金流量表中主要体现为 2 种税收：间接税和直接税。间接税主要由非金融企业上缴的生产税构成，占间接税收入的 90%。直接税主要体现为企业、金融和住户部门所上缴的收入税，三者在直接税收入中的占比分别为 33%、63% 和 4%。政府部门还通过转移支付在初次收入分配的基础上对收入进行再分配。

在政府部门模块中，政府消费是外生变量，是政府可以调节的政策性变量，间接税和直接税的税率也看作是政府可以调整的政策性外生变量，政府部门的转移支出也是政策性外生变量。政府部门是财政政策的制定者，可以通过调整税率、政府消费支出、净转移支付等方式对宏观经济增长和收入分配进行调节。

在这一模块中没有行为方程，主要由一系列恒等式进行刻画。在施行扩张性财政政策时，政府部门可以通过增加支出、降低税收、增加转移支付规模等方式实施积极的扩张型财政政策，会引起政府部门的可支配收入减少，在其他变量不变的情况下，造成政府收入减少、赤字增加。赤字不断增加是不可持续的，如果需要在未来通过增加税收等平衡财政的方式得到补充，在实施积极和扩张性财政政策时，对经济增长有正向的促进作用，之后紧缩的平衡财政政策对经济增长有紧缩的效果，如假设增加的财政支出在之后的 3 年全部通过减少财政支出的方式得到补充。通过这样的方案设计，对财政政策对经济的长期效应进行分析和评价。

八 金融

在国民收入账户的框架下，金融模块中的主要行为方程是货币供给量

M1 和 M2 方程，货币供给量行为方程的理论基础是货币需求理论，实际货币需求是由交易需求以及作为财富的贮藏需求决定的，因此被解释变量是实际货币供给量，解释变量为实际 GDP、利率和通货膨胀率。将实际货币供给与由货币需求函数估计的长期货币需求的均衡值之间的差额定义为超额的货币需求，当出现正的超额货币需求时，货币因素会推动物价上涨，因此超额货币需求是 CPI 通货膨胀的行为方程中的一个重要解释变量。

中国的货币政策以货币供给量为中介目标，主要的利率水平，如一年期存款利率以及三年期贷款利率在较长的时期保持不变，因此，将利率变量作为外生变量。利率水平影响货币需求、非金融企业的融资成本、金融企业的初次分配收入、政府和住户部门的金融财富存量值，因此是模型中一个关键变量。

从资金流量表看，金融部门的增加值、生产税和收入税上缴、支付的劳动报酬等，通过恒等式给出。金融部门与非金融企业部门具有不同的特点，70% 的生产税由非金融企业部门缴纳，而 60% 的收入税由金融部门上缴（2016 年），因此，不同税种税率的制定对金融和企业的影响是不同的。

货币供给 M1 方程（EQ16）：

$$\begin{aligned} D[\log(m1/pcpi)] = & \underset{(0.28)}{0.15} + \underset{(1.08)}{0.14}\log[m1(-1)/pcpi(-1)] \\ & - \underset{(-3.86)}{0.48}\log[m1(-2)/pcpi(-2)] \\ & - \underset{(2.34)}{0.27}\log[m1(-1)/pcpi(-1)] \\ & + \underset{(1.66)}{0.27}\log[GDPC(-1)] \\ & - \underset{(-4.22)}{0.02}\,rateL(-1) - \underset{(3.69)}{0.10}d2014 \\ & R^2 = 0.85, DW = 2.06 \end{aligned} \qquad (16)$$

其中，$m1$ 为货币供给 M1；$GDPC$ 为国内生产总值（2000 年不变价）；$pcpi$ 为消费品价格指数（2000 年 = 100）；$rateL$ 为三年前贷款利率（长期利率）；$d2014$ 为哑变量（2014 年等于 1，其他年份等于 0）。

货币供给 M2 方程（EQ17）：

$$\begin{aligned} D[\log(m2/pcpi)] = & \underset{(-1.41)}{-0.55} - \underset{(-2.95)}{0.44}\log[m2(-1)/pcpi(-1)] \\ & + \underset{(2.78)}{0.52}\log[ysr(-1)] - \underset{(-2.86)}{0.01}\,rates(-1) \end{aligned}$$

$$R^2 = 0.42, DW = 1.96 \qquad (2\text{—}17)$$

其中，$m2$ 为货币供给 M2；ysr 为国内生产总值（支出方，2000 年不变价）；$pcpi$ 为消费品价格指数（2000 年 = 100）；$rates$ 为一年期存款利率（短期利率）。

九　模型中的等式

模型中包含大量的等式，对等式设定和变量的说明包含在表 2—1 中。

表 2—1　　　　　　　CAEM 模型中的内生变量的定义

变量名	方程编号	定义	单位	名义值（Nominal price），2000 年不变价（Real price）
A01	Eq59	住户部门劳动者报酬	亿元	N
B01	Eq66	政府生产税收入	亿元	N
BM01	Eq67	政府的总税收	亿元	N
CAPT	Eq105	资本形成总额（包括库存调整）	亿元	N
CAPT01	Eq103	资本形成总额（不包括库存调整）	亿元	N
CAPT01R	Eq102	资本形成总额（不包括库存调整）	亿元	R
CAPT02	Eq104	资本形成总额中的库存调整	亿元	N
CAPT02R	Eq106	资本形成总额中的库存调整	亿元	R
CAPTHR	Eq100	住房资本形成总额	亿元	R
CAPTKR	Eq99	非住房资本形成总额	亿元	R
CAPTR	Eq101	资本形成总额（包括库存调整）	亿元	R
CG	Eq83	政府消费	亿元	N
CH	Eq82	居民消费	亿元	N
CHR	Eq17	居民消费	亿元	R
CTR	Eq11	居民可支配收入	亿元	R
EMP	Eq8	就业总数	万人	
EMP23	Eq24	第二、第三产业就业总数	万人	
EXC	Eq18	商品出口总额，人民币	亿元	N
EXCR	Eq86	商品出口总额，人民币	亿元	R

续表

变量名	方程编号	定义	单位	名义值（Nominal price），2000年不变价（Real price）
GAMA03	Eq28	住户部门增加值占全部增加值的比例		
GDP	Eq85	国内生产总值	亿元	N
GDPC	Eq91	国内生产总值	亿元	R
GNI	Eq43	国民总收入	亿元	N
GNIC	Eq44	国民总收入	亿元	R
IMC	Eq19	商品进口总额，人民币	亿元	N
IMCR	Eq87	商品进口总额，人民币	亿元	R
INGR	Eq61	政府部门可支配收入	亿元	R
INHR	Eq60	居民部门可支配收入	亿元	R
J00	Eq42	国内初次分配总收入	亿元	N
J01	Eq38	公司部门初次分配总收入	亿元	N
J02	Eq39	金融部门初次分配总收入	亿元	N
J03	Eq40	政府部门初次分配总收入	亿元	N
J04	Eq41	住户部门初次分配总收入	亿元	N
JA11	Eq45	国外部门的净劳动报酬收入	亿元	N
JK01	Eq29	企业部门除去收入税的其他转移支出	亿元	N
JK02	Eq30	金融部门除去收入税的其他转移支出	亿元	N
JK03	Eq31	政府部门除去收入税的其他转移支出	亿元	N
JK04	Eq32	住户部门除去收入税的其他转移支出	亿元	N
KK01	Eq33	企业部门净经常转移支出（除去收入税收入）	亿元	N
KK02	Eq34	金融部门净经常转移支出（除去收入税收入）	亿元	N

续表

变量名	方程编号	定义	单位	名义值（Nominal price），2000 年不变价（Real price）
KK03	Eq35	政府部门净经常转移支出（除去收入税收入）	亿元	N
KK04	Eq36	住户部门净经常转移支出（除去收入税收入）	亿元	N
KK1	Eq15	非房产的资本存量	亿元	N
KK2	Eq14	房产资本存量	亿元	N
KKMIN	Eq97	资本存量的最低产出效率		
M01	Eq37	政府部门收入税收入	亿元	N
M1	Eq1	货币供给 M1	亿元	N
M2	Eq2	货币供给 M2	亿元	N
NEXC	Eq88	商品净出口，人民币	亿元	N
NEXCR	Eq89	商品净出口，人民币	亿元	R
NW01	Eq20	企业部门净财产收入	亿元	N
NW02	Eq21	金融部门净财产收入	亿元	N
NW04	Eq23	住户部门净财产收入	亿元	N
PCAP	Eq5	资本形成价格指数		2000 年 = 100
PCPI	Eq4	消费品价格指数		2000 年 = 100
PEX	Eq6	出口价格指数		2000 年 = 100
PGDP	Eq3	GDP 平减指数		2000 年 = 100
PIM	Eq7	进口价格指数		2000 年 = 100
PROD	Eq96	劳动生产率		
PROD1	Eq94	第一产业劳动生产率		
PROD23	Eq95	第二、第三产业劳动生产率		
S01	Eq46	企业部门可支配收入	亿元	N
S02	Eq47	金融部门可支配收入	亿元	N
S03	Eq48	政府部门可支配收入	亿元	N
S04	Eq49	住户部门可支配收入	亿元	N
T00	Eq55	总储蓄（包括国内和国外）	亿元	N
T01	Eq50	企业部门总储蓄	亿元	N

续表

变量名	方程编号	定义	单位	名义值（Nominal price），2000年不变价（Real price）
T02	Eq51	金融部门总储蓄	亿元	N
T03	Eq52	政府部门总储蓄	亿元	N
T04	Eq53	住户部门总储蓄	亿元	N
T05	Eq54	国内总储蓄	亿元	N
V01	Eq72	企业部门增加值	亿元	N
V02	Eq73	金融部门增加值	亿元	N
V03	Eq74	政府部门增加值	亿元	N
V04	Eq75	住户部门增加值	亿元	N
V05	Eq90	全部增加值	亿元	N
VAC23	Eq93	第二、第三产业增加值	亿元	R
WAGE	Eq12	城镇单位职工年平均工资	亿元	N
WAGE1	Eq10	城镇单位职工年平均工资：第一产业	亿元	N
WAHR	Eq16	居民金融财富	亿元	R
WHR	Eq107	居民总财富	亿元	R
WKHR	Eq108	居民非金融财富	亿元	R
WR23	Eq13	城镇单位职工年平均工资：第二、第三产业	元	R
Y	Eq92	国内生产总值，生产方	亿元	R
YA01	Eq68	企业部门支付的劳动报酬	亿元	N
YA02	Eq69	金融部门支付的劳动报酬	亿元	N
YA03	Eq70	政府部门支付的劳动报酬	亿元	N
YA04	Eq71	住户部门支付的劳动报酬	亿元	N
YD01	Eq62	企业部门支付的生产税	亿元	N
YD02	Eq63	金融部门支付的生产税	亿元	N
YD03	Eq64	政府部门支付的生产税	亿元	N
YD04	Eq65	住户部门支付的生产税	亿元	N
YK01	Eq25	企业部门支付的收入税	亿元	N

续表

变量名	方程编号	定义	单位	名义值（Nominal price），2000年不变价（Real price）
YK02	Eq26	金融部门支付的收入税	亿元	N
YK03	Eq27	住户部门支付的生产税	亿元	N
YP00	Eq58	总消费支出	亿元	N
YP01	Eq56	政府部门消费支出	亿元	N
YP02	Eq57	住户部门消费支出	亿元	N
YSR	Eq84	国内生产总值，支出方	亿元	R
YT00	Eq76	资本形成总额	亿元	N
YT01	Eq77	公司部门资本形成总额	亿元	N
YT02	Eq78	金融部门资本形成总额	亿元	N
YT03	Eq79	政府部门资本形成总额	亿元	N
YT04	Eq80	住户部门资本形成总额	亿元	N
YX04	Eq81	住户部门净金融投资	亿元	N

第四节 模型的预测和情景分析

一 外生变量的设定

在构建模型之后，首先需要对模型的合理性和可靠性进行检验。最常用的方法是进行样本内和样本外预测，然后考察各个预测的变量是否能较好地拟合实际值的变化。在样本期外进行预测，需要先对外生变量赋值，通常将未来外生变量最可能出现的值作为基准模型的外生变量的赋值，在此基础上，对模型中的变量进行预测，成为基准方案的预测。之后，通常进行情景分析，即对外生变量的赋值进行调整，如在基准方案中假设在未来时期全球贸易额每年增长3%，在情景分析的方案一中，可以将全球贸易额的增长率由3%变为5%，然后对模型中的内生变量进行预测，并且比较在不同方案下变量预测值的变化，以此进行模型合理性的检验以及政策分析。

有关CAEM模型的外生变量的设定（基准方案）包含在表2—2中。

表 2—2　　CAEM 模型中的外生变量的定义及在基准模型（baseline）中的设定

变量名	设置值	定义
Pop	2019 – 2025：$pop = pop(-1) * (1 + 0.004)$	人口数
$Emp1$	2018 – 2025：$emp1 = emp1(-1) * (1 - 0.02)$	第一产业就业人数
$nexSr$	2017 – 2025：$nexSr = nexSr(-1) * 1.08$	服务净出口（人民币，2000 年不变价）
muh	2017 – 2017：$muh = muh(-1) * (1 - 0.024)$ 2018 – 2025：$muh = muh(-1)$	单位非房产资本存量的产出
$Poil$	2019 – 2025：$poil = poil(-1)$	国际原油价格
$yeta01$	2017 – 2018：$yeta01 = yeta01(-1) * (1 - 0.05)$ 2019 – 2025：$yeta01 = yeta01(-1) * (1 - 0.025)$	住户财富与房产资本存量（名义值）的比值
$rateU$	2017 – 2025：$rateU = rateU(-1) + 0.01$	城镇化率
cgr	2017 – 2025：$cgr = cgr(-1) * (1 + 0.06 - !i * 0.0005)$	政府实际支出（2000 年变价），从 2017 年开始增长率从 6% 每年下降 0.05 个百分点
$rateL$	2017 – 2025：$rateL = rateL(-1)$	长期利率（3 年期贷款利率）
$rateS$	2017 – 2025：$rateS = rateS(-1)$	短期利率（1 年期存款利率）
$ex05r$	2019 – 2025：$ex05r = ex05r(-1) * (1 + 0.03)$	国际进出口总额（人民币，2000 年不变价）
$beta01$	2017 – 2025：$beta01 = beta01(-1)$	生产税税率：企业部门
$beta02$	2017 – 2025：$beta02 = beta02(-1)$	生产税税率：金融部门
$beta03$	2017 – 2025：$beta03 = beta03(-1)$	生产税税率：政府部门
$beta04$	2017 – 2025：$beta04 = beta04(-1)$	生产税税率：住户部门
$theta01$	2017 – 2025：$theta01 = theta01(-1)$	收入税税率：企业部门
$theta02$	2017 – 2025：$theta02 = theta02(-1)$	收入税税率：金融部门
$theta03$	2017 – 2025：$theta03 = theta03(-1)$	收入税税率：住户部门
$alpha01$	2017 – 2025：$alpha01 = alpha01(-1)$	劳动者报酬占增加值的比例：企业部门

续表

变量名	设置值	定义
alpha02	2017－2025：alpha02 = alpha02（－1）	劳动者报酬占增加值的比例：金融部门
alpha03	2017－2025：alpha03 = alpha03（－1）	劳动者报酬占增加值的比例：政府部门
alpha04	2017－2025：alpha04 = alpha04（－1）	劳动者报酬占增加值的比例：住户部门
gama01	2017－2025：gama01 = gama01（－1）	增加值占全部增加值的比例：企业部门
gama02	2017－2025：gama02 = gama02（－1）	增加值占全部增加值的比例：金融部门
gama04	2017－2025：gama04 = gama04（－1）	增加值占全部增加值的比例：政府部门
kapa01	2017－2025：kapa01 = kapa01（－1）	增加值占全部增加值的比例：企业部门
kapa02	2017－2025：kapa02 = kapa02（－1）	部门资本形成额占资本形成总额的比例：企业部门
kapa03	2017－2025：kapa03 = kapa03（－1）	部门资本形成额占资本形成总额的比例：金融部门
kapa04	2017－2025：kapa04 = kapa04（－1）	部门资本形成额占资本形成总额的比例：政府部门
pai03	2017－2025：pai03 = pai03（－1）	部门资本形成额占资本形成总额的比例：住户部门
j11	2017－2025：j11 = j11（－1）	$j11 = (a03 + c06) - (ya06 + ye06)$，是国外部门的初次分配总收入
pai01	2018－2018：pai01 = 0.03 2019－2019：pai01 = 0.015 2020－2020：pai01 = 0.025 2021－2022：pai01 = 0.02 2023－2025：pai01 = 0.01	资本形成总额中库存变动与非库存资本形成额的比值
pai02	2018－2018：pai02 = 0.867 2019－2025：pai02 = pai02（－1）	$pai02 = GDPC/ysr$，度量 $GDPC$ 与 ysr 的统计误差

续表

变量名	设置值	定义
lamda01	2017 – 2025：lamda01 = 1	Lamda01 = v05/gdp，v05、GDP 分别是 FOF 和 NIPA 中的 GDP
lamda02	2017 – 2025：lamda02 = 1	lamda02 = yp00/conpt，yp00、conpt 分别是 FOF 和 NIPA 中的总消费
lamda03	2017 – 2025：lamda03 = 1	lamda03 = yp01/cg，yp01、cg 分别是 FOF 和 NIPA 中的政府消费
lamda04	2017 – 2025：lamda04 = 1	lamda04 = yp02/ch，yp02、ch 分别是 FOF 和 NIPA 中的居民消费
lamda05	2017 – 2025：lamda05 = 1	lamda05 = yt00/capt，yt00、capt 分别是 FOF 和 NIPA 中的资本形成总额
sigma01	2017 – 2025：sigma01 = sigma01（ – 1）	sigma01 = kk01/j01，净经常转移支出（除去收入税支出）/初次分配收入：企业部门
sigma02	2017 – 2025：sigma02 = sigma02（ – 1）	sigma02 = kk02/j02，净经常转移支出（除去收入税支出）/初次分配收入：金融部门
sigma03	2017 – 2025：sigma03 = sigma03（ – 1）	sigma03 = kk03/j03，净经常转移支出（除去收入税支出）/初次分配收入：政府部门
sigma04	2017 – 2025：sigma04 = sigma04（ – 1）	sigma04 = kk04/j04，净经常转移支出（除去收入税支出）/初次分配收入：住户部门
ya06	2017 – 2025：ya06 = ya06（ – 1）	国外部门的劳动报酬支出
a03	2017 – 2025：a03 = a03（ – 1）	国外部门的劳动报酬收入
yj01	2017 – 2025：yj01 = yj01（ – 1）*（1 + 0.0618）	总转移支出：企业部门
yj02	2017 – 2025：yj02 = yj02（ – 1）*（1 + 0.080）	总转移支出：金融部门
yj03	2017 – 2025：yj03 = yj03（ – 1）*（1 + 0.098）	总转移支出：政府部门
yj04	2017 – 2025：yj04 = yj04（ – 1）*（1 + 0.0878）	总转移支出：住户部门

续表

变量名	设置值	定义
$k01$	2017—2025：$k01 = k01(-1)*(1+0.265)$	总转移收入：企业部门
$k02$	2017—2025：$k02 = k02(-1)*(1+0.12)$	总转移收入：金融部门
$k03$	2017—2025：$k03 = k03(-1)*(1+0.078)$	总转移收入：政府部门
$k04$	2017—2025：$k04 = k04(-1)*(1+0.10)$	总转移收入：住户部门
$ya05$	2017—2025：$ya05 = ya05(-1)$	国外部门的劳动报酬支出
$t06$	2017—2025：$t06 = t06(-1)$	国外部门的总储蓄
$yu02$	2017—2025：$yu02 = yu02(-1)$	住户部门非金融资产减处置

二 模型的预测

在对外生变量进行设定之后，模型中的每一个内生变量都能够得到预测值。基于 NIPA 内生变量的实际值的数据大多更新到 2018 年，而基于 FFA 变量的数据只能更新到 2016 年。

这里所做的是 2016—2025 年的动态样本期外预测，图中包括变量的实际值以及预测值。从中可以看出，大多数变量的预测值能够较好地拟合实际值。从预测值看，都是收敛的，在很大程度上说明了模型的合理性。主要变量的具体预测值包含在图 2—2 中。

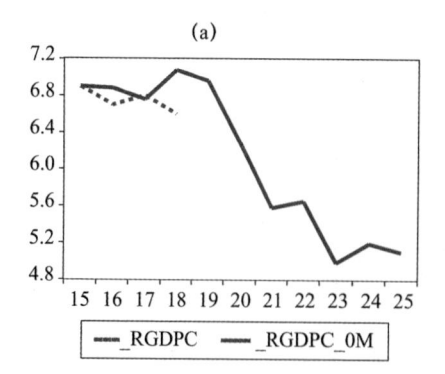

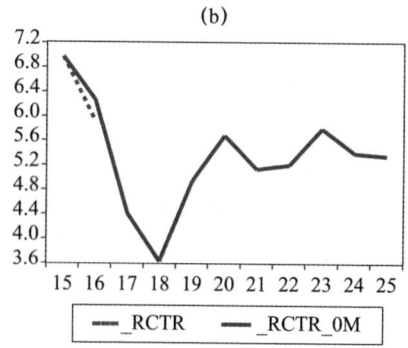

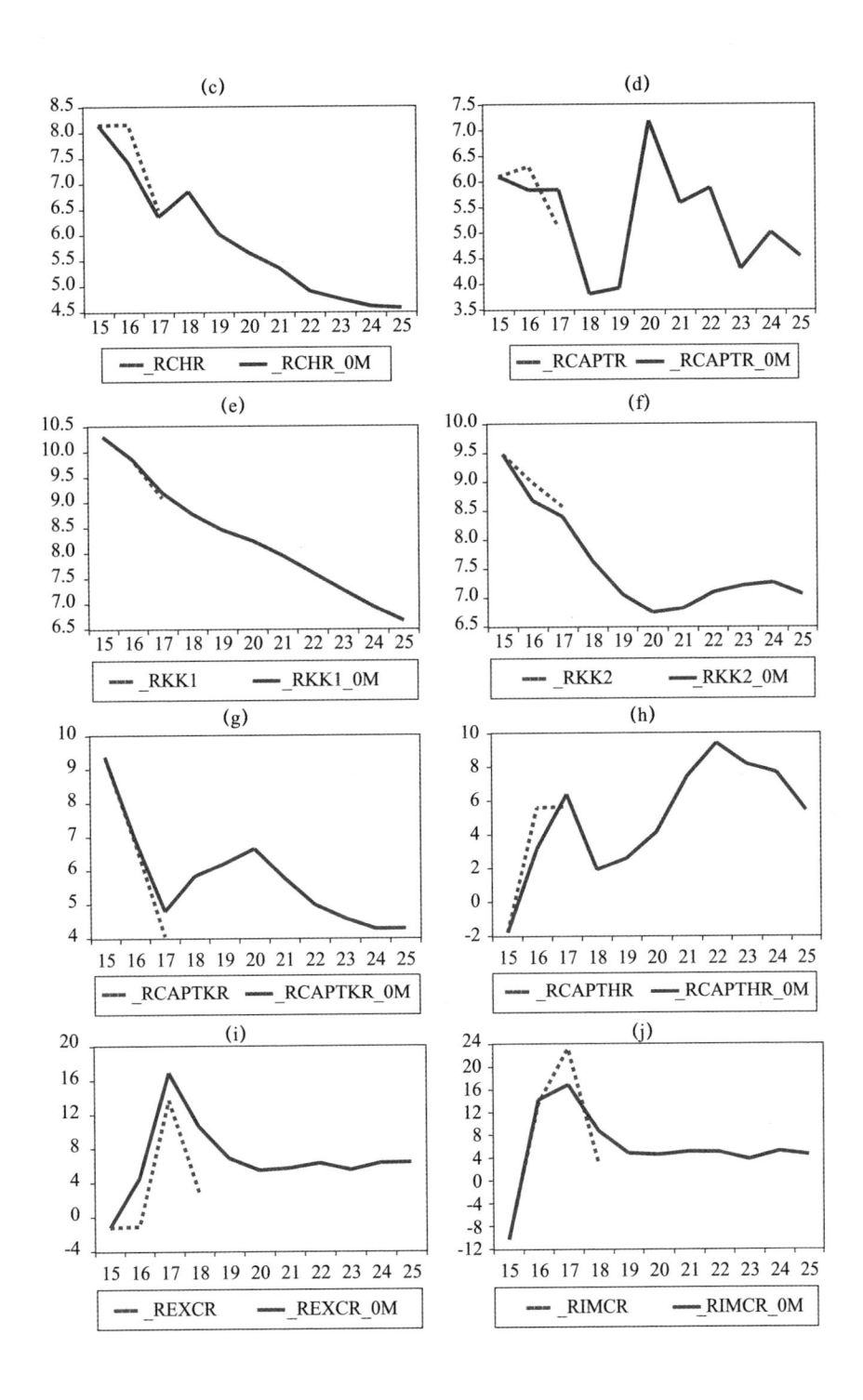

第二章 中国宏观经济年度计量模型的构建和应用 / 37

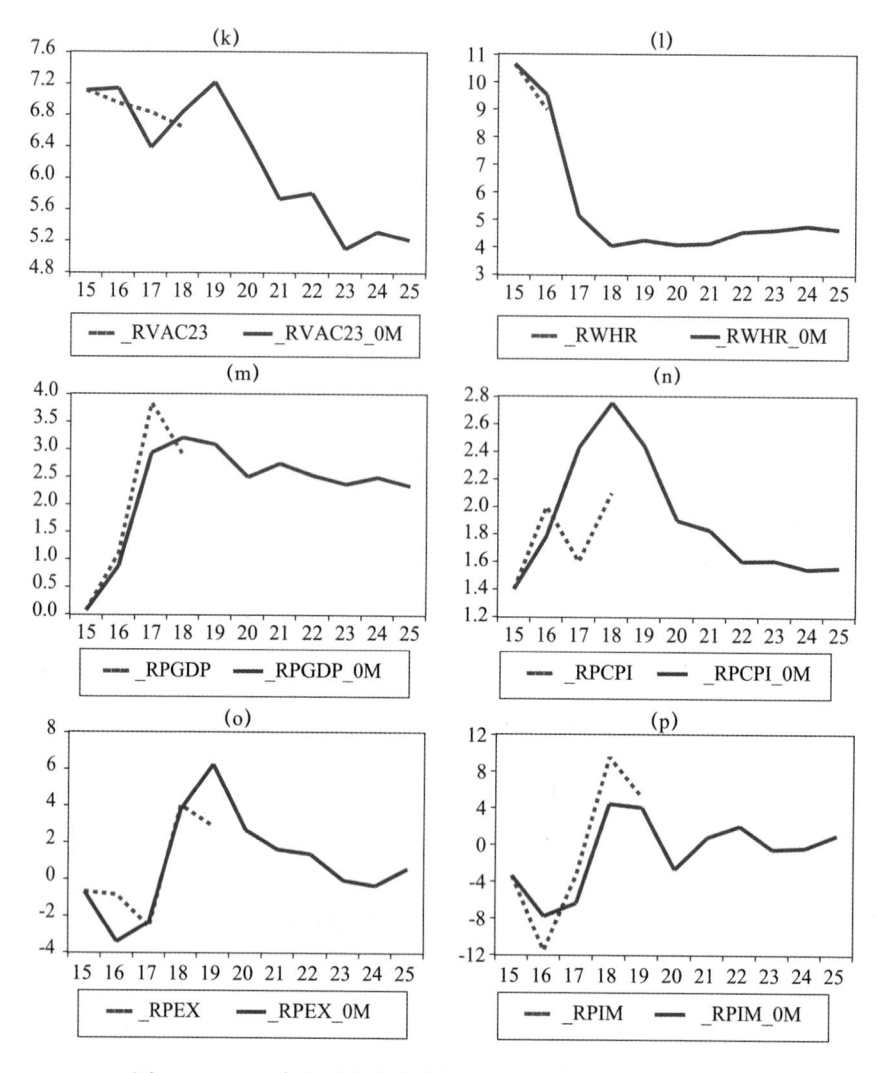

图 2—2 主要变量增长率的实际值和在基准假设下的预测值

三 情景分析

理论上讲，可以对任意的外生变量赋以异于基准设置的值，从而形成一个情景分析的方案，并进行方案分析。作为示例，这里给出三种方案进行情景分析。

方案一：假设政府的消费支出（cgr）在 2018—2019 年比基准方案提高 3 个百分点，在其他时期与基准方案相同，其他外生变量保持不变。

方案二：假设国际原油价格指数的年增长率在 2019—2025 年比基准

方案高 3 个百分点，其他外生变量保持不变。

方案三：假设全球贸易总额（$ex05r$，2000 不变价）在 2019—2025 年由基准方案的年增长 3% 上升到年增长 5%，其他外生变量保持不变。

方案一的预测结果显示，2018—2019 年提高政府的消费支出，实际 GDP 增长率在 2018—2025 年比基准方案都有所提高，影响最大的是 2019 年，增加 0.43 个百分点，之后逐渐减弱，对实际居民消费、实际资本形成、实际工资、人均劳动者报酬增长率、货币供给 M2，等都有正向的影响。对实际进、出口有负向的影响，且影响的程度基本相同。对政府储蓄有明显的负向影响。

方案二的预测结果表明，受国际油价上升影响较大的是资本形成价格指数（$pcap$）以及 GDP 的平减指数（$pgdp$），虽然每年平均分别比基准方案上升 0.2 个和 0.1 个百分点，但是对消费品价格指数（$pcpi$）的影响是很微弱的，平均不到 0.01 个百分点，虽然符号是负向的，但影响的程度很微弱，因此可看作是没有显著的影响。模型中受原油价格影响较大的其他变量包括实际人均劳动者报酬增长率（ctr），以及政府储蓄增长率（名义，$t03$），都有平均为 0.3 个百分点的正向影响。

从方案三的情景分析的结果可以看出，全球贸易上升对中国总产出等主要经济变量的影响比较显著，每年实际 GDP 平均上升约 0.7 个百分点，实际居民消费和实际资本形成分别上升约 0.3 个和 0.6 个百分点，实际出口和进口分别上升约 2 个和 1.5 个百分点，政府储蓄也会上升约 3 个百分点。总之，全球贸易的上升会对中国经济增长产生较大的向上的拉动作用。

第 三 章

数据驱动社会科学研究新范式：从微观模拟技术到综合集成方法论

第一节 引言

包括经济学在内的现代社会科学研究在认知方式上以"还原论"为主要基础，在逻辑推理、归纳演绎的基础上形成了"观测典型化事实→提出相关理论假说→基于历史数据验证（佐证）"的传统研究范式（蔡跃洲等，2015）。这种传统研究范式很大程度上是受现代自然科学方法论及研究范式影响而形成的。然而，相比自然科学，社会科学以人类社会现象作为研究对象，所面临的内外部环境都具复杂性；各种难以控制的不可观测和随机性因素影响了认知结果的可重复性，也使得社会科学的传统研究范式在认知准确性方面一直饱受争议。

大数据时代的到来为弥补传统研究范式的上述认知缺陷提供了潜在的解决方案，并可能孕育出"数据驱动的社会科学研究新范式"。基于数据资料的实证研究或规范研究在社会科学各领域中早已普遍存在，但都尚未到达可以实现"数据驱动"的程度。不过，随着全球新一轮科技革命与产业变革的加速演进，大数据相关技术得到广泛推广和应用。数据来源、数据处理以及数据分析等数据相关事务全方位的根本性变化，特别是以统计学习、机器学习、深度学习甚至更为广泛意义的人工智能为代表的数据分析手段，正在带来新的认知方式，从技术和要素两方面为形成"数据驱动的社会科学研究新范式"提供了有力支撑。我们相信，在不远的将来，由数据驱动的社会科学研究将会是一种客观和必然趋势。

本章后续各部分从人类社会复杂性特征出发，分析社会科学研究既有范式的局限性；从系统论、综合系统集成等方法论视角，阐述大数据分析方法有效应对复杂巨系统的认识论基础；进而引入微观模拟技术和综合集成方法论，尝试为复杂系统研究提供技术工具和方法体系；在此基础上，就推动形成"数据驱动的社会科学研究新范式"提出建议。

第二节　社会科学研究既有范式对复杂社会的认知局限

一　社会科学研究既有范式及其认知局限

在深入探讨社会科学研究范式之前，有必要对"社会科学"的概念和边界予以明确，毕竟这是我们界定问题的核心和跟踪目标的基准。"社会科学"，通常理解为关于社会事物的本质及其规律的科学，是应用科学方法研究人类社会现象的学科门类。科学化是社会科学的基础内涵，这要求社会科学应该同自然科学一样具有客观性、可检验性和系统性的科学特征，否则就容易陷入社会学和社会科学的界别争论。马克思曾指出："科学……只有从自然科学出发，才是现实的科学。历史本身是自然史的，即自然界成为人这一过程的现实部分。自然科学往后将包括关于人的科学，正像人的科学包括自然科学一样：这将是一门统一的科学"（中共中央编译局，2016）。一百多年来，社会科学的发展呈现出显著的自然科学化趋势，包括数理分析、统计学、计量学、系统论、运筹学甚至实验工具在内的一系列自然科学领域的研究方法，先后被成功引入社会科学研究领域，为社会科学客观化、定量化和精准化进程提供了技术支撑，革新了社会科学的研究体系和研究范式，极大地推进了社会科学的发展。尽管如此，社会科学整体的发展状态仍与马克思所预言的"学科统一"相去甚远。

同物理学、化学等自然科学类似，社会科学很多领域的研究都会依据观察到的社会现象提出某种理论或学说，然后从实证角度通过数据分析等方式加以验证（佐证）。然而，社会科学领域很多理论学说的提出虽然源于（科学）社会调查，但不可避免地存在随机性失控、非观测信息、模型过度简化、假设前提过于严格等问题，实证环节的佐证工作也由此会受到结论有偏或非一致等情形的困扰。这意味着，在社会科学研究既有范式下，研究体系的随机性、模糊性和主观性难以从根本上消除或得到有效解决；相应的研究结果也难以进行符合自然科学范式的校核、验证和确认（Verification，Validation 和 Accreditation，VVA）。由此形成社会科学研究既有范式对经济社会现象认知方面难以逾越的局限性（或认知鸿沟）。

二　人类社会活动复杂适应性特征

社会科学研究认知局限（认知鸿沟）产生的根源，首先是作为社会科学研究对象的人类社会活动，确切地说源于人类社会活动的复杂适应性特征。不同于自然界量级跃迁而涌现形成的复杂系统，人类社会活动的复杂适应性有其独特之处，我们认为，集中表现为以下几方面。

一是属性异质导致的社会复杂性。宏观的社会表现本质上来源于微观层面个体属性的累积。而现实中微观个体的属性千差万别，总量相同的社会群体，其内部的分布格局可能完全不同。采用典型个体分析模式或总量分析模式的传统研究方法，摒弃了社会现象的微观异质化本源，无法保障研究的精确性，甚至有效性。

二是行为异质导致的社会复杂性。能动性表现是人的本质特征，社会现象都不可避免地涉及人类的行为特征及其引发的结果，对行为进行定量刻画是社会科学研究的必需要点。人类行为通常是自身属性、经济环境和历史因素的复杂映射，不同个体行为模式各不相同，即使控制条件下的同一个体，其行为模式也存在较大不确定性。传统忽视行为变化或者单一化行为特征的研究模式，难以刻画不同群体应对冲击和适应环境的决策机制和决策结果。

三是交互网络导致的社会复杂性。马克思主义认为，人是社会关系的总和。微观个体在社会关系网络中不断发生属性或行为的交互，微观属性与行为的累积形成宏观社会现象，而宏观社会现象的变动反过来再次影响微观个体的行为趋向和属性特征。社会系统建立在微观、宏观的一致性框架基础上，而传统研究往往忽略社会团体中的微观个体的交互反馈，或可能将社会现象中的宏观主体与微观个体割裂处置，导致其难以适应社会科学系统量化的需求。

四是动态适应导致的社会复杂性。人类社会自发生以来，便处于不断演化的进程之中。事实上，作为智能性主体，人类改造环境和适应环境的行为反应，最终促使社会群体具有了行为和决策的适应性特征，并由此形成社会整体状态的不断演进。所谓的社会均衡状态，是相对意义的，是易被破坏的甚至无法达到的。社会研究应尝试采用基于动态和演化的研究方法，尤其是社会环境中的不确定性外生冲击，更强化了自适应性研究的必要性。

三 社会科学研究既有范式认知局限背后的方法论根源

社会科学研究对象的复杂性意味着系统的无解或难解，而其适应性意味着系统的实时变迁和动态演化。或者说，人类社会现象几乎不会有确定性映射关系、可计算的函数形式、明确不变的影响因素，因此也没有确定的闭合解。再考虑到无偏和有效数据资料的缺失，社会科学研究既有范式在认知方面必然存在较大的局限性。而这种认知局限折射的则是其背后方法论的某些局限。

从方法论角度来看，在近代科学到现代科学的发展过程中，还原论（也称还原主义，Reductionism）发挥了重要作用，特别是在自然科学领域取得了很大成功。作为哲学观点，还原论认为现实生活中的每一种现象都可看成是更低级、更基本现象的集合体或组成物，并主张把高级运动形式还原为低级运动形式，用低级运动形式的规律代替高级运动形式的规律。基于此，还原论的方法论就是将研究对象不断进行分解，通过化复杂为简单的方式，加以描述和理解。与还原论相对立的是整体论（Wholism）。整体论认为，系统是由各部分组成的一个有机整体，不能割裂或分开来进行理解，坚持整体的规律不能归结为其组成部分的规律，主张高级运动形式不可还原为低级运动形式，强调由部分组成的整体有新性质出现。应该说，整体论的这些主张比较正确地反映了事物的辩证法，但是，有些整体论者片面强调整体，而忽视对整体中各部分进行必要的细致分析。

社会科学研究既有范式更多的是借鉴并移植现代自然科学研究方法和范式而逐步形成的，在方法论层面以还原论为主体，同时也兼具整体论的成分。然而，作为科学研究的方法论，无论是还原论还是整体论，在处理复杂巨系统的不确定性和演化性问题时都存在严重障碍，而基于人类社会活动的特有的复杂性根源，现有研究方法甚至在精准量化和微观结构解析方面仍存在严重缺陷。

四 应对人类社会复杂性的综合集成方法论

为了能够更为准确有效地把握人类社会活动的复杂适应性特征，真正搭建起社会科学和自然科学相互融合的桥梁，有必要对基础性重构社会科学研究方法论的问题进行学术探讨。有机引入系统论（System Approach）的方法体系，[①] 可能是社会科学研究有效把握人类社会活动复杂适应性特征的重要途径。迄今为止，学界在这方面的探索仍不多见，而钱学森倡导的"综合集成方法论"则是该领域富有建树的理论。20世纪70年代末，钱学森明确指出："我们所提倡的系统论，既不是整体论，也非还原论，而是整体论与还原论的辩证统一"（于景元，2006年）。这一系统论思想逐步发展成为钱学森的综合系统集成思想。

钱学森主张把专家体系、信息与知识体系以及计算机体系有机结合起来，构成一个高度智能化的人机结合与融合体系，把人的思维、思维的成果，人的经验、知识、智慧以及各种情报、资料和信息统统集成起来，使多方面的定性认识和必要的定量认识充分、有机地结合起来。20世纪80至90年代，以马宾、戴汝为、于景元、顾基发等为代表的学者探索性开展的综合集成研究，受到时任中央领导的高度评价，但该类研究受限于模型技术和数据资料条件限制，并未取得实质性进展。2008年，中国社会科学院再次启动社会科学综合集成研究，成为国内该领域最近一次大规模系统化的学术探索工作。该研究提出利用互联网海量数据并基于分布式计算系统，对社会科学问题进行大规模计算机微观模拟实验，期冀用数据和

[①] 系统论最早是由奥地利生物学家贝塔朗菲（L. Von. Bertalanffy）提出的，核心思想是系统的整体观念。贝塔朗菲强调，任何系统都是一个有机的整体，它不是各个部分的机械组合或简单相加，系统的整体功能是其各组成要素在孤立状态下所没有的新质。贝塔朗菲提出系统论后，在很长一段时间内，系统论被等同于整体论。事实上，虽然系统论与整体论都强调事物的整体性，但二者还是有着质的区别。整体论只强调从整体出发对研究对象进行分析、研究和处理，而忽视对事物各组成部分的认识；系统论则是在对研究对象各组成部分已经作了深入、细致分析的前提下，从有机、整体的角度对其进行分析和把握。系统论的这种内涵，恰恰体现了还原论和整体论这对矛盾体之间的辩证统一关系。

计算技术解决社会科学复杂适应性难题。然而，上述理念的提出在当时具有超前性，也并未引起自然科学界的共鸣，直到2012年大数据概念兴起后才逐步引发国内业界的广泛关注。

第三节 大数据内涵特征与数据驱动的社会科学研究范式

一 大数据概念特征及内涵辨析

大数据（Big Data）作为一个新语汇最早公开出现于2010年2月英国《经济学人》杂志有关信息管理的一篇专题报道（K. Cukier, 2010）。2011年5月，麦肯锡环球研究院在一份题为《大数据：下一个创新、竞争和生产力前沿》的报告中，将大数据定义为"大小超出常规数据库工具获取、存储、管理和分析能力的数据集"。时下较流行的大数据定义是，需要新处理模式才能具有更强的决策力、洞察力和流程优化能力的海量、高增长率和多样化的信息资产。在维克托·迈尔·舍恩伯格的《大数据时代》一书中，大数据技术被描述为，不再基于传统随机分析法，而采用所有数据进行分析的处理模式，海量性（Volume）、实时性（Velocity）、多样性（Variety）和有效性（Volatility）成为大数据的典型特征。这也是大数据定义中被广为接受的3V、4V或nV。上述3V或4V更多是从数据信息角度刻画了大数据特征，除此之外，大数据技术的内涵边界还应该包括数据收集（生产）、数据存储、数据处理、数据分析及展示等各环节所需的专业知识和技能。这些多学科、跨学科交叉的知识技能集成在一起，共同构成了大数据技术体系（或称为"数据科学"）。

自2010年首次提出大数据概念后，短短几年时间里，大数据技术已在精准营销、信息安全、智能制造、语义识别、文本分析等众多领域的应用中取得了丰硕成果。2015年9月，国务院发布的《促进大数据发展行动纲要》将大数据发展确立为国家战略后，大数据更是迅速成为中国产业界、学术界最炙手可热的语汇之一。然而，作为公认的大数据最具前景的应用拓展领域之一，社会科学界却至今罕有革命性研究成果，人们对于社会科学的大数据应用似乎更多地停留在概念和模式复制阶段。大数据是否会对社会科学的发展产生重要影响,能给社会科学带来哪些根本性变革,能否给社会科学和自然科学的学科统一提供助力?对此,学者们普遍持积极乐观态度,认为大数据的兴起为社会科学学科体系的重构和研究范式的改变带来了机遇。

二 大数据技术应对人类社会复杂适应性的优势

事实上,除了显性的3V或4V特征,大数据及围绕大数据利用形成的大数据技术体系,为有效应对人类社会活动的复杂适应性特征提供了技术可行性,从而能够为推动社会科学的自然科学化进程,形成基于数据驱动的社会科学研究新范式提供有力支撑。

其一,大数据技术提供了对社会科学现象进行系统性扫描的可能。而传统社会科学研究受限于资料收集、信息传递以及知识获取的技术性因素,往往不可能对社会现象的全貌进行系统性定位和描述。其二,大数据技术提供了对社会问题动态跟踪的可能。社会科学问题往往具有实时性和演化性特征,传统研究方法难以对促使事物转化的诸多内外因冲击进行实时跟踪和反馈,在时间上滞后于事件的衍生和发展进程。其三,大数据技术提供了对事物发生发展的本质动因和多元影响因素进行系统解析的可能。基于显著性变量设定的传统研究方法,在技术上无法对影响社会现象的要素全体进行资料收集和计算处理,被忽略要素的显著影响、显性突变或累积跃迁效应,可能导致研究结果的重大偏差。其四,大数据技术提供了趋近总体数据的可能。传统研究方法由于资料收集成本及可行性的限制,往往通过主观判断或科学抽样对资料的代表性和误差因素进行控制,在此基础上构建量化描述、假设检验、参数估计等一系列方法体系。而大数据的总体逼近特征则不仅是对数据资源的扩展,其理论基础和技术构架还为社会科学发展提供了结构性变革的可能性。

三 大数据技术应对人类社会复杂适应性的障碍

需要特别指出的是,当前的大数据理论和大数据技术尚未完全具备解决上述问题的能力,与为社会科学复杂适应性提供解决方案的目标仍有较大距离,具体来说存在以下主要障碍。

第一,大数据名称本身具有一定的误导性。强调数据之"大"是大数据技术的首要内涵。然而，由于存储和计算能力的大幅提升，数据收集已演变成为无明确目标的被动过程。这使得资料的价值密度呈指数化衰减，冗余数据的处理成本不断飙升，客观上形成重数量而轻质量的现实性缺陷。

第二，大数据的有偏性和非一致性。尽管有业内人士断言大数据技术提供了研究的总体性数据，使得基于随机抽样的推论性统计技术不再必要。而事实上，即便是针对特定目标被收集起来的"一手"大数据资料，也仍然存在"选择性偏差"的问题。被动性收集的数据资料使得大数据技术仅能观测和收集行为发生者的信息，而非真正意义上的总体数据。因此，无法保证数据的无偏性和一致性，其效度也难以检验。

第三，重技术开发轻问题解决的倾向。大数据技术起步于资料的收集、存储、传输和计算，目前应用也仍然集中在这些领域，其价值导向促使政府、企业或学术界更多地在堆砌大数据技术，而非真正应用大数据解决实际问题。社会科学研究在本质上是以问题为导向的，应基于现实问题选择恰当的数据和方法，而非生搬硬套大数据解决方案。

第四，重微观层面的精准定位，而轻宏观层面的总量。大数据在商业营销领域的成果，使得人们更多地关注利用大数据对微观个体进行精准定位、状态识别和行为预测，而社会科学的核心仍是对社会现象的解析，必须打通微观基础与宏观现实之间的逻辑关联和传导机制。

第五，大数据技术过分强调关系发现，而轻视因果分析。这也是制约大数据技术作用有效发挥的关键问题。大数据技术标榜通过基于数据资料信息的耦合和关联性挖掘方法，提供客观事物之间的交互影响因素，原则上排斥了传统研究基于因果关系建立的研究体系甚至直接否定逻辑演绎的方法论基础，试图越过事物的作用机理而寻求跨维路径的解决方案。但是，大数据革命最大的意义在于，极大限度地提升了收集资料的维度和深度，使得人们真正可以从全局网络和动态演化的视角去审视社会现象和社会问题。如果大数据技术不能扭转偏差的认知模式，则注定不会在社会科学领域取得突破性进展。

第四节　微观模拟模型与公共政策精准评价

回到国家治理现代化的话题，对于一项制度设计或者是政策实施而言，无论系统性改革或是参数性调整，显而易见的效应就是那些表现在会计账面的信息的变动汇总，这可以微观数据进行粗略估算和核算或通过相对并不复杂的经济模型进行估计和预测。然而，现实世界的改革往往不可避免地存在经济主体的负责实用性特征，特别是那些旨在对特定经济主体和特定经济行为进行调节的宏观政策，而这些微观主体行为的调整不仅决定微观个体自身的经济表现，也会反过来影响整个宏观经济系统的运行状态，利用静态的、代表个体的、无行为反应、非系统建模的可能存在重大的偏误。在复杂适应体系的背景下，社会经济研究进程中建模工具的革新不可避免，而微观模拟技术是其中具有代表性和广泛前景的应用。

一　微观模拟模型的概述

微观模拟（MicroSimulation，MS）模型，是以具有代表性的微观调查数据为对象，应用计算机技术将已实施或未实施的政策（分配用于政策评价和政策设计）按照规则施加于微观个体之上，进而通过计算机模拟个体以及相应宏观总体的经济特征、经济行为以及相互作用来实现对政策的实验分析，而实验者最终可以自主提取有效的政策效应数据，无论微观或宏观（Oroctt，1957、1960）。该技术的提出及模型的成果研制为研究微观异质性提供了建模工具，经过国内外学者的不断完善，这种真正由数据驱动的经济研究方法已经成为学界公认的公共政策研究的最为有效的工具和经济科学前沿热点，为我们更深层次探究复杂系统的本源提供了全新的工具。这种集先进性、科学性和精确性于一身的技术，在20世纪中期一经提出便在公共政策评价领域迅速发展起来，大量模型已经被开发和研制，并被具体应用于公共政策的实证分析（Citro 和 Hanushek，1991）。经过半个世纪的发展，微观模拟不断成熟，越来越多地在公共政策分析领域发挥重要作用，并走出实验室并被政府相关部门应用，成为政府部门公共政策分析的有力工具，甚至是某些国家公共政策改革的立法途径（Gupta

和 Kapur，2000）。自 1993 年起，学术界举行了四次大型微观模拟与政策分析国际会议，表明应用微观模拟方法分析经济政策已成为经济学研究的一个热点（Bourguignon 等，2006）。表 3—1 列出了国外政策研究领域被实证应用的著名微观模拟模型。

表 3—1　　　　国外政策研究领域微观模拟模型的应用实例

简称	全称	研发者	使用单位	应用领域
RIM	Reform in Income Maintenance	美国城市研究所、美国经济机会局、亨德瑞克逊公司	美国总统的"收入委员会"	1. 模拟各种不同的转移收入项目； 2. 模拟工资税、社会保险税与联邦所得税； 3. 模拟家庭补助项目
TRIM	Transfer Income Model	美国城市研究所、亨德瑞克逊公司	美国经济机会局、美国财政部	1. 模拟 1974—1977 年和 1979 年的福利制度改革； 2. 模拟 1975 年的附加收入保障项目； 3. 与税收模型连接用以模拟联邦所得税法规
MATH	住户转移收入的微观分析模型	美国社会和科学学会	美国粮食、食品和营业部	1. 模拟里根政府削减福利性项目的后果； 2. 模拟鼓励住户私人退休储蓄措施的效果
KGB	研制者名字首字母命名	未知	美国卫生、教育和福利部	卡特政府福利制度改革计划的使用
TRIM2	第二代 TRIM 模型	美国城市研究所	美国卫生部议会预算办公室、劳动部各基金会	1. 税收和转移支付项目的政策分析； 2. 政策与法规变化的社会效果； 3. 多种税收和转移支付项目的综合效果； 4. 不同的经济方案影响

续表

简称	全称	研发者	使用单位	应用领域
DYNASIM	Dynamic Simulation of Income Model	美国城市研究所	美国卫生、教育和福利部	1. 分析社会保障与私人退休金问题； 2. 考察退休社会保障项目的分配； 3. 失业保险的宏观经济条件的影响； 4. 未成年儿童家庭补助项目； 5. 研究妇女就业对家庭的影响； 6. 美国老龄人口社会经济状况预测
DYNASIM2	第二代DYNASIM模型	美国城市研究所	美国劳动部、卫生部各基金会，美国国家儿童健康和人类发展	1. 预测1990年未成年母亲的社会影响； 2. 2020年私人退休金系统的预测； 3. 1983年社会保障修正案的长期影响； 4. 21世纪老年人的需求预测
无	美国经济交易模拟模型	马里兰大学	对公众开放	1. 估计发行保值债券对财政货币的影响； 2. 估计工作时间对就业和劳动生产率的影响
CORSIM	康奈尔微观模拟模型	Steven 和 Caldwell	对公众开放	1. 经济政策分析； 2. 社会学研究； 3. 牙医服务系统

续表

简称	全称	研发者	使用单位	应用领域
TRIM3	第三代 TRIM 模型	美国城市研究所	美国政府的众多决策部门	1. 分析美国大部分转移支付项目：附加保障金项目、对贫穷家庭的临时补助项目、儿童抚养项目和公共补贴住房项目； 2. 医疗卫生方面，用来模拟医疗援助、医疗照顾、企业支付的医疗保险及个人购买的医疗保险的微观效应； 3. 评价税收项目的财政和分配效应，如联邦所得税、地方所得税及收入调节税
SINMOD	Static Incomes Model	澳大利亚国家社会与经济模型中心	澳大利亚联邦政府	1. 分析联邦政府的各项转移支付项目； 2. 计算所得税的财政和收入分配效应； 3. 评价社会保障系统的财政和分配效应； 4. 研究医疗系统改革的经济和社会效应
EURMOD	An Integrated European Benefit—tax Model	剑桥大学	欧盟委员会	1. 用于分析社会和财政政策的变化对个人收入和家庭福利的影响； 2. 模拟在欧盟各成员国或地区实施的社会经济一体化政策的宏观和微观效果； 3. 比较成员国内政策对人口的影响； 4. 比较欧盟内同一政策对不同成员国的影响及影响程度的大小

续表

简称	全称	研发者	使用单位	应用领域
SPSD/M	Social Policy Simulation Database and Model	加拿大统计局	对加拿大联邦和州政府、学术团体和私人学者广泛开放	1. 估计发行保值债券对财政货币的影响； 2. 估计工作时间对就业、劳动生产率的影响

二 微观模拟模型的发展进程

经典的微观模拟模型通常假设：间接税改革引发个体可支配收入的变化量等同于其所导致的产品最终价格的变化与固定消费量的乘积；而直接税所引发的个体可支配收入的变化量则源于不同税制对固定应税收入的作用差额。事实上，该类模型只适用于分析那些对个体行为影响很小的公共政策。我们将忽略了行为反应的微观模拟模型统称为会计（算术）微观模拟模型，它模拟了税收或转移支付系统制度改革引起的个人（家庭）实际可支配收入的变化，并由此输出"那些尚来不及引发行为反应时的政策即期（首轮）效应"（Creedy，2002）。Bourguignon 等（2006）应用间接效用函数证明了价格变化引起的福利变化等同于价格改变引起的消费成本的改变，这为该模拟方法提供了理论基础。由于会计微观模拟模型简便易行、研究结果精确且最大限度地保持了微观异质性，因此直到今天它在公共政策评价领域的应用仍极为广泛，如 Atkinson 等（1988）、Harding（1996）；Gupta 等（2000）以及 Vynnycky（2008）等。而近年类似美国 TRIM 系列模型和 MATH 模型、英国的 POLYMOD、欧盟的 EURMOD 模型、澳大利亚的 STINMOD 和 MITTS 模型等都是会计模型的现实应用。对于会计模型最大的争议来自其对行为反应的忽略。公共政策的执行往往引发个体行为反应，尤其是那些旨在改变个体行为的政策，这种行为的改变必然影响政策的总体作用效果。另外，将政策研究限定在改革随后而生的即期效应分析上也是不恰当的，现实研究目标需要使模型能够理解更长历史时期的政策效果，而长期政策效应存在的直接动因就是行为的改变。

20 世纪 80 年代以后微观模拟模型继续向多维的纵深领域发展。学者们开始尝试将微观个体的行为决策纳入模拟之中，即行为微观模拟模型，它基于会计模拟技术，对微观个体的行为决策加以建模和整合，为深入分析公共政策作用效果提供了着手点。目前，行为模型的应用有很多，Blundell 等（1999）和 Creedy 等（2002）对这些应用进行了综述。其应用集中在以下几个方面：（1）以劳动供给行为为对象的税收—津贴模型，如 Oliver 等（2007）以及 Labeaga 等（2008）；（2）以消费行为为对象的间接税收模型，如 Liberati（2001）以及 Kaplanoglou 等（2003）以及 Harding 等（2007）；（3）基于其他福利领域行为的模拟模型，如墨西哥的 Oportunidades 以及巴西的 BolsaFamilia 等提供了发展中国家政策研究实例。当然，行为微观模拟模型也存在如下局限：首先，这里隐含假定属性相同的个体具有相同（或相似）的行为，它破坏了微观的异质性且难于检验；其次，模型仅仅基于微观个体的行为，其本质上是局部均衡的，它忽略宏观经济的反馈效应，仅限于个体单方面做出反应时公共政策的短期（次轮）效应研究；最后，该类模型主要依赖于效用最大化的假设，其行为的获取方式单一，无法满足经济系统的行为复杂性要求，这是当前研究最大的缺陷。

随着研究和应用的推进，学者们开始注意经济系统的网络复杂性，着力关注微观经济与宏观经济的综合基础。事实上，政策改革的作用效果不会单方面终止于微观个体，宏观与微观之间必然存在状态与行为的交互反馈，这种反馈作用在总体的均衡框架下趋于收敛。因此，公共政策可能具有强大的一般均衡效应（即第三轮效应），它在更长的时效上影响收入分配的整个过程。为了使研究能够覆盖这一维度，对宏观模型的扩展已经被提出，并逐步成为当前收入分配模型化研究的重点。采用将宏观总体模型与微观模拟模型综合的建模方式是比较有效的研究途径，该方法在宏观水平下模拟政策对于典型家庭的综合影响，进而将影响分类输入微观模拟模型，以获取政策的一般均衡效应。一个极好的例子是 Chen 等（2003）对于中国加入 WTO 带来的分配结果的分析。而另一个典型的研究是由世界银行资助开放的贫困分析宏观经济模型——PAMS（Bourguigon 等，2003），它通过宏观—微观的自上而下的建模方式，将公共政策在宏观层次上的作用效果投影到微观层面上。另外，一些研究应用可计算一般均衡（CGE）模型对公共政策的宏观效应进行分析，以此整合宏观—微观，并取得了有效的进展，如 Bourguignon 等（2004）、Arntz 等（2008）和 Colombo（2008）应用 CGE 模型和行为微观模型的结合建模方式对政策做出评价。尽管该类模型处于研究前沿,但仍具有一定的缺陷:(1)宏观部分封闭的计算法则源于完全竞争假设;(2)宏观一致模型对于某些宽泛的政策(如财政和货币政策等)的作用效果不可计算;(3)缺乏微观—宏观的充分反馈;(4)对经济的动态适应性缺乏理解。

上述的模型主要基于静态框架,无法模拟微观个体的行为进化以及经济系统的动态发展,而我们的政策目标恰恰源于"结构性的财政政策改革",这种结构性的调整必然引发经济主体采取主动或被动的应对,也就是说我们研究的政策效应不会是简单的量值变量,从长远角度看,必然是结构性的适应性改变过程,这是面临的最大的研究技术难题。尽管有学者们尝试进行了相关探索(如 Townsend, 2002; Townsend 等, 2003),但其研究过于专用,无法对再分配系统的所有维度进行分析,且难于将其扩展至均衡演化的框架下。在现阶段几乎很难发现在经济演化条件下对公共政策的动态均衡效应做出分析的实例。事实上,经济复杂性实质上是系统性条件下的一种综合表征,那么问题的研究就不能被片面地割裂,解决问题的思路必然来自系统论,由经济问题的本质(微观经济主体)出发,量化经济主体的行为与特征,集成并建立有机的系统经济模型,最终累积或提炼宏观经济效应。而这自然由"热点经济问题"导向为"难点经济问题"。值得关注的是,来自自然科学和经济学研究的两项新的进展——基于智能主体的计算经济学(Agent-Based Computational Economics, ACE)及综合集成方法论——为我们进一步的研究提供了思路。

其中,ACE 建模理论把经济看成是由自主相互作用主体组成的进化系统,通过强有力的计算方法(人工智能)和计算工具(面向对象编程),编程实现具有适应能力、交流能力、学习能力和自治能力的经济智能主体(Agent),并通过模拟现实经济网络而有机地构建主体间的联系。该技术范式下构建的模型本质上是基于智能计算的微观模拟模型或宏微观一体化经济模拟系统。该学科业已成为经济学界的一个非常活跃的研究领域(陈禹, 2003),并在以下几个方向上取得了积极的成果:学习和内嵌智力(Vriend, 2000)、行为规范的进化(Axelrod, 1997)、市场过程建模(宣慧玉等, 2002)、交易网络的形成(Tesfatsion, 2001)、组织的建模(Dawid 等, 2001)和经济建模工具(Basu 等, 1998)。而收入分配问题的研究成为基于主体的模拟模型的全新领域。正如 Tesfatsion(2001)

指出 ACE 是复杂适应系统的经济学体现，可以有效地分析宏观经济动态对不同微观个体行为的分配效应和微观个体行为对宏观经济动态的增长效应。将基于 Agent 的微观模拟技术引入公共政策作用效果分析是我们对微观模拟模型应用领域所要做的一次尝试。

三 中国特色的微观模拟模型探索

在中国的公共政策研究领域，尽管相关研究工作尚处于起步阶段，但学者们已经尝试将各种技术引入经济政策机理与效应的研究工作中，其中代表性成果包括：郭绍禧（1986）率先将微观模拟分析方法引入中国学术界；李善同（1990）对微观分析模拟模型的类型、特点及局限性进行了研究；关亚骥等（1996）对微观模拟分析方法的新支撑平台进行了介绍；高嘉陵（1998）研制了烟台微观模拟模型，用于分析当时养老保险制度改革方案的经济效应；张世伟和万相昱（2006）提出了一个中国个人所得税改革的微观模拟模型，开始系统地将该技术引入收入分配政策的评价和设计当中；齐险峰等（2007）应用微观模拟模型以中国"四二一"家庭为对象分析预测了现行人口生育政策的长期经济效应；周闯、张世伟（2009）将劳动供给行为决策引入微观模拟模型，定量刻画了中国最低工资保障制度改革的收入分配效应，万相昱（2011a）应用动态的微观模拟模型对自 1994 年以来历次个人所得税改革方案的财政和收入分配效应进行了分析；万相昱（2011b）将微观个体的行为引入模拟模型，分析个人所得税改革的政策参数并进行了灵敏度实验，提出了制度改革的建设性意见；张涛和万相昱（2012）应用基于智能主体的微观模拟技术从经济演化和宏/微观一体化的视角分析了宏观税收等公共政策的经济效应，将相关研究推向学界前沿；尹音频和杨晓妹（2013）基于微观模拟方法研究了劳动供给对个税改革的敏感度；潘孝珍和燕洪国（2016）应用微观模拟模型进一步研究了个人所得税改革方案；姚涛和牛舒（2018）应用微观模拟技术模拟了房地产税对于中国居民财富分配效应的影响；马雨诺和王广慧（2018）对全面二孩政策背景下中国家庭制税收政策进行了微观模拟分析；万相昱（2018）以微观模拟模型为基础对中国个人所得税制度的完善改善提出了量化参考。近年来，微观模拟技术也迅速地被政府部门采用，目前中国较完善的微观模拟模型共三套，均围绕个人所得税改革评价，分别布置在中国收入分配研究院（国家发改委就业司立项）、国家税务总局核算司和中国社会科学院数量经济与技术经济研究所。而其中值得着重指出的是，由国家发改委和北京师范大学收入分配研究院联合成立的公共政策评估与模拟中心（CPS），是国内系统化应用微观模拟技术解决宏观经济现实问题的第一家专业学术机构，该中心注重解决微观层面与宏观层面的经济链接与信息反馈，为相关研究探索了空间并积累了经验。

第五节　综合集成方法论

上文提到的一项值得重点关注的科学研究进展就是综合集成方法论。综合集成方法论最早由钱学森提出，他主张把专家体系、信息与知识体系以及计算机体系有机结合起来，构成一个高度智能化的人机结合与融合体系，把人的思维、思维的成果，人的经验、知识、智慧以及各种情报、资料和信息统统集成起来，使多方面的定性认识和必要的定量认识充分、有机地结合起来（于景元，2006年）。20世纪80年代中期开展的"财政补贴、价格、工资综合研究"是经济社会领域采用综合集成方法的一个典型案例。在经济学家马宾的具体指导下，原航天部710所于景元等同志将系统工程方法应用到国民经济预测与政策模拟工作中，该研究有效实现了定性与定量相结合、系统工程专家与经济领域专家相结合，并依靠计算机技术进行宏观经济政策模拟，为解决当时宏观经济决策提供支持。项目的实施全面体现了人机结合、以人为主的特点，成为钱学森综合集成方法在中国经济社会领域研究的最早应用，受到时任中央领导的高度评价。20世纪90年代中期的"宏观经济智能决策支持系统（MEIDSS）"以及后续的"支持宏观经济决策的人机结合综合集成体系研究"是综合集成方法研究和应用的重要探索。该类研究由戴汝为、于景元、顾基发主持，以宏观经济系统为研究对象，集中探讨了综合集成的理论与方法、综合集成方法的实现过程，提出了支持宏观经济决策的系统研究框架，开发了"基于agent的金融与经济共同演化的模型"，探索了利用群体决策研讨平台解决宏观经济决策问题的途径。另外，国际学术领域中，桑迪亚国家实验室（Sandia National Laboratories，SNL）及其ASPEN模型系统、圣塔菲研究所（Santa Fe Institute，SFI）及其Swarm建模系统、国际应用系统分析研究所（IIASA）及其应用研究都是经济系统综合集成化模拟研究的中坚科研机构和主要研究成果。

一 方法论的发展

在研究科学和社会问题时，为了更加深入有效地对问题进行研究，研究者不断地对认识问题的方法论进行创新，方法论大致经历了从还原论到整体论再到系统论的过程。

（一）还原论

还原论是把所研究的对象分解成为部分，由整体向下分解、研究得越来越细的过程。还原论相信整体的性质可由部分的性质来说明，高层次的事物可由低层次的事物解释。还原论是自然科学中最基本的方法，强调为了认识整体必须认识部分。比如，为了对人体功能进行研究，研究者会相应地对人的运动系统、消化系统、神经系统、免疫系统等进行研究，进而对人体的功能特征进行解释。但是还原论解决不了高层次和整体问题。

（二）整体论

研究复杂系统和复杂巨系统（包括社会系统）的整体性问题时，还原论已经无法解决。比如，运用还原论可以将一个巨型的生态系统分成生产者、消费者和分解者等部分进行研究，还原论在这个过程中可以回答生产者、消费者和分解者在生态系统中所起的作用，但回答不了生态系统整体表现出来的区别各个部分所没有的强大特性。最早意识到这一点的是生物学家贝塔郎菲，他认为在进行生物学研究时，采用单纯的还原论方法对生物在分子层次上的了解越多，对生物整体的认识会越模糊，即还原论很难回答复杂系统的整体性问题。整体论倡导一个系统中的各个部分应该为一个有机整体，不能简单地割裂或分开理解。整体论的观点概括来说就是"整体大于部分之和"，组合性特征是不能用孤立部分的特征来解释的。整体论是对还原论的突破，能更加有效地为整体研究提供科学的研究方式和方法。

（三）系统论

整体论只是从整体论整体、从定性到定性的研究过程，还不能真正地解决复杂系统的问题。系统论在这种背景下诞生，国内最早系统地提出系统论的就是钱学森。钱学森指出"我们所倡导的系统论，既不是整体论，也非还原论，而是整体论与还原论的辩证统一"，钱老先生将还原论和整体论辩证统一形成了系统论,这种系统论思想为后来的综合集成思想打下了坚实的基础(钱学敏,2004)。

二 钱学森—综合集成方法形成过程

钱学森提出的综合集成方法论是对系统论的具体化,是一套在实际操作上行之有效的方法体系,综合集成方法的形成经历了一个不断改进和优化的过程,其形成过程主要分为以下几个阶段(安小米等,2018)。

(一) 定性与定量相结合的方法

定性与定量相结合的方法是钱学森等人在研究如何处理复杂巨系统和如何建立复杂巨系统的系统学时逐渐形成的,他们认为在研究这些问题时要将人的主观认识引入进来,与系统工程的定量认识配合使用,采用定性与定量相结合的方法。1986年7月27日,钱学森在全国软科学工作座谈会上的讲话中提出:"软科学的研究离不开三个要素:第一是信息、情报资料,情况要搞清楚;第二,为了定性定量相结合,专家的意见非常重要,一定要有渠道收集专家的经验和判断;第三,要定量,建立模型,在搜索资料以后,请专家讨论、提出意见;然后,根据专家的意见建立模型"。1987年,钱学森在中国人民大学举办的吴玉章学术讲座上也同样强调了定性与定量相结合的观点:"如何把系统工程定量的科学方法、模型用到国家复杂的经济问题上?怎么才能算是建立了正确代表客观实际的模型?电子计算机里建立的模型怎么才能反映事物之间深深固有的关系?这要靠经验和学问,光靠电子计算机专家、系统工程理论专家是不行的,必须有真正有经验的经济学家、管理专家来参加,按专家的意思设计出模型,算出结果,然后再请专家看看行不行,专家还有意见,还可以改,改得专家提不出意见来了,那就是我们中国最高智慧的结晶"。"定性与定量相结合的方法"是探索初期形成的方式方法,其主要限于系统工程范围内的运用(卢明森,2005年)。

(二) 定性与定量相结合的综合集成方法

定性定量相结合的综合集成方法是为了更好地处理复杂巨系统提出的,定性和定量相结合的综合集成方法把信息技术、计算机、人工智能和知识工程都运用到定性和定量相结合的过程中,体现出了极大的集成功能,加大了信息收集和信息处理能力,不再是简单的"定性与定量相结合"（戴汝为，1997年）。1990年钱学森在《自然杂志》第1期以"一个科学新领域——开放的复杂巨系统及其方法论"为题正式提出了"综合集成方法"这一概念，指出定性定量相结合的综合集成方法实质就是将专家群体（各种有关的专家）、数据和各种信息与计算机技术有机结合起来，把各种学科的科学理论和人的经验知识结合起来，并形成联系紧密的结构体系，进而发挥该体系的整体优势和综合优势。定性和定量相结合的综合集成方法已经超出系统工程范围，上升到了方法论的高度。

（三）从定性到定量的综合集成方法

从定性到定量的综合集成方法强调的是将人的思维、思维的成果，人的经验、知识、智慧以及各种情报、资料和信息等定性认识统统集合起来，通过现代计算机体系上升为定量认识的方法。20世纪90年代初，钱学森等人首次把处理开放的复杂巨系统的方法定义为从定性到定量的综合集成方法，这是一种从整体上考虑问题并解决问题的方法。从定性到定量的综合集成方法采用人机结合、人机交互的方式，进行从定性到定量的循环上升的认识，最终得到问题的最优解。

（四）从定性到定量的综合集成研讨厅

从定性到定量的综合集成研讨厅相较于"从定性到定量的综合集成方法"更加突出人机结合、人机交互下人的思维能力的提升。人们可以通过综合集成研讨厅的方式在反复的人机对话中感知新的环境、开拓新的视野，进而提升自身的思维能力，最终达到高效准确处理事情的能力（崔霞、戴汝为，2006）。1993年4月10日钱学森在给戴汝为的信中指出："在定性到定量的综合集成研讨厅体系中，核心是人，即专家们，整个体系的成效有赖于专家们"。1995年1月由钱学森参与撰写的《我们应该研究如何迎接21世纪》中指出"这个研讨厅体系的构思是把人集成于系统之中，采用人机结合、以人为主的技术路线，充分发挥人的作用，使研讨的集体在讨论问题时互相启发、互相激活，使集体创见远远胜过一个人的智慧。通过研讨厅体系还可以把世界上千百万人的聪明智慧和古人的智慧统统综合集成起来，以得到完备的思想和结论。这个研讨厅体系不仅具有知识采集、存储、传递、共享、调用、分析好综合等功能，更重要的是具有产生新知识的功能，是知识的生产体系，也是人—机结合精神生产力的一种形式"。可以看出,采用综合集成研讨厅方法强调通过增强人的思维能力的方式进行对复杂巨系统的处理,是实践当中切实可行的有效方法(崔霞、戴汝为,2006)。

三 综合集成方法的运行机理

钱学森创建的处理复杂巨系统的方法论就是以人为主、人机结合,从定性到定量的综合集成方法,并在工程中逐步实现综合集成研讨厅体系。钱学森综合集成方法论包含"从定性到定量的综合集成方法"和"从定性到定量的综合集成研讨厅",其中"从定性到定量的综合集成研讨厅"是"从定性到定量的综合集成方法"的实践形式。

从定性到定量的综合集成方法的实质就是把专家体系、信息与知识体系以及计算机体系有机结合起来,构成一个高度智能化的人机结合、以人为主的融合体系,这个体系具有综合优势、整体优势和智能优势。它能把人的思维、思维的成果,人的经验、知识、智慧以及各种情报、资料和信息集成起来,通过人机互动的方式,反复比较、逐次逼近,不断进行定性认识到定量认识的升华,最终取得研究结果的过程。

专家集体针对具体的问题分别提出经验性假设和判断,同借助相应的现代机器处理技术,基于各种信息、资料、感性认识和定性认识进行相应的系统描述、建模、仿真、实验,通过人机互动来反复比较和逐步逼近,不断地进行从定性到定量的循环上升的认识过程。最终将定性认识转化成定量认识,得出相应的结论供决策部门参考。

"从定性到定量的综合集成研讨厅"是"从定性到定量的综合集成方法"的实践形式,综合集成研讨厅非常强调人的重要性。注重运用现代先进信息技术进行人机交互,在人机交互中不断增强人们的思维能力,最终以人为主来处理相应复杂巨系统问题。

综合集成研讨厅主要由专家体系、机器体系、知识体系构成,其强调把人脑的智慧与系统数据库、模型库和知识库等信息相结合,通过人机结合与人机互动的方式创造出新的知识与智慧。专家集体在这个过程中不断扩展自己的视野,提升自己的思维能力,最终形成科学的认识和结论。

四　钱学森综合集成方法的主要内容

（一）高度强调人机结合

人机结合思维体系是综合集成方法的理论基础，通过人机结合扩展人脑信息收集与处理的能力。从思维科学角度来看，人脑和计算机都能有效地处理信息，但是二者有着极大的差异。关于人脑思维，钱学森指出"逻辑思维，微观法；形象思维，宏观法；创新思维，宏观与微观相结合。其中创造思维才是慧的源泉，逻辑思维和形象思维都是手段"。计算机善于处理逻辑性的东西，具有较强的逻辑思维，人脑具有较强的形象思维和创造思维。在进行复杂巨系统的研究过程中，一定要通过人机结合的方式，将计算机高效的逻辑处理能力和人的综合思维能力相结合，进而对大量的信息和知识进行处理，得到相应的研究结论。钱学森在强调人机结合时指出："从定性到定量的综合集成技术，实际上是思维科学的一项应用技术。研究开放的复杂巨系统，一定要靠这个技术，因为首先要处理那么多大量的信息、知识。信息量之大，难以想象，哪一个信息也不能漏掉，因为也许那就是一个重要的信息。情报信息的综合，这是首要遇到的问题。过去我在情报会议上讲过一个词，叫资料、信息的"激活"，即把大量库存的信息变成有针对性的"活情报"。我们在做定性工作中，一开始就要综合大量的信息资料，这个工作就要用知识工程，而且一定要用知识工程，因为信息量太大了，光靠手工是无法完成的"。人机结合思维体系充分运用了计算机的信息处理能力，极大地提高了处理问题的能力。

（二）高度强调人机互动

钱学森综合集成方法强调专家要通过人机互动的方式，在一次次与机器互动的过程中刷新自己的认知水平，不断提高处理问题的和能力。大脑的认知能力相对有限，在进行信息的处理时会出现思想狭隘的情况。机器能创造一些现实生活中所没有的场景和环境，这些都会给人以新的感受和想法。因此通过人机互动的方式，将人脑的知识和思维与机器的功能相结合，通过交换和互动，可以不断地拓展人们的视野，了解广泛的知识、经验，进而比较准确地把握各种复杂事物的现象与本质、微观与宏观、部分与整体、稳定与发展的辩证关系。在研究复杂巨系统的过程中，专家一般不能立即根据自己具备的知识得出问题的准确结论，而是需要将专家群体的经验性判断与机器的仿真和信息处理等技术进行互动，反复地进行定性和定量方面的处理，专家在循环往复的交互过程中不断提升研究问题的能力，不断调整和优化问题的答案，最终得出最优的决策（王丹力、戴汝为，2001年）。

（三）强调人机结合和互动过程中要以人为主

人脑才是思维产生的物质基础，必须注重问题研究中各领域专家意见的作用。在人机结合中机器只是擅长逻辑性问题上的处理，真正的形象思维和创造思维还只能依靠大脑，因此必须坚持以人（专家群体）为主的原则。专家群体可以充分地运用理性知识和经验知识对问题进行现状分析和趋势发展研究，结合机器不断地深化研究，得到解决问题的最优路径和方法。在进行复杂巨系统研究时，由于复杂巨系统具有跨学科、跨领域、跨层次的特点，也同样需要不同领域、不同学科的专家构成的专家体系，依靠专家群体的知识和智慧对复杂巨系统进行相应的研究。

1987年，钱学森在中国人民大学举办的吴玉章学术讲座上强调了定性与定量相结合的观点。钱学森在给汪成为的信中提到："我不以为能造出没有人实时参与的智能计算机，所以目标不是中国智能计算机，而是人—机结合的智能计算体系"。钱学森在给戴汝为的信中强调："在从定性到定量综合集成研讨厅体系中，核心的是人，即专家们；整个体系的成效有赖于专家们"。这些都足以体现钱学森系统集成方法论以人为主的特点。

（四）强调现代信息技术的运用

现代信息技术由于其强大的信息处理能力，在处理繁杂的信息和资料时具有其独特的优势，同时现代信息技术能创造出现实中所不具有的场景，能给予人们新的视野和知识冲击，迫使人们进行思维上的提升与创新。运用综合集成方法对复杂巨系统进行研究分析时，必须充分利用信息技术，提高处理问题的效率和质量。钱学森认为具有较高文化素养、拥有广博科学知识的人群，如果经常人机结合进行工作，将使人的智能发展到一个新的阶段，大大提高人的创造思维能力，甚至可能出现智能革命。随着科学技术的发展，信息技术在不断地革新，大数据、人工智能、云计算、AI技术等现代信息技术可以高效地辅佐专家进行相应的决策。专家在与这些先进机器的交流过程中，能不断地提升专家的视野，不断地增强自身的创造思维，进而提高解决问题的能力。

（1）成熟推进阶段：2005—2010年

综合集成新概念提出及新工具研发标志着综合集成方法论逐步走向成熟。综合集成研讨厅人工社会等概念的提出，进一步突出了对人的社会性的关注。CorMap 和 iView 两项定性综合集成工具的研发推出，为海量信息的综合集成提供了新方法。

在开放复杂巨系统研究方面，以戴汝为、崔霞为代表的作者提出了一些综合集成新概念，一是数字城市成为新的实例，综合集成方法应用场景随即拓展到数字城市建设和城市管理领域；二是综合集成研讨厅人工社会被定义为开放复杂巨系统的并行系统，是以人为中心、人机结合的人工设计智能系统。同时提出基于 Agent 的人机结合综合集成研讨厅人工社会的设计重点，包括以人为主的社会基元、知识生产和智慧的涌现、以人为中心的数据制成体系有效交互和组织以及面向组织的多元智慧体系逻辑设计。这些都极大地突出了对人的社会性的关注。

以顾基发、唐锡晋为代表的作者对综合集成新工具进行了研究开发。Web2.0 理念和技术的兴起，为综合集成研究提供了新的方法和工具支持，Web2.0 不同于传统由网站雇员主导生成内容的 Web1.0。Web2.0 采用由用户主导而产生的内容互联网产品模式，其信息是由每个人贡献而产生，个人共同组成互联网信息源。Web2.0 是以人为本的创新 2.0 模式在互联网领域的典型体现。Web2.0 主要以人为主（特别是专家集体），首先表现在 GAE 得以在社会性问题求解中运用，其中尤其突出对意见生成和知识创造过程的关注。其次，综合集成方法通过会议挖掘及在线会议、专家知识挖掘、词汇联想等方式实现群体意见综合及思考过程展示。在此基础上，基于 GAE 形成 CorMap 和 iView 两项定性综合集成工具，通过作者、文本、关键词间的关系细化对群体思考过程的展示，并且实现了综合集成方法从自然科学、工程系统中应用向社会性问题中应用的转变。

总的来说，在综合集成方法成熟推进阶段，以综合集成研讨厅人工社会为代表的理论研究，进一步突显对人的社会性的关注，以 CorMap 和 iView 为代表的工具研发，主要聚焦于定性综合集成技术。

（2）创新升华阶段：2010年后至今

在数字城市、数字地球等发展十多年后，人们逐渐将重点放在智慧城市、智慧地球的建设上来，并提出了创新2.0思想。综合集成方法也因此得到较大的发展，在实际应用领域得到了相应的拓展，在理论创新方面形成了新的表现形式。以顾基发为代表的学者，在智慧城市、智慧地球的热点研究中，引发了学者对"智慧"一词的新思考，使钱学森在理论奠基阶段提出的"大成智慧"得到重新关注。钱学森大成智慧学是量智和性智的结合（含理工文艺、人机网路、理论实践）、科学和哲学的结合、科学和艺术的结合、逻辑思维和形象思维的结合、微观认识和宏观认识的结合。大成智慧主要用于求解开放巨系统问题，是获得群体性智慧的一种方法。在此阶段，因为智慧城市、智慧地球与政治、经济、文化、技术等要素密切相关，所以综合集成、大成智慧成为此类开放巨系统求解的方法指导，基于大成智慧推进智慧城市、智慧地球的探索与实践不断地取得进展和成效（苗东升，2005年）。

与此同时，此阶段还特别突出了对创新的关注，尤其是创新2.0的提出。创新2.0模式相较于Web2.0模式有着非常大的理念创新，更加强调将各种知识和智慧进行集成，形成真正的"大成智慧"。创新2.0模式将传统的以技术发展为导向、科研人员为主体、实验室为载体的科技创新活动转向以用户为中心，是一种以社会实践为舞台、以共同创新、开放创新为特点的技术模式。创新2.0的大成智慧工程突出通过以人的联网、物的联网、思想的联网实现专家、计算机、数据体系的综合集成，这在管理要素层面表现为业务、文件、知识的综合集成，在系统层面则形成业务、文件、知识的集成管理系统。

总的来说，综合集成方法在这个过程中不断地得到创新和升华，以综合集成、大成智慧在智慧地球、智慧城市等场景中新的应用为代表，并以协同创新为其新的理论表现形式，综合集成的范围、对象、层次、技术均在扩展和深化。

第六节　总结性评论及推动数据驱动研究范式的建议

综上所述，大数据时代的到来为社会科学发展提供了一个重要契机。社会科学研究将有望突破传统社会调查方法以及数理模型、推论统计和计量建模等传统量化技术的限制，真正从全域、实时和交互的视角去逼近社会科学复杂适应性的本源。由此将可能带来社会科学实证研究基础的变革，从而促进定性定量的矛盾缓解和融合，促进社会科学与自然科学的学科统一。然而，社会科学发展不应该也不会完全局限于当前大数据概念的界定和技术限定。基于社会理论与社会现实问题，主动地挖掘多元基础数据，搭建社会主体间的联系网络，充分利用人机结合的综合集成模式，溯源社会现象的本源和逻辑传导机制，从而对社会科学研究对象进行精准量化的结构解析和预测推演，使之成为社会科学未来发展的重要途径之一，并形成开篇提出的"数据驱动的社会科学研究新范式"。

新范式为突破传统社会科学研究被动寻找经验证据的实证方法，建立搭载在数据资源基础上的主动量化提供了新的途径。问题导向、基于数据、机制溯源、综合集成、量化计算，将是数据驱动的社会科学研究范式的基础特征。未来，社会科学研究范式将面临重大变革，但并不会违背自身的学术本源；社会科学研究会更多地应用大数据技术，但不会摒弃建立在数量统计方法上的经验研究基础；社会科学研究将不断深入而精准地刻画微观个体的行为和状态，但不会忽略宏观总量特征和微观—宏观一体化的研究途径；社会科学研究将主要采用数据计算和模拟实验的科学方法，但仍需要以人类智慧和专业经验为指导。在上述基础上，社会科学发展将从数据实证应用的研究范式逐步向数据驱动的研究范式转变，并可能推动社会科学与自然科学的学科统一。

大数据为形成"数据驱动的社会科学研究新范式"提供了资料和技术储备，也为实现学科统一提供了潜在的重要契机。当然，以数据和计算为驱动的社会科学研究范式将不会拘泥于当下大数据的限定。尽管我们无法甄别未来社会科学繁复的演化路径，但我们仍希望能够对那些"能够用以驱动社会科学的数据"进行学术意义上的规范，以期能够助力相关研究的拓展。事实上，我们认为，数据作为未来社会科学发展的驱动性要素，不论是现在的大数据，还是传统样本数据或其他数据资料，核心仍是要解决与社会发展要求相匹配的问题。因此，未来有必要重点关注以下问题。

首先，建立科学的数据资源评估体系。大数据收集模式的创新并不能完全消除数据样本的有偏或非一致。建立在大数定律和中心极限定理之上的科学抽样方法，未来仍然有着无可替代的适用性。因此，当前的首要任务应以社会问题为导向，建立起较为系统的数据资源（质量）评价理论和评价方法，针对全域、多元、实时的非结构数据提出有效性判定标准，同时关注数据科学的伦理问题研究。

其次，解决大数据级别的总量累积问题。将微观非结构数据科学系统地提炼汇总为不同层级的总量信息，是基于微观大数据解构宏观社会现象的基础。数据信息的有效提炼在某种程度上也决定着大数据技术能否真正融入社会科学的研究体系。其中，基于数据的经济社会计算仿真技术是值得重点关注的领域。

再次，在数据分析基础上提出解决方案。未来社会科学的发展应以多元数据为基础，通过智能计算和专家智慧的结合，对社会现象进行量化解析，对于社会问题提出科学治理体系和模式，最终建立社会科学"类工程化处置"的研究机制和范式。

最后，注重逻辑因果机制和机理的发现。大数据研究不能片面地关注相关性，尤其是社会科学，还需要对社会现象的本质动因进行发掘，科学回答"是什么""为什么"的基本命题。因此，有必要充分利用多元化实时性数据的关联性优势，广泛而深入、客观而精准地厘清社会现象的因果机制，挖掘社会问题的逻辑机理，形成真正科学有效的治理方法和途径，在此基础上形成智能化的社会科学研究工具和平台。

第四章

互联网发展对中国产业结构转型升级的影响分析

——基于系统 GMM 与门限效应的检验

以互联网技术为代表的新一代信息技术被看作是世界经济的第五次康德拉季耶夫周期的显著标志（Yushkova，2014）。作为通用基础技术，互联网技术在全球范围内广泛应用、快速发展，正在全面渗透融入经济社会生产和生活的各个领域。世界经济论坛发布的报告显示，数字化程度每提高 10%，人均 GDP 增长 0.5%—0.62%。为了顺应这一全球技术变革和产业变革趋势，世界各国高度重视互联网相关创新成果对经济社会发展的引领促进作用，纷纷推出相关的互联网发展战略。当前，全球经济放缓的压力持续升温，中国经济发展面临日益复杂和严峻的外部环境，对于处于从高速增长到高质量发展嬗变的中国经济来说，互联网被赋予了创新发展驱动先导力量和增强经济韧性有效工具的重要角色。党的十九大报告提出，"推动互联网、大数据、人工智能和实体经济深度融合"，既是中国数字经济发展的超前谋划和战略预判，也是振兴实体经济的重要途径和可靠手段。根据工业和信息化部发布的数据显示，2018 年，中国数字经济规模高达 35.8 万亿元，占 GDP 比重的 36.2%，对 GDP 增长贡献率达 67.7%，产业数字化增加值占整个数字经济的比重也高达 80.2%，大约提供了 2 亿个就业岗位。

互联网发展是影响中国产业结构转型升级的关键变量之一，然而，目前中国互联网的优势仍然主要体现在消费端，而在生产端的应用优势尚未形成，导致互联网发展对产业结构转型升级的推动作用未能得到充分发挥。本书认为影响互联网发展对产业结构转型升级的关键在于城镇。城镇是现代产业和生产要素的聚集地，城镇化与产业结构演变有着密切的关系；城镇化为互联网发展提供了硬件基础设施和应用场景支撑，互联网为城镇化提供新的投资拉动和发展活力，二者是相互促进、相互配合的关系（Forman 等，2005）。根据城市领导理论（Urban Leadership Theory），由于城镇可以提供较为完善的配套设施和公共服务，且在城镇水平较高地区应用和推广互联网付出的成本较低，Forman 等（2012）研究发现，互联网的增长效应在人口众多且密集的城市地区更为显著。因此，我们认为城镇化是影响互联网对产业结构转型升级作用效果的关键因素。从城镇化水平来看，城镇化水平较高的北京、上海、浙江、广东、江苏等地，互联网发展水平相对较高，产业结构升级水平也处于全国领先水平。而中西部地区城镇化水平较低的云南、贵州、广西等地，互联网发展水平和产业结构升级水平均较为落后。伴随中国"互联网+"战略的深入推进，互联网应用从消费端转向生产端并渗入到产业骨髓是大势所趋。同时，在"新基建"浪潮的推动下，互联网与城镇化将呈现出加速融合的趋势。那么，互联网发展与产业结构高度化和合理化存在什么样的关系？互联网与城镇化的融合发展能否更好地推动产业结构高度化和合理化？城镇化水平的差异是否会导致互联网发展对产业结构转向高度化和合理化存在门限效应？本章将对此展开重点讨论。

第一节 文献综述

自 1994 年全功能接入国际互联网以来，中国互联网实现了从无到有、从小到大、从弱到强的跨越式发展，以互联网、大数据和人工智能为代表的新一代信息技术与三次产业也实现了从浅层联系到深度融合的转变，引发了移动支付、共享经济等一系列新的产业发展方式变革，有力推进了中国产业结构的优化调整。通过对已有互联网影响产业结构文献进行系统的梳理和总结，本节从宏观经济、中观产业、微观企业三个层面展开讨论。

从宏观经济层面来看，互联网作为一种重要的生产工具和应用工具，其开放、协作、共享、连接等特征推动数据成为一种新的生产要素，并促进了传统生产要素资源的优化再配置，蕴含巨大的数字化新动能，在促进产业技术创新和推动形成新经济增长点方面发挥了巨大作用（Romm，2002）。对此，已有多位学者从电信基础设施投资、教育水平、互联网普及率、服务业、劳动力素质等维度解析互联网发展所带来的显著经济增长效应（Choi 和 Yi，2009；Czernich 等，2011；Forman 等，2012；Ivus 和 Boland，2015）。现代经济增长理论认为，产业结构调整是经济增长对技术创新的吸收以及主导产业部门依次更替的过程（Rostow，1959），是实现经济增长的本质要求（Chenery 等，1970），因此，在互联网的经济增长效应发生过程中，产业结构转型升级是伴随经济增长发生的一种自发性活动。

从中观产业层面来看，互联网技术作为一种通用型技术兼具基础性和创新性，既能发挥融合平台效应推动高新技术产业发展，也能通过规模效应和竞争效应促进传统产业升级。从产业技术视角来看，互联网推动了产业技术的扩散、应用和创新，直接增强了产业技术效率（Miyazaki 等，2012；Cardona 等，2013）。同时，以互联网为代表的信息技术具备强大的泛在连接能力，促进了跨行业跨领域的数据共享、信息交互和知识编码化，推动形成集成创新溢出（Varian，2010），实现经济效率和劳动生产效率的提升（Jorgenson 等，2008；Oliner 等，2010）。从产业组织视角来看，互联网的深入发展带来了数据智能化和网络协同化（何大安，2018），并从大数据、大连接、大合作三方面增强传统组织的变革能力（郑湛等，2019），优化了传统的产业生产方式、管理模式和价值链（肖静华等，2015），极大地提高了产业组织运行效率，从而促进产业结构的调整。

从微观企业层面来看，企业作为产业的基本组成单元，是产业结构变迁的具体推动者和承载者。由于互联网的本质特征"连通性"（江小涓，2017），互联网的发展对不同类型的企业产生了广泛而深刻的影响，极大地降低了企业的信息搜集、内部协调和时间传递等交易成本，丰富和拓展传统的交易场所、交易时间、交易种类等，扩大了企业边界（李海舰等，2014；Lewis 和 Sappington，1991），并降低了企业创新成本，提高了企业对创新资源的优化配置能力（王金杰等，2018），同时，互联网增强了企业上下游产业链之间的信息分享意愿，推动传统业务流程和中间环节的优化和改善（王可和李连燕，2018），从整体上提升了企业生产效率、运行效率和创新效率。

也有学者从实证角度对互联网与产业结构的关系展开分析，Jimenez-Rodriguez（2012）基于美国和部分欧盟国家数据，通过面板自回归模型研究发现互联网显著提高了劳动生产率，推动了这些国家的产业结构调整；惠宁和周晓唯（2016）通过省级面板数据实证分析了互联网的产业结构高级化效应，吕明元和陈磊（2016）构建"互联网+"发展指数，实证分析了"互联网+"的产业结构的高级化和合理化作用，徐伟呈和范爱军（2018）构建互联网技术驱动下的产业结构变迁模型，研究发现互联网对第三产业产出的贡献率大于第一、第二产业；叶初升和任兆柯（2018）基于地级市面板数据进行了因果推断检验，发现互联网对经济发展具有增长推动作用和结构调整作用。

通过以上文献梳理发现，关于互联网对产业结构的影响已经积累了丰富的研究成果，为本研究奠定了理论基础和逻辑起点，但无论是理论分析还是实证检验，鲜有文献基于城镇化背景深入讨论互联网发展与产业结构转型之间的内在逻辑联系。在已有研究成果的基础上，本研究可能的边际贡献有以下三点：第一，以"互联网、大数据、人工智能和实体经济深度融合"的政策架构为研究导向，从动态视角深入讨论互联网发展与产业结构转型升级之间的因应关系；第二，构建了带有互联网发展与城镇化水平的交互项的动态面板模型，发现互联网发展与城镇化融合发展对产业结构转型升级具有更显著推动作用；第三，以城镇化作为门限变量，运用面板门限效应检验模型检验互联网发展与产业结构转型升级的关系，发现互联网发展的产业结构高度化效应和产业结构合理化效应分别存在双重门限和单一门限。

第二节　作用机制与理论假说

由于"摩尔定律"和"十五年周期律"对电子元器件发展的深度影响（Moore，1965；Gerstner，2003），从 20 世纪 60 年代至今，我们历经元器件时代、大型机时代、个人计算机时代、移动终端时代，当前我们正快速跨入智能时代，在信息时代内容变迁的背后是信息技术的飞速发展。中国数字经济进入快速发展阶段，以互联网为代表的信息技术集群加速与传统产业渗透融合，互联网在中国产业结构优化中扮演着日益重要角色（辜胜阻等，2016；江小涓，2017；郭克莎，2019）。然而，关于互联网对产业结构的实证研究以静态视角为主，鲜有从动态视角进行分析。基于此，本书提出：

假设4—1：互联网发展对产业结构转型升级具有显著促进作用，且为持续性动态效应。

互联网发展对产业结构转型升级有着持续性动态影响，但受到互联网自身发展水平以及不同地区要素资源禀赋的制约，互联网的促进效果呈现明显的动态差异和区域差异。当互联网发展水平处于一个较低水平时，由于梅特卡夫法则（Metcalfe's law）的存在，尚未形成的网络规模效应难以对产业发挥有效影响，加之相关企业对互联网的认知也不够，互联网应用深度和广度都受到限制，在这一阶段，互联网发展对产业结构转型升级无法发挥促进作用；当互联网发展水平超过一定水平后，伴随流量红利的逐步消退，互联网的促进效果也将有所降低。同时，从现有研究来看，多是基于线性分析方法，忽略了互联网与产业转型升级存在非线性关系的可能，不利于全面认识互联网发展对产业结构的影响。基于此，本书提出：

假设4—2：互联网发展对产业结构转型升级的影响为非线性。

城镇化为现代产业发展提供实体支撑，互联网为产业发展提供创新驱动，二者均对产业结构呈现系统性、宏观性和跨行业性的影响，然而目前关于互联网发展或者城镇化对产业结构产生影响的研究已经较为丰富，但综合考虑二者融合发展对产业结构产生影响的研究则相对较少。本书在现有研究成果基础上，提出互联网和城镇化融合效应对产业结构的影响路径：互联网打破了城镇间原有的分散孤立状态，提升了城镇化进程中的市场效率和生产效率（Salahuddin等，2016），推动产业间形成更高质量的关联协作和跨界融合的发展格局；城镇化形成的劳动力、资本等生产要素的集聚效应（关兴良等，2016），可以巩固增强互联网发展的现实基础（张家平等，2018），并伴随城镇化的辐射效应拓展其对产业链条、产业规模、产业周期的影响。因此，本书认为互联网与城镇化融合发展将更有利于推动产业结构的转型升级。基于此，本书提出：

假设4—3：在推动产业结构转型升级过程中，互联网和城镇化融合发展将发挥更大作用。

互联网本质上是一种连接、互动、共享的虚拟性网络，其之所以能在经济发展中发挥结构调整作用离不开线下实体的支撑，城镇是承载互联网的空间载体，为互联网发展提供了必需的基础设施、应用场景和人才支撑（姜爱林，2004；蓝庆新和彭一然，2013），由此推论，互联网对产业结构转型升级呈现非线性影响也与城镇化密切相关。从中国超大经济体特征来说，区域城镇化发展水平呈现明显的非均衡特征（辜胜阻等，2010）。一定水平的城镇化是互联网发挥作用的前提条件，当城镇化发展水平较低时，城镇的配套设施、产业聚集度、劳动力数量等要素对互联网应用和推广的支撑能力有限，导致互联网对产业结构的促进作用难以有效发挥；而当城镇化水平超过临界点时，城镇的支撑能力增强，对互联网发展形成有效支撑，互联网对产业结构的促进作用得以发挥。由此，我们认为城镇化对互联网发挥产业结构转型升级作用有着关键性的影响。基于此，本书提出：

假设4—4：互联网推动产业结构转型升级存在城镇化的门限效应，当跨过特定城镇化率或城镇化率在一定区间范围内时，互联网发展对产业结构转型升级的促进作用更强。

第三节 模型设定与变量选取

一 模型设定

（一）静态面板数据模型

依据以上理论分析，为了实证分析互联网发展对产业结构转型升级的影响，本书设定了如下静态面板数据模型：

$$ind_{i,t} = \beta_1 internet_{i,t} + \beta_2 urb_{i,t} + \beta x_{i,t} + \mu_i + \varepsilon_{i,t} \quad (4—1)$$

其中，i 代表地区，t 代表时期，ind 为产业结构转型升级水平，$internet$ 为互联网发展水平，urb 为城镇化发展水平，x 为一系列控制变量，μ 为个体效应，ε 为随机扰动项。

（二）动态面板数据模型

方程（4—1）给出了不同地区互联网发展对产业结构转型升级的影响，但是仅考虑了当期影响，尚未考察互联网对产业结构转型升级的动态影响效应，即前期产业结构转型升级对当期产业结构转型升级的影响。由于产业结构转型升级是一个动态渐进过程，具有发展惯性，仅仅考虑当期互联网发展、城镇化等因素对其影响并不符合产业结构转型升级的实际情况。为此，在静态面板数据模型中加入产业结构转型升级的滞后一期作为解释变量，得到动态面板数据模型：

$$ind_{i,t} = \alpha ind_{i,t-1} + \beta_1 internet_{i,t} + \beta_2 urb_{i,t} + \beta x_{i,t} + \mu_i + \varepsilon_{i,t} \quad (4—2)$$

方程（4—2）中加入 $ind_{i,t-1}$ 表示第 i 个地区在 $t-1$ 时期的产业结构转型升级。其他变量解释同方程（4—1）。

为了检验互联网发展对产业结构转型升级的非线性影响，在方程（4—3）中加入互联网发展的平方项作为解释变量，得到：

$$ind_{i,t} = \alpha ind_{i,t-1} + \beta_1 internet_{i,t} + \beta_2 urb_{i,t} + \beta_3 (internet_{i,t})^2 + \beta x_{i,t} + \mu_i + \varepsilon_{i,t}$$

$$(4—3)$$

方程（4—3）中，如果 β_1 显著大于 0，β_3 显著小于 0，则表明互联网发展与产业结构转型升级之间呈现倒"U"形关系；反之，则表明互联网发展与产业结构转型升级之间存在错配和时滞。方程（4—2）、（4—3）分别用于验证假设 4—1 和假设 4—2。

为了考察互联网与城镇化融合发展对产业结构转型升级的影响，在方程（4—2）的基础上设定了融合效应面板模型：

$$ind_{i,t} = \alpha ind_{i,t-1} + \beta_1 internet_{i,t} + \beta_2 urb_{i,t} + \beta_3 internet_{i,t} \quad (4—4)$$
$$\times urb_{i,t} + \beta x_{i,t} + \mu_i + \varepsilon_{i,t}$$

其中，$internet \times urb$ 为互联网发展与城镇化的乘积交叉项。在方程（4—4）中，如果乘积交叉项系数 β_3 显著小于 0，表明互联网发展与城镇化存在替代效应，二者融合发展不利于产业结构转型升级；如果乘积交叉项系数 β_3 显著大于 0，则表明互联网发展与城镇化存在互补效应，二者融合发展有利于促进产业结构转型升级。其他变量同方程（4—1）。方程（4—4）用于验证假设 4—3。

（三）面板门限模型设定

根据上文分析，城镇化对互联网发展的产业结构转型升级效应存在区间差异，为了避免因人为主观划分区间给估计结果带来的偏差，本书采用 Hansen 发展的面板门限模型研究在不同城镇化水平区间内互联网发展对产业结构转型升级的异质性影响。首先考虑互联网对产业结构转型升级的

城镇化水平下的门限效应,并将基本方程设定如下:

$$ind_{i,t} = \beta_1 internet_{i,t} \times I(urb_{i,t} \leq \gamma) + \beta_2 internet_{i,t} \quad (4—5)$$
$$\times I(urb_{i,t} \geq \gamma) + \beta x_{i,t} + \mu_i + \varepsilon_{i,t}$$

其中,urb 为城镇化水平,γ 是待估计的门限值。$I(\cdot)$ 为示性函数,当相应条件为真时,取值 1;反之,取值 0。其他变量解释同方程(4—1)。方程(4—5)用于验证假设 4—4。

为了消去个体效应 μ,求取参数估计值,我们采取如下步骤:首先,对第 i 位个体,将方程(4—5)等式两边对时间求平均可得方程(4—6)。

$$\overline{ind_i} = \beta_1 \overline{internet_i} \times I(urb_{i,t} \leq \gamma) + \beta_2 \overline{internet_i} \quad (4—6)$$
$$\times I(urb_{i,t} \geq \gamma) + \beta \bar{x}_i + \mu_i + \bar{\varepsilon}_i$$

其中,$\overline{ind_i} \equiv \frac{1}{T}\sum_{t=1}^{T} ind_{i,t}$,$\overline{internet_i} \equiv \frac{1}{T}\sum_{t=1}^{T} internet_{i,t}$,$\bar{x}_i \equiv \frac{1}{T}\sum_{t=1}^{T} x_{i,t}$,$\bar{\varepsilon}_i \equiv \frac{1}{T}\sum_{t=1}^{T} \varepsilon_{i,t}$。

其次,将方程(4—5)减去方程(4—6),得到方程(4—7)。

$$ind_{i,t}^* = \beta_1 internet_{i,t}^* \times I(urb_{i,t} \leq \gamma) + \beta_2 internet_{i,t}^* \quad (4—7)$$
$$\times I(urb_{i,t} \geq \gamma) + \beta x_i^* + \varepsilon_{it}^*$$

其中,$ind_{i,t}^* \equiv ind_{i,t} - \overline{ind_i}$,$internet_{i,t}^* \equiv internet_{i,t} - \overline{internet_i}$,$x_{i,t}^* \equiv x_{i,t} - \bar{x}_i$,$\varepsilon_{i,t}^* \equiv \varepsilon_{i,t} - \bar{\varepsilon}_i$。

一般通过 2SLS 法估计面板门限模型。对于给定的门限值 γ,可以采用 OLS 法对方程(4—7)进行一致估计,得到参数的估计值 $\hat{\beta}(\gamma)$,以及相应的残差平方和 $SSR(\gamma)$。

$$\hat{\beta}(\gamma) = [internet^*(\gamma)'internet^*(\gamma)]^{-1} internet^*(\gamma)'indu^* \quad (4—8)$$
$$SSR(\gamma) = \hat{e}^*(\gamma)'\hat{e}^*(\gamma) \quad (4—9)$$

其中,$\hat{e}^*(\gamma) = indu^* - ineternet^*(\gamma)\hat{\beta}(\gamma)$。通过最小化残差平方和 $SSR(\gamma)$ 获得门限估计值 $\hat{\gamma}$,即方程(4—10)所示。

$$\hat{\gamma} = argmin SSR(\gamma) \quad (4—10)$$

互联网对产业结构转型升级是否存在城镇化水平的门限效应,原假设是不存在,即原假设是 $H_0: \beta_1 = \beta_2$,备择假设是 $H_1: \beta_1 \neq \beta_2$,对此,根据似然比原理构造统计量 $F = [SSR^* - SSR(\hat{\gamma})]/\sigma_\varepsilon^2$,其中 SSR^*、

$SSR(\hat{\gamma})$ 分别为原假设约束下和无约束下参数估计的残差平方和，σ_ε^2 为备择假设前提下参数估计的残差方差。如果原假设成立（$\beta_1 = \beta_2$），则方程（4—5）变成单一线性方程，不存在门限效应，从而导致检验统计量 F 的渐进分布不是标准的 χ^2 分布，因此，原假设成立时，无法估计门限参数 γ。为解决这一问题，Hanse（1990）建议通过自助（Bootstrap）法构造渐进有效的 P 值，以基于此得到 γ 的临界值。

如果拒绝原假设，则存在门限效应，可以进一步对 γ 进行检验。此时，需对第二个原假设（$H_0: \gamma = \gamma_0$）进行检验，构造似然比统计量为 $LR(\gamma) = [SSR(\gamma) - SSR(\hat{\gamma})]/\sigma_\varepsilon^2$。虽然 $LR(\gamma)$ 仍然是非标准渐进分布，但可以通过其累积分布函数 $(1 - e^{-x/2})^2$ 计算其临界值。因此，可以通过 $LR(\gamma)$ 计算 γ 的置信区间。Hanse（2000）认为当显著性水平为 α 时，若 $LR(\gamma) > -2\ln(1 - \sqrt{1-\alpha})$ 时，则拒绝原假设，即得到的门限估计值并不等于其真实值。在现实研究中往往可能存在多门限，但检验方法与单一门限检验法类似，本章不再赘述。

二 变量选取

（一）被解释变量

本章以产业结构转型升级为被解释变量。产业结构高度化和合理化是产业结构转型升级不可或缺的两个过程，二者相互联系、相互影响，共同推动产业结构优化。本章通过构建产业结构高度化（indh）和产业结构合理化（indr）两个指标来衡量产业结构转型升级。

产业结构高度化是产业结构遵循经济发展的内在逻辑和资源配置路径从低级向高级的有序演变过程，其关键在于各个产业劳动生产率由低水平向高水平跃升，因此本章在产业结构层次系数法基础上，借鉴刘伟和张辉（2008）的做法，通过三次产业的比例关系与各产业的劳动生产率的乘积加权值来衡量地区产业结构高度化，具体公式如下：

$$indh = \sum_{j=1}^{3} \frac{Y_{i,j,t}}{Y_{i,t}} \cdot \frac{Y_{i,j,t}}{L_{i,j,t}}, j = 1, 2, 3 \qquad (4—11)$$

其中，$Y_{i,j,t}$ 表示 i 地区 j 产业在 t 时期的产值增加值，$Y_{i,t}$ 表示地区生产总值，$L_{i,j,t}$ 表示第 j 产业的从业人员，$\frac{Y_{i,j,t}}{Y_{i,t}}$ 表示第 j 产业产值在总产值中的占比，$\frac{Y_{i,j,t}}{L_{i,j,t}}$表示第 j 产业的劳动生产率。由于 $\frac{Y_{i,j,t}}{L_{i,j,t}}$ 项存在量纲，本章通过均值化方法对其进行无量纲化。

产业结构合理化是指地区各个产业之间的耦合质量，既能反映不同产业的协调程度，也能反映劳动力等资源要素的有效利用程度。本章借鉴干春晖等（2011）的做法，通过改进的泰尔指数来衡量地区产业结构合理化，其公式如下：

$$indr = \sum_{j=1}^{3} \frac{Y_{i,j,t}}{Y_{i,t}} \cdot \ln(\frac{Y_{i,j,t}}{Y_{i,t}} / \frac{L_{i,j,t}}{L_{i,t}}), j = 1,2,3 \quad (4-12)$$

其中，$\frac{L_{i,j,t}}{L_{i,t}}$ 表示第 j 产业就业人数在总就业人数中的占比，其他指标解释同上式。indr 反映的是产业结构偏离均衡状态的程度，indr 值越大则表示产业结构不合理程度越高。

（二）核心自变量

本章的核心自变量是地区互联网发展水平。现有评价地区互联网发展水平的方法主要有两类，一类是单一指标法，即以互联网普及率、移动终端占比、人均电信消费占比、宽带用户占比等单一指标来衡量；另一类是综合指标法，即通过构建指标评价体系，综合评价区域互联网发展水平。从目前互联网发展的客观实际来看，单一指标难以反映互联网发展整体水平，因此，本章选择综合指标法。借鉴黄群慧等（2019）的做法，综合现有对互联网发展的测评研究以及数据的可获得性，本章从应用和产出角度，选取了互联网接入情况、互联网连接设备情况、互联网资源情况、互联网站点数、互联网普及率、互联网相关基础设施、互联网相关从业人员和移动互联网用户数八个维度的指标。其中，互联网接入情况采用每百人宽带接入端口数代理，互联网连接设备情况采用每百人计算机拥有数代理，互联网资源情况采用每万人 CN 域名数代理，互联网站点数采用每万人网站数代理，互联网普及率采用每百人互联网用户数代理[1]，互联网相关基础设施采用单位面积长途光缆线路长度代理，互联网相关从业人员采

---

[1] 本章根据 2011—2016 年互联网上网人数的变化估算了 2017 年和 2018 年互联网上网人数，通过与地区年末总人口之比求取 2017 年、2018 年各地区互联网普及率。

用信息传输、计算机服务和软件业从业人员占总单位从业人员比重代理，移动互联网用户数采用每百人拥有移动电话部数代理。本书通过客观性较强的熵权法赋予不同指标权重，经过计算综合成一个指标代理互联网综合发展指数。

（三）门限变量

本书的门限变量是地区城镇化发展水平。由于城镇化率数据具有准确、完整、权威的特点，本书选择国际通行的城镇化率指标，即城镇常住人口占地区总人口的比重来反映城镇化发展水平。

（四）控制变量

①经济发展水平。通过人均GDP衡量地区经济发展水平。②人力资本水平。通过人均受教育年限衡量地区人力资本水平。③市场化程度。通过樊纲市场化指数衡量地区市场化水平，采用樊纲市场化指数测度制度质量。但是目前樊纲等编写的《中国分省份市场化指数报告》的数据公布到2016年，本书通过数据拟合方法，计算了2017年和2018年数据以确保该指标具有较长的时序。④科技创新。通过国内专利申请授权数来衡量地区科技创新水平。⑤开放水平。按当年的美元与人民币中间价折算的进出口总额占GDP比重来衡量地区开放水平。⑥固定资产投资水平。通过全社会固定资产投资总额占GDP比重来衡量地区固定资产投资水平。

2003年，"非典"疫情导致中国消费互联网逆势爆发，数字移动技术和互联网的有效性被高度认可，当下流行的京东、淘宝、腾讯等大众化平台均诞生于这一年，因此2003年成为中国互联网发展的转折之年。基于此，本书选取的数据时间跨度为2003—2018年，原始数据来源于《中国统计年鉴》《中国互联网络发展状况统计报告》以及各省份统计年鉴和各类公开信息。为了消除价格的影响，对本书所涉及货币计量的变量全部用GDP平减指数折算为2000年的实际价格。同时由于部分年份个别省份的数据存在缺失，本书借鉴了陈雨露和马勇（2013）的数据处理方法。具体变量的描述性统计见表4—1。在实证分析中，对原始数据进行了对数变换。

表 4—1　　　　　　　　变量说明及统计性描述

变量类型	变量符号	指标名称	指标测算方法	样本量	均值	标准差	最小值	最小值
被解释变量	indh	产业结构高度化	三次产业的比例关系与各产业的劳动生产率的乘积加权值	496	1.0239	0.5744	0.1707	3.1512
	indr	产业结构合理化	改进的泰尔指数	496	0.2466	0.1369	0.0161	0.7572
核心变量	internet	互联网发展指数	综合指数法	496	0.2016	0.0251	0.1670	0.3054
门限变量	urb	城镇化水平	人口城镇化率	496	0.5138	0.1474	0.2261	0.8960
控制变量	pgdp	经济发展水平	人均 GDP	496	3.6704	2.5618	0.3603	14.0211
	hum	人力资本水平	人均受教育年限	496	8.5596	1.2265	3.7384	12.5550
	market	市场化水平	樊纲市场化指数	496	6.2603	2.0614	0.3127	11.1093
	innov	科技创新水平	国内专利申请授权数	496	2.8399	5.3855	0.0016	47.8082
	open	开放水平	进出口总额占 GDP 比重	496	0.2750	0.3397	0.0011	1.5888
	invest	固定资产投资水平	固定资产投资总额占 GDP 比重	496	0.6583	0.2719	0.0950	1.5070

第四节　估计结果及分析

一　基本估计结果

本书通过普通面板数据估计所得结果见表4—2。首先，对方程（4—1）采用普通最小二乘（OLS）估计得到模型1、模型2、模型5、模型6，其中模型2和模型6将城镇化纳入模型框架进行实证。根据模型1、模型2可知，互联网发展对产业结构高度化具有显著正向影响；根据模型5、模型6可知，互联网发展对改进的产业结构泰尔指数有显著负向影响，即互联网发展显著抑制产业结构偏离均衡状态，有利于产业结构合理化。城镇化对产业结构高度化和合理化也均有显著正向影响。此外，本书还采用固定效应模型对方程（4—1）进行了估计，所得结论与OLS估计一致。根据静态面板数据模型的OLS估计和FE估计，可以得出互联网发展能显著促进中国产业结构转型升级的结论，此结论也与众多学者的研究结论相一致（Miyazaki等，2012；Cardona等，2013；叶初升和任兆柯，2018）。

从静态面板数据模型估计结果可知，控制变量中对产业结构高度化影响显著的有经济发展水平、市场化水平、科技创新水平和固定资产投资水平，其他控制变量如人力资本水平和开放水平对产业结构高度化的影响并不显著。除市场化指标外，其他控制变量对产业结构合理化影响结果与对产业结构高度化相同。其中，经济发展水平系数显著为正，对产业结构合理化呈显著抑制作用，由于经济发展水平越高，其固有的产业结构就越难以偏离；市场化水平对产业结构合理化影响不显著，究其原因在于地区产业选择和投资上产势必受到地方政府政策的强力影响。由于地方政府更倾向选择具有更高生产效率和更强拉动作用的产业，这种政府干预行为在一定程度上阻碍了市场的资源配置作用，导致市场化对区域产业结构合理化影响不显著（江飞涛和李晓萍，2010）。

表4—2 方程（4—1）估计结果

解释变量	被解释变量							
	indh				indr			
	OLS		FE		OLS		FE	
	模型1	模型2	模型3	模型4	模型5	模型6	模型7	模型8
internet	0.4346***	0.4225***	0.2762***	0.2908***	-2.6896***	-2.7341***	-2.8475***	-2.7789***
	(2.64)	(2.85)	(3.58)	(3.66)	(-8.40)	(-8.51)	(-9.12)	(-8.88)
urb		0.0511***		0.0852***		-0.21612**		-0.3991**
		(3.54)		(3.78)		(-2.14)		(-2.06)
pgdp	0.8623***	0.8726***	0.8805***	0.8675***	0.4316***	0.4710***	0.5072***	0.4463***
	(24.70)	(22.35)	(24.19)	(21.68)	(6.38)	(6.32)	(7.79)	(6.26)
hum	0.0289	0.0413	-0.0835	-0.0821	-0.1336	-0.0788	0.3355	0.3423
	(0.22)	(0.30)	(-0.50)	(-0.50)	(-0.47)	(-0.28)	(1.13)	(1.16)
market	0.0401*	0.0458*	0.0629***	0.0569**	-0.0299	-0.0092	0.0328	0.0050
	(1.73)	(1.83)	(2.65)	(2.29)	(-0.68)	(-0.20)	(0.77)	(0.11)
innov	0.0624***	0.0615***	0.0351*	0.0383**	-0.1216***	-0.1179***	-0.1493***	-0.1643***
	(4.45)	(4.35)	(1.93)	(2.05)	(-4.02)	(-3.85)	(-4.58)	(-4.94)

续表

解释变量	被解释变量							
	indh				indr			
	OLS		FE		OLS		FE	
	模型1	模型2	模型3	模型4	模型5	模型6	模型7	模型8
open	-0.0042	-0.0028	0.0108	0.0103	-0.0277	-0.0235	0.0086	0.0061
	(-0.48)	(-0.31)	(1.20)	(1.13)	(-1.64)	(-1.39)	(0.53)	(0.38)
invest	0.0502**	0.0513**	0.0879***	0.0902***	-0.1017***	-0.1015***	-0.1772***	-0.1881***
	(2.50)	(2.55)	(4.25)	(4.31)	(-2.63)	(-2.67)	(-4.79)	(-5.05)
常数项	-0.5299	-0.6304	-0.5879	-0.4863	-6.1928***	-6.6029***	-7.6178***	-7.1422***
	(-1.32)	(-1.40)	(-1.23)	(-0.98)	(-7.49)	(-7.44)	(-8.93)	(-8.11)
个体效应	控制	控制	控制	控制	控制	控制	控制	控制
N	496	496	496	496	496	496	496	496
R^2	0.9017	0.9575	0.9229	0.9584	0.4648	0.4912	0.5097	0.5442

注：括号内为 T 值，*、**、*** 分别表示10%、5%、1%的显著水平。

为了进一步研究动态视角下互联网发展对产业结构转型升级的影响，本书对方程（4—2）进行估计，得到模型9、模型10、模型13、模型14，估计结果如表4—3所示。其中，模型9和模型13采用一阶差分矩估计（DIF-GMM），模型10和模型14采用系统广义矩估计（SYS-GMM）。由于被解释变量 ind 的滞后一期作为解释变量（$ind_{i,t-1}$）纳入模型，使得方程（4—2）可能因为反向因果而存在内生性问题。如果通过面板数据的 OLS 估计或者 FE 估计，将可能导致参数估计有偏非一致。消除模型内生性问题通常采用 DIF-GMM 与 SYS-GMM 两种方法，但在样本容量有限时，Che 等（2013）认为 DIF-GMM 估计存在弱工具变量问题，因此 SYS-GMM 估计会比 DIF-GMM 估计更有效率，本书通过 Sargan 检验证明了这一观点，为此在下文分析中仅考虑用 SYS-GMM 估计的结果。同时，各模型的 Wald 检验值均在1%水平上显著，表明解释变量的影响在总体上是显著；AR2 检验的 P 值均大于10%，表明不存在二阶自相关，说明本书所设定的模型合理有效。

从动态面板数据模型估计结果可知，互联网发展对产业结构高度化和合理化均有显著正向影响，即互联网对产业结构转型升级具有持续性正向显著影响，验证了假设4—1。从方程（4—2）估计结果可知，核心解释变量城镇化对产业结构转型升级也具有持续性正向显著影响。产业结构高度化滞后一期系数显著为正，说明产业结构高度化存在显著时间连续性，受其前一期正向促进作用，然而，产业结构偏离度也会受前一期的显著影响，加深当期的偏离程度。在一系列控制变量中，科技创新水平和固定资产投资水平能同时推动中国产业结构高度化与合理化。人力资本水平与市场化水平能显著促进产业结构高度化，对外开放水平能够显著促进产业结构合理化。

方程（4—3）在方程（4—2）的基础上加入了互联网发展指标的平方项，检验互联网发展对产业结构转型升级的非线性影响。本书对方程（4—3）进行估计，得到模型11、模型12、模型15、模型16，估计结果见表4—3。从模型12可知，互联网发展对产业结构高度化的弹性系数为0.1893，并且通过了1%的置信水平；互联网发展指数的平方项对产业结构高度化的弹性系数为-0.0335，也通过了5%的置信水平，这说明互联网发展与产业结构高度化之间呈现显著的倒"U"形关系，并且倒"U"形曲线在拐点为2.8254时达到最高点。从模型16可知，互联网发展对产业结构合理化的弹性系数为-0.3696，并且通过了1%的置信水平，但互联网发展指数的平方项的系数不显著。因此，我们可以得出结论，互联网发展与中国产业结构高度化呈现显著的倒"U"形关系，在一定区间范围内互联网发展对产业结构高度化作用最显著，而当互联网发展水平在区间之外，互联网的促进作用则有所减弱。同时，互联网发展与产业结构合理化之间不存在倒"U"形关系。假设4—2得到验证。

表4—3　　　　　　　方程（4—2）和方程（4—3）估计结果

解释变量	被解释变量							
	indh				*indr*			
	DIF-GMM	SYS-GMM	DIF-GMM	SYS-GMM	DIF-GMM	SYS-GMM	DIF-GMM	SYS-GMM
	模型9	模型10	模型11	模型12	模型13	模型14	模型15	模型16
L.indh	0.1966*** (2.92)	0.4187*** (7.15)	0.2046*** (3.91)	0.4189*** (10.47)				

续表

解释变量	被解释变量 indh				indr			
	DIF-GMM 模型9	SYS-GMM 模型10	DIF-GMM 模型11	SYS-GMM 模型12	DIF-GMM 模型13	SYS-GMM 模型14	DIF-GMM 模型15	SYS-GMM 模型16
$L.indr$					0.2013*** (2.77)	0.8151*** (3.06)	0.2252 (0.68)	0.7932*** (5.32)
$internet$	0.1346*** (2.54)	0.4567*** (5.60)	0.2482** (2.16)	0.1893*** (3.10)	-0.6025*** (-3.38)	-0.6710*** (-5.20)	-0.3208*** (-3.12)	-0.3696*** (-3.16)
urb	0.3902** (2.50)	0.1415** (2.36)	0.4125** (2.42)	0.1478** (2.02)	-0.0858** (2.19)	-0.1018*** (-3.01)	-0.1136*** (-2.66)	-0.0787*** (-4.08)
$pgdp$	0.6915*** (7.87)	0.6166*** (33.01)	0.7253*** (3.83)	0.3004*** (25.43)	0.1594** (2.03)	0.2111*** (9.38)	0.1413** (2.28)	0.2695*** (7.33)
hum	0.2237 (1.12)	0.3127*** (4.44)	0.2341 (0.85)	0.3004*** (4.43)	0.4556 (1.00)	-0.0461 (-0.36)	0.4295 (1.08)	-0.0880* (-1.67)
$market$	0.0214 (0.76)	0.0366*** (3.04)	-0.0291 (-0.38)	0.0491*** (2.69)	0.0283 (1.15)	-0.0454 (-1.12)	0.0292 (0.41)	-0.0323* (-1.69)
$innov$	0.1207 (0.71)	0.0243*** (4.55)	-0.0039 (-0.23)	0.0228*** (3.25)	-0.0675 (-1.40)	-0.0459*** (-2.82)	-0.0663* (-1.81)	-0.0456*** (-2.98)
$open$	0.0012 (0.28)	0.0053 (1.15)	0.0012 (0.29)	-0.0058 (-1.17)	0.0048 (0.11)	0.0047*** (2.60)	0.0044 (0.33)	0.0023 (1.00)
$invest$	0.1002*** (2.67)	0.0992*** (7.92)	-0.0875** (-2.14)	0.0798*** (6.19)	-0.1399*** (-3.31)	-0.0824*** (-4.89)	-0.1535*** (-2.23)	-0.0529** (-2.47)
$internet^2$			-0.1029** (-2.24)	-0.0335** (-2.53)			0.0626 (1.06)	0.1194 (0.80)
常数项	-1.7349*** (-2.71)	-2.1957*** (-15.10)	-0.2451* (-1.76)	-0.5604 (-0.93)	-5.0059** (-2.11)	-1.7092*** (-3.45)	-5.9927 (-0.31)	0.6474 (0.71)
Wald	373.75***	373.7***	337.97***	390.50	200.82***	299.09***	231.54***	352.18***
$AR1-p$	0.0288	0.0039	0.0490	0.0049	0.0340	0.0008	0.0580	0.0009
$AR2-p$	0.3365	0.1944	0.5090	0.1759	0.2908	0.1549	0.2956	0.2610
Sargan-p	0.9008	0.9151	0.5578	0.9295	0.4584	0.9701	0.5829	0.9659
N	434	465	434	465	434	465	434	465

注：括号内为 T 值；*、**、*** 分别表示 10%、5%、1% 的显著水平。

方程（4—4）在方程（4—2）的基础上加入了互联网与城镇化的交叉项，检验地区互联网与城镇化融合发展对产业结构转型升级的影响。本书对方程（4—4）进行估计，得到模型17—模型20，估计结果见表4—4。从模型18可知，互联网发展与城镇化交叉项的系数为0.1126，并且通过了1%的置信水平，说明互联网发展与城镇化之间的良性互动可以显著推动产业结构高度化。为考察二者的互动关系，将全样本的互联网发展指数与城镇化水平变量的面板数据进行固定效应模型回归，可得出二者的关系为$internet=0.6647urb-1.1392$，表明随着城镇化水平的提升，互联网发展水平也将得到提高。当城镇化水平低于1.7139时，互联网发展指数与城镇化的交叉项为负，说明城镇化发展水平不高的情况下，不能给予互联网发展有效的保障，从而产业结构高度化。反之，则互联网发展指数与城镇化发展水平的交叉项为正，城镇化可以保障互联网的发展，进而显著推动产业结构高度化。同理，从模型20可知，互联网发展与城镇化交叉项的系数为-0.6334，并且通过了1%的置信水平，说明互联网发展与城镇化之间的良性互动也可以显著推动产业结构合理化。因此，可以得出结论，互联网与城镇化融合发展可以显著推动中国产业结构转型升级，假设4—3得到验证。这一结果表明在倡导利用以互联网为代表的新一代信息技术推进产业结构转型升级时，要密切重视互联网与城镇化的匹配情况，推动二者融合发展，发挥出"1+1>2"的推动效果。

表4—3　　　　　　　　方程（4—4）估计结果

解释变量	被解释变量			
	\multicolumn{2}{c}{$indh$}	\multicolumn{2}{c}{$indr$}
	DIF-GMM	SYS-GMM	DIF-GMM	SYS-GMM
	模型17	模型18	模型19	模型20
$L.indh$	0.2249	0.4048***		
	(0.77)	(11.26)		
$L.indr$			0.1933	0.7979***
			(0.63)	(44.83)
$internet$	0.2403**	0.4891***	-0.7264**	-0.5433***
	(2.46)	(6.56)	(-2.11)	(-6.25)

续表

解释变量	被解释变量			
	\tindh\t		\tindr\t	
	DIF-GMM	SYS-GMM	DIF-GMM	SYS-GMM
	模型17	模型18	模型19	模型20
urb	0.2915 **	0.3385 *	-0.5256 **	-0.4978 ***
	(2.41)	(1.93)	(-2.15)	(-3.47)
pgdp	0.7588 ***	0.6313 ***	0.1174	0.0750 *
	(7.57)	(22.56)	(0.36)	(1.75)
hum	0.2018	0.0376 ***	0.4647	-0.0057
	(0.75)	(6.49)	(0.97)	(-0.04)
market	-0.0473	0.0355 **	0.0455	0.0683
	(-0.49)	(2.02)	(0.60)	(1.19)
innov	-0.0030	0.0276 ***	-0.0711 **	-0.0574 ***
	(-0.18)	(5.01)	(-2.45)	(-3.58)
open	0.0003	-0.0047	0.0054	-0.0066 ***
	(0.06)	(1.31)	(0.12)	(-3.00)
invest	0.0872 **	0.1084 ***	-0.1530 ***	-0.1642 ***
	(2.11)	(7.58)	(-3.31)	(-8.83)
internet ∗ *urb*	0.1462 ***	0.1126 ***	-0.8978 **	-0.6334 ***
	(3.39)	(4.57)	(-2.15)	(-3.43)
常数项	-1.3096	-2.2676 ***	-5.3198 ***	-2.7401 ***
	(-0.80)	(-15.13)	(-3.44)	(-5.14)
Wald	541.57 ***	701.59 ***	164.57 ***	617.65 ***
*AR*1 - *p*	0.0208	0.0063	0.0307	0.0126
*AR*2 - *p*	0.5403	0.1805	0.3199	0.1448
Sargan - *p*	0.5511	0.9259	0.4662	0.9896
N	434	465	434	465

注：括号内为 *T* 值；*、**、*** 分别表示10%、5%、1%的显著水平。

为确保 SYS-GMM 对方程（4—2）、方程（4—3）估计结果稳健性，避免虚假回归的产生，本书对动态面板回归结果的面板残差进行平稳性检验。如果其通过检验，则说明结果稳健；反之不稳健。本书通过常用的三种检验方法 IPS 检验、LLC 检验和 Breitung 检验进行考察，检验结果（见表4—4）中各方程的面板残差均显著拒绝"面板残差非平稳"的原假设，说明本书利用 SYS-GMM 估计动态面板数据模型的结果有效。

表4—4　　　　　　　　面板残差平稳性检验结果

检验	indh 方程（2）	indh 方程（3）	indh 方程（4）	indr 方程（2）	indr 方程（3）	indr 方程（4）
IPS 检验	-10.7641*** (0.000)	-10.1116*** (0.000)	-9.2739*** (0.000)	-12.3468*** (0.000)	-10.9212*** (0.000)	-10.5945*** (0.000)
LLC 检验	-14.3471*** (0.000)	-14.2438*** (0.000)	-13.5914*** (0.000)	-15.9211*** (0.000)	-14.1735*** (0.000)	-14.6522*** (0.000)
Breitung 检验	-4.2319*** (0.000)	-4.1362*** (0.000)	-4.7216*** (0.000)	-5.1668*** (0.000)	-5.1925*** (0.000)	-4.2319*** (0.000)

注：括号内为 P 值；*、**、*** 分别表示10%、5%、1%的显著水平。

二　区域差异性分析

由于各地区互联网发展水平、城镇化水平、经济发展水平等现实条件存在差异，使得不同地区产业结构的转型升级水平和层次呈现较大的区域差异。为了考察不同区域互联网发展对产业结构转型升级影响的差异性，将31个省区市划分为东部地区、中部地区和西部地区[①]，基于各地区的面板数据使用 SYS-GMM 对方程（4—2）—方程（4—4）进行估计，结果如表4—5和表4—6所示。本书同时对各区域估计结果的面板残差进行了平稳性检验，估计结果可靠有效，由于篇幅限制，检验结果在此不再列出。

表4—5反映的是不同地区产业结构高度化的回归结果。从各地区方程（4—2）的估计结果可知，互联网发展在不同地区对产业结构高度化均有显著正向推动作用，但推动程度存在差异，东部地区互联网的推动作

---

① 根据国家统计局2017年的划分，东部地区包括北京、天津、河北、辽宁、上海、江苏、浙江、福建、山东、广东、海南；中部地区包括山西、吉林、黑龙江、安徽、江西、河南、湖北、湖南；西部地区包括内蒙古、广西、重庆、四川、贵州、云南、西藏、陕西、甘肃、青海、宁夏、新疆。

用要明显强于中西部地区；城镇化在不同地区对产业结构高度化均具有正向推动作用，但推动程度与互联网相反。从诺瑟姆（Northam）的城镇化"S"形曲线理论可知，当城镇化率超过60%—70%时将步入成熟阶段，对产业的推动力将有所减退，因此东部地区城镇化水平普遍要高于中西部地区，但东部地区城镇化推动作用要弱于中西部地区。其他控制变量，经济发展水平、科技创新水平和固定资产投资水平对不同地区产业结构高度化均有显著正向促进作用，与整体回归一致；市场化水平与开放水平在中部和东部地区有显著推动作用而在西部地区不显著，人力资本水平只在东部地区对产业结构高度化有显著推动作用。从各地区方程（4—3）的估计结果可知，由于东中部地区的互联网发展水平和产业结构高度化水平相对于西部地区要高，因此互联网与产业结构高度化的倒"U"形关系呈现在东部和中部地区，而在西部地区不成立。从各地区方程（4—4）的估计结果可知，互联网发展与城镇化的交互项系数均显著为正数，说明二者融合发展能够显著推动各地区产业结构高度化，同时，交互项的系数值伴随东中西部地区依次递减，表明互联网发展水平和城镇化水平较高的地区，二者融合推动地区产业结构高度化的作用更强。

表4—6反映的是不同地区产业结构合理化的回归结果。从各地区方程（4—2）的估计结果可知，互联网在不同地区对产业结构合理化均有显著正向推动作用，但推动程度也存在差异，东部地区互联网的推动作用要明显强于中西部地区；城镇化在不同地区对产业结构合理化也均具有正向推动作用，西部地区城镇化的推动作用要强于东部和中部地区；市场化水平在中部和东部地区有显著推动作用，但西部地区作用不显著，科技创新水平只在东部地区对产业结构合理化有显著推动作用，开放水平在不同地区对产业结构合理化均具有正向推动作用，人力资本水平和固定资产投资水平对各地区对产业结构合理化均没有发挥显著推动作用。从各地区方程（4—3）的估计结果可知，互联网发展与产业结构合理化的倒"U"形关系在各个地区均不成立。根据各地区方程（4—4）的估计结果可知，交互项的系数值也按照东中西部地区依次递减，表明在互联网发展水平和城镇化水平较高的地区，二者融合推动地区产业结构合理化的作用更强。

表 4—5　　　　　　　产业结构高度化区域差异性回归结果

解释变量	被解释变量：indh								
	东部地区			中部地区			西部地区		
	方程(2)	方程(3)	方程(4)	方程(2)	方程(3)	方程(4)	方程(2)	方程(3)	方程(4)
L.lindh	0.0458*** (2.71)	0.4062* (1.93)	0.0579*** (2.97)	0.1252*** (9.77)	0.1099*** (4.86)	0.1363*** (5.69)	0.0103** (2.30)	0.0070** (2.26)	0.0038** (2.11)
L.lindr									
internet	0.4558*** (3.21)	0.0932*** (3.37)	0.0346*** (4.12)	0.1578** (2.18)	0.9769*** (4.54)	0.3028*** (3.00)	0.0932** (2.32)	0.5556*** (3.51)	0.1147*** (3.84)
urb	0.0682* (1.88)	0.0821* (1.86)	0.0731** (2.01)	0.4545*** (10.83)	0.4662*** (7.54)	0.9343*** (3.19)	0.5822*** (9.24)	0.7221** (2.91)	0.5350** (2.14)
pgdp	0.6039*** (17.62)	0.6331*** (14.17)	0.6137*** (15.21)	0.9055*** (12.57)	0.9021*** (13.21)	0.9882*** (8.39)	1.0875*** (17.22)	0.9104*** (18.36)	0.9110*** (24.42)
hum	0.9912*** (4.10)	0.9922*** (5.54)	0.9417*** (3.25)	0.6623 (1.24)	0.9133 (0.52)	0.9085 (1.47)	0.9212 (1.41)	0.9268 (1.49)	0.9124 (1.45)
market	0.2489*** (4.91)	0.2555*** (4.27)	0.2734*** (4.43)	0.6195*** (10.09)	0.6969*** (8.71)	0.8420*** (8.95)	−0.0283 (−0.68)	−0.0660 (−0.82)	0.0572 (−1.17)
innov	0.0301*** (4.65)	0.0289*** (3.85)	0.0254*** (3.01)	0.0490*** (4.48)	0.0291* (1.88)	0.0122** (2.62)	0.0156** (2.46)	0.0048* (1.82)	0.0077** (2.29)
open	0.0480*** (3.37)	0.0437** (2.13)	0.0321* (1.87)	0.0609*** (6.54)	0.0680*** (8.57)	0.0619*** (8.10)	0.0557 (1.12)	0.0469 (0.71)	0.0521 (1.21)
invest	0.0195*** (3.10)	0.0142** (2.44)	0.0216*** (4.54)	0.0830* (2.11)	0.0011 (2.04)	0.0119** (2.30)	0.1665*** (3.45)	0.0062** (2.15)	0.0286*** (2.87)
internet²		−0.2772*** (3.45)			−0.9186** (2.20)			0.9303 (1.05)	
internet*urb			0.8215** (2.34)			0.7726*** (2.85)			0.5971*** (2.99)
常数项	−2.8147 (−3.94)	−2.5498 (−1.33)	−3.4526*** (−3.16)	−1.6832 (−1.11)	−3.5802** (−2.21)	−2.2690 (−1.16)	−6.3999*** (−8.35)	−1.3632 (−0.49)	−6.2368*** (−11.20)
Wald	249.34***	311.53***	244.95***	937.34***	988.45***	965.62***	146.14***	239.70***	100.92***
AR1−p	0.0760	0.0035	0.0978	0.0310	0.0086	0.0068	0.0004	0.0002	0.0002
AR2−p	0.3940	0.6335	0.4413	0.1653	0.1383	0.2895	0.1536	0.1772	0.1243

续表

解释变量	被解释变量：indh								
	东部地区			中部地区			西部地区		
	方程(2)	方程(3)	方程(4)	方程(2)	方程(3)	方程(4)	方程(2)	方程(3)	方程(4)
Sargan-p	0.9905	0.9959	0.9967	0.7575	0.8203	0.8782	0.9972	0.9971	0.9971
N	165	165	165	120	120	120	180	180	180

注：括号内为 T 值；*、**、*** 分别表示10%、5%、1%的显著水平。

表4—6　　产业结构合理化区域差异性回归结果

解释变量	被解释变量：indh								
	东部地区			中部地区			西部地区		
	方程(2)	方程(3)	方程(4)	方程(2)	方程(3)	方程(4)	方程(2)	方程(3)	方程(4)
$L.lindh$									
$L.indr$	0.0881***	0.0441***	0.0667***	0.0053**	0.0699***	0.1026**	0.0192**	0.0109***	0.0094***
	(3.61)	(2.93)	(2.85)	(2.15)	(2.84)	(2.44)	(2.29)	(3.01)	(4.41)
$internet$	-1.8552***	-0.9926***	-1.2747***	-1.6334***	-0.9879***	-0.9689***	-1.4525***	-0.6159***	-0.8532***
	(-5.51)	(-7.68)	(-8.35)	(-5.97)	(-5.30)	(-5.42)	(-9.45)	(-3.63)	(-6.10)
urb	-0.2502**	-0.0104**	0.2169***	-0.5635***	-0.4009**	-3.7779***	-0.8457**	-1.0798***	-2.9400***
	(-2.40)	(-2.08)	(3.28)	(-2.82)	(-2.29)	(-2.98)	(-4.57)	(-5.59)	(-4.31)
$pgdp$	0.1210***	0.1946***	0.1623**	1.5712***	0.9068***	0.1004***	0.1842**	0.1279**	0.0625**
	(2.63)	(3.08)	(2.04)	(8.09)	(4.33)	(3.20)	(2.46)	(2.54)	(2.33)
hum	-0.0298	-0.1734	-0.0038	0.6300	1.5514	0.5490	0.9374	0.9165	0.7986
	(-0.06)	(-0.31)	(0.01)	(0.99)	(1.17)	(0.72)	(1.01)	(1.36)	(1.18)
$market$	-1.9018***	-0.9718***	-0.9837***	-1.8135***	-0.7112***	-0.8785**	-0.0598	0.0048	-0.0071
	(-10.83)	(-7.86)	(-11.60)	(-9.68)	(-5.10)	(-2.34)	(-0.95)	(0.09)	(-0.15)
$innov$	-0.3046***	-0.2611***	-0.2883***	-0.1007	-0.2020	-0.0053	0.0519	0.0231	-0.0035
	(21.93)	(-12.80)	(-19.36)	(-1.12)	(-1.27)	(-1.07)	(0.28)	(0.58)	(-1.31)
$open$	-0.0130**	-0.0236*	-0.0220**	-0.4085***	-0.4469***	-0.2758***	-0.2367***	-0.2616***	-0.2383***
	(-2.38)	(-1.74)	(2.01)	(-5.90)	(-4.71)	(-3.29)	(-3.28)	(-11.30)	(-11.07)
$invest$	0.0173	-0.2467	-0.0886	-0.0108	-0.1552	-0.4641	-0.2298	-0.0489	-0.0291
	(0.10)	(-1.28)	(-0.42)	(-1.11)	(-1.20)	(-0.82)	(-1.45)	(-1.25)	(-1.31)

续表

解释变量	被解释变量：indh								
	东部地区			中部地区			西部地区		
	方程(2)	方程(3)	方程(4)	方程(2)	方程(3)	方程(4)	方程(2)	方程(3)	方程(4)
$internet^2$		0.9803***			-1.4925			-2.4389	
		(4.29)			(-1.15)			(-0.47)	
$internet*urb$			-2.4707*			-1.8314***			-1.3100**
			(-1.72)			(-2.92)			(-3.41)
常数项	-7.9556***	-8.2909***	-8.7664***	-13.6565***	5.1979***	-7.5387***	-11.7199***	-15.8135***	-13.3993***
	(-8.15)	(-5.65)	(-6.69)	(-3.81)	(0.25)	(-4.40)	(-10.72)	(-2.04)	(-11.33)
Wald	101.57***	137.81***	105.86***	468.71***	133.04***	639.66***	190.81***	332.21***	243.23***
$AR1-p$	0.0833	0.0168	0.0522	0.0046	0.0274	0.0036	0.0031	0.0025	0.0035
$AR2-p$	0.2472	0.4670	0.1015	0.9600	0.9410	0.9903	0.2034	0.1391	0.1608
$Sargan-p$	0.9845	0.9865	0.9883	0.7814	0.8148	0.9687	0.9965	0.9971	0.9975
N	165	165	165	120	120	120	180	180	180

注：括号内为T值；*、**、***分别表示10%、5%、1%的显著水平。

三 基于LOWESS方法的曲线拟合

为了进一步验证互联网发展与产业结构转型升级之间存在的非线性关系，本书基于变量数据本身的特点，通过局部加权回归散点图修匀（LOWESS）法分别对互联网发展与产业结构高度化和合理化进行曲线拟合。LOWESS法是一种非参数统计方法，通过对散点数据用权函数做加权多项式回归或者加权线性回归拟合出一条符合整体趋势的平滑曲线。LOWESS法具有稳健性高、拟合精度高、适应非线性问题等特点，能够在变量之间关系或函数形式不确定的情况下对模型形式进行较好的检验。拟合结果（如图4—1）显示：第一，从 internet 和 indh 拟合的 LOWESS 曲线可知，互联网发展对产业结构高度化分三个区间产生影响，总体上呈现倒"U"形特征；第二，从 internet 和 indr 拟合的 LOWESS 曲线可知，互联网发展对产业结构合理划分两个区间产生影响，超过一定的门限值后，互联网持续推进产业结构合理化。这一拟合结果部分佐证了假设4—4，表明互联网发展对产业结构高度化和合理化存在门限效应。具体门限值有待进一步验证。

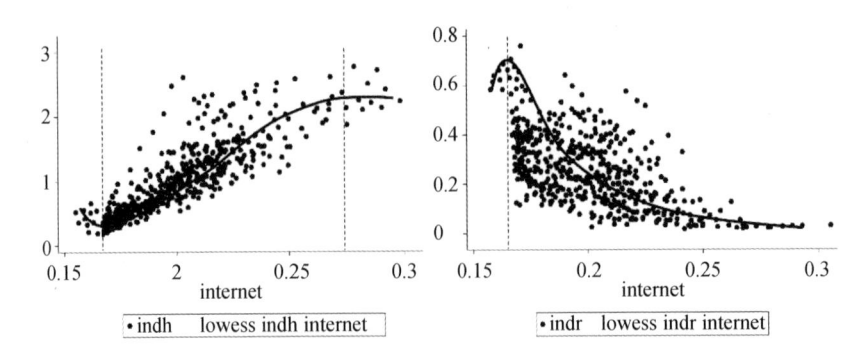

图 4—1　互联网发展和产业结构转型升级 LOWESS 曲线拟合图示

四　面板门限模型的回归结果及分析

上文已经验证了联网发展对产业结构高度化和合理化存在门限效应，为进一步对门限效应进行检验。根据本书提出的假设，将城镇化设定为门限变量，以互联网发展为核心解释变量对方程（4—5）进行估计。对变量关系进行门限效应分析主要包含两个关键步骤：一是确定合理的门限估计值；二是对确定的门限估计值的显著性进行检验。为了确定门限值，本书通过自举（Bootstrap）法迭代 500 次来计算 F 统计量的值以及城镇化门限临界值，结果见表 4—7。当被解释变量为产业结构高度化时，F 检验值在 1% 的水平下拒绝 "0 个门限" 和 "1 个门限" 的原假设，表明互联网发展的产业结构高度化效应存在双重城镇化门限，门限值是 0.5723 和 0.8596。当被解释变量为产业结构合理化时，互联网发展的产业结构合理化效应存在单一城镇化水平门限，门限值是 0.4013。与 LOWESS 曲线拟合结果基本一致。

表 4—7　互联网对产业结构转型升级的城镇化门限效应检验

门限变量	H0	H1	F 统计量	P 值	结论	门限值	95% 的置信空间
产业结构高度化							
城镇化	0 个门限	1 个门限	48.19	0.0000	拒绝 H0	0.5723	(0.5308, 0.5760)
	1 个门限	2 个门限	41.66	0.0000	拒绝 H0	0.8596	(0.8580, 0.8620)
	2 个门限	3 个门限	18.56	0.2060	接受 H0	—	—

续表

产业结构合理化								
门限变量	H0	H1	F 统计量	P 值	结论	门限值	95%的置信空间
城镇化	0 个门限	1 个门限	17.22	0.0040	拒绝 H0	0.4013	(0.3815, 0.4018)
	1 个门限	2 个门限	4.69	0.5580	接受 H0	—	—

基于上述检验结果，根据方程（4—7）得到门限效应的估计结果如表4—8所示。由模型21可知，互联网发展对产业结构高度化的影响系数存在三个区间的变化，总体呈现倒"U"形：当城镇化水平在门限值0.5723及以下时，互联网发展对产业结构高度化的作用不显著；当城镇化水平在门限值大于0.5723而小于等于0.8596时，互联网发展对产业结构高度化的作用显著为正，影响系数为1.1588，促进作用最明显；当城镇化水平在门限值0.8596以上时，互联网发展对产业结构高度化的作用有所减弱，影响系数变为0.7247，仍显著为正。说明当城镇化水平小于等于一定门限值（0.5723）时，由于缺乏基本发挥条件，互联网发展对产业结构高度化的作用难以发挥，随着城镇化发展水平的提升，互联网发挥效用的基础条件不断被满足，所能配置的资源持续增多，城镇集聚产生的人口红利逐步向网络红利转化，网络效应和辐射范围不断扩大，有效提高资源配置效率和劳动生产率，推动产业结构高度化，而当城镇化水平超过一定门限值（0.8596）时，互联网虽然仍能显著促进产业结构向高度化发展，但由于城镇集聚产生的人口红利逐步消退导致互联网所发挥的效用也有所下降。这一结论进一步论证了互联网发展与产业结构高度化的倒"U"形关系。由模型22可知，互联网发展对产业结构合理化的影响系数存在两个区间的变化：当城镇化水平在门限值0.4013及以下时，互联网发展对产业结构合理化的作用不显著；当城镇化水平在门限值0.4013以上时，互联网发展对产业结构泰尔指数的作用显著为负，影响系数为－1.4816，说明互联网发展能够显著推动产业结构合理化。第三产业发展水平已经成为产业结构合理化的重要标志，互联网对第三产业的发展具有显著推动作用，当城镇化水平超过一定门限值（0.4013）时，互联网能够持续推动第三产业的发展，进而促进地区产业结构合理化。

表 4—8　互联网发展对产业结构转型升级影响的面板门限效应回归结果

变量	被解释变量			
	indh		*indr*	
	模型 21		模型 22	
互联网发展	$urb \leqslant 0.5723$	-0.4302（-1.34）	$urb \leqslant 0.4013$	-1.1883（-1.61）
	$0.5723 < urb \leqslant 0.8596$	1.1588***（5.61）	$urb > 0.4013$	-1.4816**（-2.02）
	$urb > 0.8596$	0.7247***（6.85）	—	—
控制变量	控制		控制	
常数项	1.1110***（3.71）		0.6531***（4.35）	
拟合优度	0.9756		0.8782	
样本量	496		496	

注：括号内为 T 值；*、**、*** 分别表示 10%、5%、1% 的显著水平。

五　稳健性检验

为了进一步验证结果的稳健性，本书考虑模型的内生性问题，采用面板工具变量法进行了两阶段最小二乘回归。工具变量应对产业结构转型升级具有完全的外生性，仅通过影响内生变量作用于产业结构。根据选取要求，本书引入政府支持（*IV*1）和人均电信业务量（*IV*2）作为工具变量处理内生性问题。党和政府支持是中国互联网发展的前提和保障，2016 年 4 月 19 日，习近平总书记主持召开网络安全和信息化工作座谈会并发表重要讲话，对我国互联网发展提出了总要求，提出要"让互联网更好造福国家和人民"发展目标。该会议直接对我国互联网发展产生巨大影响，但对产业结构转型升级不产生直接影响。本书赋值会议召开及之后年份取值为 1，其他年份为 0。人均电信业务量是互联网发展水平的常用工具变量，反映各省信息消费能力，不能直接影响产业结构。

两阶段最小二乘法的估计结果见表 4—9。第一阶段回归结果显示，本书选取的两个工具变量对互联网发展都存在显著正向影响。为了对工具变量的有效性进行检验，本书采取了常见的几种检验方法。通过 Kleibergen-Paap rk LM 进行工具变量的识别不足检验，其原假设为所选工具变量识别不足，本书检验值在 1% 上拒绝了原假设。通过 Kleibergen-Paap Wald rk F 值进行弱工具检验,其原假设为所选工具变量是弱工具变量,本书检验值为 69.592,大于 Stock-Yogo 检验 10% 水平上的临界值 19.93,拒绝原假设。通过 Sargan-Hansen 进行工具变量外生性检验,其原假设是所选工具变量都是外生的,本书检验 p 值均大于 0.1,通过了原假设,表明工具变量是外生的。这些检验结果表明本书选择的工具变量是合理的、有效的。并且,第二阶段的回归结果显示,互联网发展、城镇化均对产业结构高度化和合理化有显著促进作用。因此,工具变量法回归结果与前文结果基本一致,说明本书实证结论是稳健的。

表 4—9　　　　　　　　两阶段最小二乘法估计结果

	第二阶段	
被解释变量	*indh*	*indr*
	模型 23	模型 24
internet	0.8856 ** (2.26)	-0.7246 *** (-3.36)
urb	0.3586 * (1.74)	-0.3934 *** (-4.15)
控制变量	控制	控制
	第一阶段	
被解释变量	*internet*	*internet*
*IV*1	0.0038 ** (2.41)	0.0038 ** (2.41)
*IV*2	0.0036 *** (7.27)	0.0036 *** (7.27)
Kleibergen-Paap rk LM 检验	108.740 [0.0000]	108.740 [0.0000]
Kleibergen-Paap Wald rk F 值检验	69.592	69.592
Sargan-Hansen 检验	2.261 [0.1326]	2.219 [0.1363]

注:方括号内为 P 值,其他同上。

第五节　研究结论

在数字经济与实体经济加速双向融合的背景和发展趋势下,以互联网为代表的通用性信息技术与传统产业的融合逐步走向深入,互联网发展所引致的产业结构优化效应正在持续显现,一定程度的城镇化水平是互联网发挥产业结构促进作用的关键所在。本书基于 2003—2018 年中国 31 个省份的面板数据，利用系统 GMM 模型分析中国互联网发展对产业结构转型升级的动态效应与区域差异，选取城镇化水平作为门限变量，运用门限效应模型实证考察了互联网发展与产业结构转型升级之间存在的城镇化门限效应。研究结果表明：

第一，从实证结果来看，互联网发展对产业结构高度化和合理化具有显著正向促进作用。

第二，互联网发展与产业结构转型升级之间存在非线性关系，具体来说，互联网发展与产业结构高度化之间存在倒"U"形关系，但其与产业结构合理化不存在倒"U"形关系。

第三，互联网与城镇化融合发展可以更好地推动中国产业结构高度化和合理化，表明互联网推动地区产业结构转型升级的一个重要途径是与城镇化发展相结合。

第四，互联网的产业结构转型升级效应存在区域差异。互联网发展对不同地区产业结构高度化和合理化作用强度依次为东部地区、中部地区、西部地区；互联网发展与产业结构高度化的倒"U"形关系在东部地区和中部地区成立，而与产业结构合理化则在所有区域均不存在倒"U"形关系；互联网与城镇化的融合发展对不同地区产业结构高度化和合理化均有显著促进作用，强度按照东部地区、中部地区、西部地区递减。

第五，互联网推动产业结构转型升级存在显著的城镇化门限效应。互联网发展的产业结构高度化效应存在双重城镇化水平门限，门限值是 0.5723 和 0.8596，城镇化水平在两个门限值之间时，互联网发展对产业结构高度化的促进作用最强，大于第二门限值 0.8596 时，促进作用减弱，而当城镇化水平小于等于第一门限值 0.5723 时，互联网发展对产业结构高度化的促进作用不显著；互联网发展的产业结构合理化效应存在单一城镇化水平门限，门限值是 0.4013，超过这一门限值互联网能更好地推动产业结构合理化。

第六节 对策建议

基于上述研究结论，结合中国互联网发展实际，为更好地推动产业结构转型升级，提出如下对策建议：

1. 深度挖掘超大规模市场优势和应用优势，推动互联网成为引导产业结构转型升级的持续性动力

应加强高速宽带、5G网络、大数据中心等"新基建"部署，加快下一代互联网发展部署，推动互联网相关基础设施迭代升级，提高网络接入覆盖范围和普及程度，加强公共信息服务平台建设，深化创新移动互联网应用，引导互联网产业从流量红利向技术红利转变，继续培育和壮大数字化市场，增强实体经济内生韧性和增长潜力，充分发挥互联网的"产业发动机"作用，持续推进区域产业结构高度化和合理化发展。

2. 加速推动互联网由消费端向生产端拓展，提升互联网的产业结构调整效率和质量

加快推进互联网与经济社会各领域融合深度和广度，切实发挥互联网对医药健康、高端制造、新能源、新材料等高精尖产业的创新效率提升作用，优化科技创新体系、激发组织活力和重塑业务流程，促进新一代信息技术与先进制造业、高端服务业和现代农业深度融合，构筑以互联网为底层架构的新型产业数字生态，加快实现从信息互联向价值互联的发展跃升，形成各产业间畅通、内外部高效连接的高质量数字经济形态。

3. 创新互联网与城镇化融合体制机制，凝聚优势形成产业升级新动能

要提高认识水平，明确城镇化在互联网推动产业结构转型升级中的重要作用，细化落实促进互联网与城镇化融合发展的政策研究，避免互联网偏离与实体经济融合的轨道。一定水平的城镇化水平才能确保互联网发挥显著的促进效应，鼓励适度超前推进城乡信息基础设施建设，从中国智慧城市建设角度来看，智慧城市是互联网发展与城镇化互动发展的现阶段表现形式和实践产物，要借鉴智慧城市试点示范推进城镇治理的科学化、精细化、智能化，加快健全公共信息服务体系、城乡流通网络体系和科技金融服务体系，加速推进互联网与城镇各领域的渗透融合和应用创新，凝聚互联网的引擎动力作用和城镇的平台支撑作用，推动形成支撑经济高质量发展的现代产业体系。

4. 把握产业互联网发展新机遇，构建高质量发展的区域经济布局

各地区应切实把握以互联网为代表的新一代技术为产业结构转型升级带来的历史机遇，结合本地区互联网和城镇化发展实际，遵循区域经济协

调发展规律，找准产业功能区战略定位，合理制定互联网及互联网产业集群促进产业优化升级的发展规划，拓宽发展渠道、增强产业联动，促进地区产业基础高级化、产业链现代化和经济智能化，推动形成优势互补高质量发展的区域经济布局。

第五章

基于金融供给侧结构性改革的异质债务对研发投入的影响研究

第一节 研究背景

中国经济正处于由高速增长向高质量发展转变的重要阶段，金融发展的基本矛盾也由经济增长需求与有限资本存量之间的矛盾，转变为金融有效供给不足的结构性失衡。高质量发展在供给侧的动力机制是创新引领，因此金融供给侧结构性改革的重点在于服务实体经济创新发展。金融发展对经济增长与创新的作用已被广泛证实，金融体系要与产业结构、实体经济动态匹配，才能更好地发挥资源配置、风险管理等功能，促进技术进步与经济转型。研发投入融资是金融发挥作用的重要渠道，研发活动是知识积累与技术进步的源泉，但普遍面临严重融资约束。高质量发展转型中，清晰刻画研发投入的融资困境，准确识别创新融资的制约渠道，是找准金融供给侧结构性改革方向的必然选择。

虽然提升股权融资比重、发展直接融资是中国金融体系改革的长期方向。但现阶段面对高质量发展的金融需求矛盾，从债务融资渠道着手增加融资有效供给，整体效果将更为明显。理论上，近年来研究发现股票市场的短期压力会导致管理者"近视"，Stein（1988）发现股票流动性会增加敌对收购进而阻碍长期创新项目投资；企业全要素生产率在IPO之后反而下降。因此，学者开始重新审视债务融资被低估的积极作用，发现银行业竞争能提高企业融资可得性，增加创新概率、提升创新能力。针对债务融资缺乏抵押品问题，Mann（2018）研究发现美国上市公司专利有16%被用作贷款抵押品，有效提升了债务融资可得性。实践中，债务融资仍是大多数企业的主要资金来源，中国金融体系仍以银行贷款、企业债券等债务融资为主导。中国人民银行发布的《2018年社会融资规模存量统计数据报告》显示，2018年社会融资规模存量200.75万亿元，其中人民币贷款余额为134.69万亿元，占比67.1%；企业债券余额为20.13万亿元，占比10%；非金融企业境内股票余额为7.01万亿元，仅占比3.5%。因此，聚焦债务融资在理论与实践层面均有重要意义。

不同于已有的研究，本书将重点从来源渠道与金融配给视角，深入分析研发投入债务融资约束所在。一方面，放松债务同质性假设，根据来源结构不同，债务融资包括银行贷款、债券与商业信用等方式。这三类债务契约特征差异较大，考虑债务异质性特征比债务同质性假说更具有实践意义。近年来，制造业上市公司债务融资规模均快速增长，尤其是随着银企关系增强、债券市场壮大以及商业信用扩张，上市公司债务融资规模不断扩大，这是否缓解了研发投入的融资约束值得探讨。另一方面，从金融配给角度，现有研究大多关注所有制歧视、规模歧视等配给问题，基于创新风险规避的分析相对较少。实践中金融政策也更侧重小微民营企业的融资难问题。特别地，2019年政府工作报告明确指出"要疏通货币政策传导渠道，有效缓解实体经济特别是民营和小微企业融资难融资贵问题"。但面对新时代创新引领高质量发展的新要求，金融发展的矛盾突出表现在创新资本的结构性短缺，基于创新风险规避的金融配给更值得关注。基于此，本书基于债务融资异质性特征与金融配给视角，重新审视了债务融资对企业研发投入的作用。本书将重点关注以下问题：企业债务融资能否支持研发投入活动？分来源渠道，哪种债务融资方式更能够支持企业创新？在配给机制上，究竟是所有制歧视抑或创新风险厌恶导致了金融资源配给失灵？在此基础上，探究了金融配给的潜在机制与动态影响。通过对上述问题回答，力争寻找研发投入债务融资约束成因，改善金融配给、拓宽债务融资渠道，优化流动性投放结构、提高创新资金配置效率。

本书的边际贡献主要体现在：第一，立足于债务异质性的实际，实证分析债务融资对研发投入影响。研究发现当前上市公司依赖非正式的商业信用，银行贷款与债券融资等金融性负债难以支持研发投入，信息不对称阻碍了债务融资发挥创新效应。第二，从动态视角分析债务融资配给，发现基于所有制差别的配给并不明显，而对技术风险的厌恶更为明显，创新资金表现出强烈的风险规避。第三，面向高质量发展的新要求，从债务融资异质性角度明确了流动性结构错配，提出了金融供给侧结构性改革的合理方向。

本章其他部分结构安排如下：第二节在梳理文献的基础上进行了理论分析；第三节主要是数据、变量与实证策略；第四节是实证结果及其解释；第五节探讨了两种可能的资金错配假说；第六节是结论与政策建议。

第二节 文献述评与理论分析

一 文献述评

国内外学者就债务融资对研发投入的影响进行了广泛研究，整体上对债务融资的创新效应持不同的观点，在不同金融结构国家实证结果截然相反。反对者认为，高负债会使企业面临较大的盈利压力，为了获得较高的当期收益，经营者必须规避风险，不会选择风险较高的研发投入项目。Opler 等（1994）认为债权融资具有还本付息的财务压力，与研发需要持续资金投入存在冲突，高资产负债率会导致经营绩效变差。Aivazian 等（2005）实证研究发现债务融资比例与 R&D 强度负相关，会降低了企业创新水平。Brown 等（2009）发现股权融资是 R&D 投资的有效资金来源，美国 20 世纪 90 年代 R&D 爆发增长来源于股权融资规模扩张。之后有关宏观金融发展与创新活动的研究进一步证实了该结论，研究发现信贷市场发展则对创新有消极影响，长期性、高风险和创新性项目在股票市场发达的国家更为活跃。支持者则认为，在金融体系由银行主导的国家，企业如果能够与银行建立长期关系，将为其研发活动提供较为充足的外部融资。日本金融体系为典型的银行主导，Hoshi 等（1991）研究发现与大银行有良好关系的企业，信息不对称问题较少，能获得银行的融资支持；与银行关系较弱的企业融资压力较大，表现出更高现金流敏感性。之后，一些学者对比分析银行主导型与市场主导型金融体系国家，细化创新类型得到了相似结论。基于实证结果的分歧，一些学者将债务融资特征由同质拓展到异质。David 等（2008）借鉴金融中介理论，基于异质债务角度研究发现，虽然交易型债务与 R&D 投资负相关，但关系型债务则与 R&D 投资正相关，这是由于贷款机构与企业间的长期合作关系。Czarnitzki 等（2009）认为债权人能对管理者产生制约、降低代理成本，对企业专利有显著促进作用。

由于中国特殊的经济与金融制度条件，企业面临独具特色的外部融资环境。近年来，国内学者基于本土金融制度探讨了债务融资的创新效应。金融体系不完备、资本市场制度设计不合理，导致企业融资渠道不通畅，尤其是创新型企业面临融资约束。文芳（2010）认为债务融资难以成为研发的资金来源，发现商业信用对高风险 R&D 投资支持作用更弱，民营企业债务融资约束强。温军等（2011）从异质债务角度研究发现银行贷款作为关系型债务能发挥积极的创新治理，企业规模对两者关系具有调节作用。类似地，贾俊生等（2017）研究发现信贷市场可得性能显著促进创新。张杰等则认为民营企业 R&D 投入依靠现金流、注册资本与商业信用，银行贷款作用并不显著。

综上所述，已有研究从不同角度探讨债务融资、金融发展与企业创新的关系，但仍存在进一步突破空间。研究视角上，国外研究多探讨美国等成熟资本市场的创新融资问题，国内研究侧重比较各类外部融资渠道的创新效应。单独聚焦债务融资分析研发投入融资约束的研究相对缺乏。当前中国企业仍以债务融资为主，探索债务融资的创新效应更具现实意义。研究内容上，现有理论和实践对金融配给问题的讨论多集中于中小企业或民营企业，对技术风险规避的研究相对较少。大多数研究为单一维度的静态分析，多维度的动态效应评估欠缺。研究结论上，已有研究对于债务融资的创新效应尚存在较大分歧，受到本土金融体系特征、银企关系强弱与金融市场发展水平等因素影响，尚未形成一致结论。因此，本书聚焦分析债务融资对研发投入的影响，基于债务融资异质性与金融配给视角，通过回归分析与动态效应估计，精准识别企业创新的债务融资约束所在，以拓宽企业债务融资渠道，改善创新资本错配。

二 理论分析

企业研发活动存在高资产专用性、高不确定性与低收益独占性等交易风险，需要强治理机制予以保护。基于债务同质性假定，一般认为债务融资难以为研发投资提供有效治理，这是因为 R&D 投资形成的无形资产专用性高、依附于特定企业，难以成为良好抵押品；债务契约的定期偿付刚性难以应对突发流动性问题，会导致企业削减研发、打破知识积累和吸收连续性；R&D 投资不确定性高、评估难度大，信息不对称会带来事前逆向选择与事后道德风险，降低债权人支持研发投资的意愿。此外，研发投资外溢特征明显、收益独占性低，专利作为融资保证易造成技术信息曝光，被竞争对手模仿导致创新成果无法独占。在以上交易风险特征中，信息不对称是制约债务融资发挥治理效应的重要因素。信息不对称程度越高，研发活动中的不确定性等交易风险越严重，债务融资越难以发挥创新效应。相反，较为充分的信息披露能够缓解创新项目不确定性，减轻机会主义行为，使得真正有价值的创新项目获得债权人青睐。因此，本书提出有待检验的假设 5—1。

假设 5—1 同质债务融资难以支持研发投入，信息不对称是重要成因。

放松债务同质性假定，债务融资本质具有异质性特征，包括银行贷款、债券与商业信用等方式，根据契约特征与治理机制差异，可将其划分为关系型债务与交易型债务。关系型债权人与企业之间具有紧密业务联系，能搜集详细附加信息，准确评估投资项目，监测经营行为和实际财务状况，并在更长时间范围和多种业务中分摊成本。Gorton 等指出关系型债务具有可展期期限，在必要时能重新谈判或放宽贷款条件，主动干预公司运营比如清算某项目以重新确定战略投资方向，帮助企业应对财务危机整体上表现为科层治理。相比之下，交易型债务具有一般债务特征，对应市场治理机制，依赖刚性合同条款、破产威胁的高强度激励以及客观数据，有固定时间期限与相对简单的业绩考核标准。缺乏多重业务联系使得债权人没有动机进行软处理，违约时对借款人直接清算。

实践来看，债务异质性假说更符合中国国情。如图 5—1 所示，2007—2015 年中国 A 股制造业上市公司债务融资规模均快速增长，其中商业信用规模最大（Credit）、贷款融资规模次之（Loan）、债券融资规模最小（Bond）①。以 2015 年为例，上市公司平均贷款融资、债券融资与商业信用规模分别为 13.3 亿元、2.4 亿元和 16.7 亿元。具体来看，第一，银行贷款是中国企业的主要融资渠道，表现为一种弱关系型贷款。贷款合约是银企间的私人交易，数额通常较大，而且还涉及支票清算、现金管理等服务。近年来银企关系不断强化，银行作为主要债权人处于"准股东"地位，能够在企业财务困境时达成延期、展期支付等协议，发挥积极创新治理效应。与此同时，贷款人对企业绩效评价标准复杂，会考虑多种潜在回报，且信贷资金流动性低、缺乏充分竞争的市场价格，难以反映创新项目真实价值。银企间的"多重互动关系"与"弱监督"特征，与一般关系型融资有所不同，被认为是一种弱关系型贷款。第二，债券融资是较典型的交易型债务，以特定面额在资本市场上公开交易，流动性强、交易广泛，带有简单业绩标准和固定存续期限。债券持有人较为分散，缺乏监督管理者的动力，企业与债券持有者间基本不可达成延期支付协议。中国债券市场规模逐年扩大，2007 年《公司债券发行试点办法》颁布后，公司债券发行正式启动，2015 年《公司债券发行与交易管理办法》公布实施，债券发行方式与主体日益丰富，发行审核流程逐渐简化，拓宽了直接融资渠道②。第三，商业信用作为一种企业销售惯例，是由延时付款等卖方资金占用形成的自然负债，从融资角度是卖方为买方提供的贷款，广泛存在于中国上市公司。商业信用双方是密切合作的商业伙伴，有着共同的商业利益，能够克服信息不对称，风险相对较低，被认为是一种关系型债务融资。在新兴市场中信贷融资不足情形下，商业信用成为一种替代银行信贷的非正规金融活动。正规金融机构只完成了信贷资源初次分配，商业信用能将企业所获信贷资金转移，发挥二次分配作用。实证发现在货币政策紧缩期，商业信用能够改善企业投资不足，是正规金

---

① 贷款融资包括长期借款与短期借款。短期借款为公司借入的尚未归还的一年期以下（含一年）的借款。长期借款为公司向银行或其他金融机构借入的期限在一年期以上（不含一年）的各项借款。债券融资即应付债券，是企业为筹集（长期）资金而发行债券的本金和利息。商业信用包括应付票据、应付账款与预收款项。

② 该办法取消了《公司债券发行试点办法》规定的保荐制和发审委制度，规定公开发行公司债券实行核准制；强化了债务市场的信息披露制度，包括募集说明书的披露要求，募集资金用途、重大事项、信用评级等的具体披露要求。

融体系的有益补充。

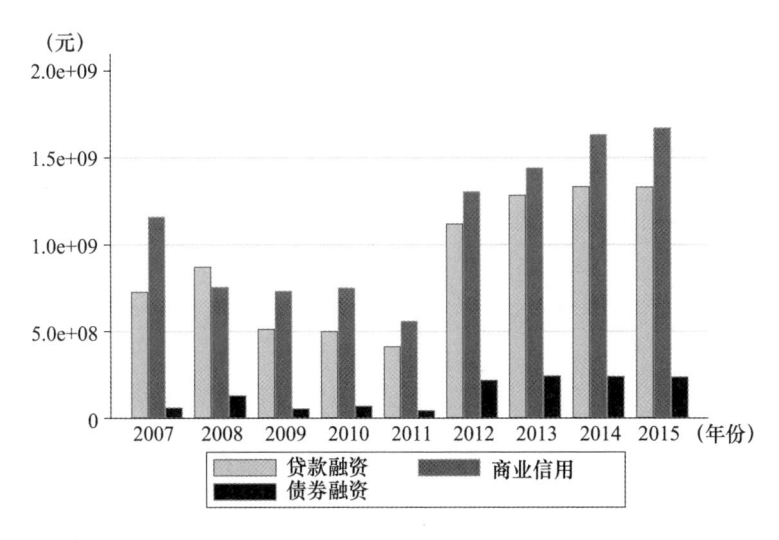

图 5—1　2007—2015 年中国 A 股制造业上市公司债务融资规模变化

资料来源：根据 2007—2015 年中国 A 股制造业上市公司数据计算整理。

理论和实践分析表明债务契约本质上是异质的，对研发活动中的资产专用性、不确定性、收益独占性等交易风险能提供不同的治理机制（见表 5—1）。关系型债务融资能降低资产专用性带来的高调整成本，对创新风险容忍度高，能缓解企业流动性问题，保持研发投入连续性。多元的业务往来能有效缓解信息不对称，减少不确定性带来的交易风险。比如商业信用买卖双方有紧密业务联系，债权人能够充分获取企业经营业绩、投资绩效等多方面信息，在不可预见的突发事件中，能够及时干预或者引导，缓解逆向选择和道德风险。此外，关系型债务融资有利于保护研发投资独占性。借贷双方私人交易能保护研发专用信息不被泄露，为投资收益独占性提供了更强保障。相反地，以债券融资为代表的交易型债务融资契约刚性强，在企业面临融资困境时，会强制其进入破产流程，破坏研发投入持续性。债券持有人较为分散、信息收集难度大，加剧了信息不对称。

表 5—1　　　　　　　债务契约治理特征与研发投入风险

		债务类型	
		交易型债务融资	关系型债务融资
债务契约特征	治理机制	市场治理	科层治理
	契约属性	强制、刚性	宽松、软性
	适应	破产威胁	重新谈判
	监管强度	弱监管	高强度监管
	信息收集	客观、公共信息	主观、私人专用信息
	债权人	众多、分散	较少、集中
	契约关系	单一债务关系	多元业务联系
	代表方式	债券、弱银企关系贷款	商业信用、强银企关系贷款
研发投入风险	调整成本	高	低
	不确定性	高	低
	收益独占性	低	高

此外，债券在公开资本市场交易，需要详细地披露信息以保护投资者利益和资产安全，造成了较高的信息泄露风险。值得提及的是，银行贷款被认为是"弱关系型"债务，其创新效应取决于银企关系的强弱。银企关系较好的条件下，银行贷款的关系型融资属性明显，能够发挥积极的创新治理作用。而当银企关系不强时，贷款强制还本付息的财务刚性、信贷配给等特征，可能难以有效支持研发投入。

综上所述，商业信用作为典型的关系型债务融资，其治理机制能有效控制交易风险，对研发投入有积极作用。债券融资作为典型的交易型债务，难以有效治理研发风险。而银行贷款的作用取决于以上两种契约特征的综合，要根据具体情况推断。因此，本书提出研究假设5—2。

假设5—2　具有交易型债务特征的债券融资会抑制研发投入，具有关系型债务特征的商业信用能支持研发投入，银行贷款创新效应具有不确定性。

金融配给是债务融资约束成因的重要解释。所有制歧视与规模歧视问题被广泛提出和研究，学者普遍认为国有企业、大规模企业在银行贷款等债务融资方面具有优势，民营企业、小规模企业则难以获得与创新能力匹配的融资支持。面对新时代创新引领高质量发展的新要求，金融发展的结构性矛盾突出表现在创新支持不足。从流动性流向来看，虽然当前资金面整体宽裕，但更多流向基建、房地产以及产能过剩行业等领域，资本密集项目挤占了技术密集项目融资，缺乏能有效承担风险的创新资本。高技术企业作为创新发展的主力军，其融资问题相对于民营小微企业更值得关注。高技术企业一般存续期相对较短，盈利尚未完全稳定，以专利等无形资产为主，经营风险较高、抵押不足，融资可得性较低。企业控股股东往往也是发起人，出于技术隐蔽性或战略发展考虑，对外部人参与董事会存在疑虑、倾向于集中管理权，加重了信息不对称问题，导致企业研发投入难以获得足额债务融资支持。随着技术密集程度与技术复杂性提高，创新投入强度增大周期拉长，不确定性与信息不对称问题加剧，债务融资越难以有效管理创新风险。因此，提出有待检验假设5—3。

假设5—3 债务融资难以支持高技术企业研发投入，技术风险规避在技术复杂性强、密集度高的产业领域更明显。

第三节 研究设计

一 样本说明

实证研究部分采用2007—2015年中国A股制造业上市公司的数据，经筛选剔除，最终获得1673家制造业企业、7532个观测值的非平衡面板数据。① 数据来源于国泰安（CSMAR）数据库、Wind数据库、巨潮网披露的上市公司年报等，涉及公司研究系列数据中的上市公司研发创新、财务报表以及财务报表附注等子库。

二 变量定义

企业研发投入为本研究的被解释变量。研发投入决定着创新活动的后

---

① 由于2007年开始采用新会计准则，对上市公司R&D投入数据的披露做出了全新规定，之后对研发的信息披露才开始增多，因此将其作为研究起点。筛选过程包括剔除金融行业、ST和*ST样本、H股与B股样本、异常值和缺失值，并对主要连续变量进行1%水平的缩尾处理以消除离群值。

续产出，是企业重要的战略投资，也是与融资活动最直接相关的变量。本研究主要考察研发投入强度，借鉴现有研究普遍做法，采用研发投入总规模占当期总资产比重刻画。企业债务融资为本研究的核心解释变量，用债务融资规模表示。根据具体问题，同质债务指企业不同类型债务融资加总，包括长期借款、短期借款等金融机构贷款，应付账款、应付票据及预收款项等商业信用，以及债券融资等。相应地，基于异质性债务视角，银行贷款用长期借款和短期借款之和表示，商业信用以应付账款、应付票据及预收款项之和测度，债券融资用应付债券测度。由于资产负债表中的负债明细科目为存量变量，因此用期末与期初的变动额度作为当年融资规模测度。回归中，所有变量均除以当期总资产进行标准化，以控制企业规模影响。各个变量的定义及描述性统计见表5—2。

信息不对称可用信息披露程度刻画。证券分析师作为股票市场的重要参与主体，是信息披露的责任主体，能通过实地调研深入企业内部、全方位收集研发项目信息，缓解创新活动中的信息不对称，通过持续关注及监督克服创新资金使用中的代理问题，减轻交易风险，进而有效促进研发投入。因此，本研究采用企业被证券分析师或研报关注代表信息披露程度。企业被证券分析师关注程度越高、信息披露相对越充分，信息不对称问题越小。在指标选取上，被证券分析师关注度用在一年内有多少个证券分析师（团队）对该公司进行过跟踪分析表示，对应地，信息披露程度则为被证券分析师关注度加1的自然对数。在稳健性检验中采用被研报关注度，即在一年内有多少份研报对该公司进行过跟踪分析。

表5—2　　　　　　　　　　变量定义与描述性统计

类型	变量名称	符号	均值	标准差	变量说明
被解释变量	研发投入强度	rd	0.021	0.014	研发投入/总资产
解释变量	债务融资	$debt$	$2.630e+09$	$8.450e+09$	长期借款、短期借款；应付债券；应付票据、应付账款、预收款项

续表

类型	变量名称	符号	均值	标准差	变量说明
解释变量	银行贷款	loan	1.100e+09	3.680e+09	长期借款、短期借款
	债券	bond	1.340e+09	5.210e+09	应付债券
	商业信用	credit	2.000e+08	9.540e+08	应付票据、应付账款、预收款项
机制变量	信息披露	info	2.003	0..844	证券分析师关注 = ln(1 + 被证券分析师关注数)
控制变量	净资产收益率	roe	0.0655	0.550	净利润/总资产
	资产总计	asset	6.37e+09	1.86e+10	资产总额
	主营业务收入	sale	4.81e+09	1.88e+10	年末主营业务收入
	现金	cash	8.92e+07	9.53e+08	现金及现金等价物净增加额
	存续时间	age	14.82	4.847	year - 成立年份 + 1
	上市时间	tipo	6.648	6.162	year - 上市年份 + 1
配给类型	所有制	soe	—	—	国有=1，非国有=0
	行业	hightech	—	—	行业虚拟变量，具体见下文

注：债务融资类解释变量，主营业务收入、现金流等变量在回归中均除以总资产，以控制企业规模影响。

三 估计方法

本书采用双向固定效应方法，分析债务融资对企业研发投入的影响，基本计量模型如下：

$$y_{it} = \beta_0 + \beta_1 debt_{it} + Z'_{it} + u_j + \lambda_t + \varepsilon_{it} \quad (5-1)$$

其中，被解释变量表示企业研发投入强度。核心解释变量为 $debt$，根据具体研究问题用对应债务融资解释变量表示。系数 β_1 表示债务融资对企业研发投入的影响，是本研究关注的重点。Z 为一组影响研发投入的控制变量，包括净资产收益率、主营业务收入、资产总计、现金及现金等价物净增加额、企业存续时间、上市时间。μ 和 λ 分别表示行业固定效应与时间固定效应，ε_{it} 为随机扰动项。i 为企业，t 为时间，这里指年份。主要变量的含义与描述性统计如表5—2所示。

第四节 实证结果与分析

一 基准回归结果分析

基于两种债务融资假说,分析企业债务融资对研发投入影响,基准回归结果如表5—3所示。根据同质债务假说,企业债务融资对研发投入强度有显著抑制作用。回归结果显示,债务融资系数均显著为负,当期债务融资系数为-0.006,并在5%水平上显著。为控制内生性问题,采用滞后一期债务融资变量,回归系数为-0.018,仍在1%水平上显著为负。回归分析同时控制了年份与行业固定效应,聚类到行业层面。这表明企业依赖债务融资越多,研发活动投入资金占比越少,说明债务融资的契约特征难以适应创新治理要求,部分证明了假设1。

考虑债务融资异质性,异质债务融资对研发投入作用差异较大。回归结果显示,银行贷款对企业研发投入有显著抑制作用,无论是当期还是滞后一期,系数为负且在1%水平上显著同样地,债券融资表也现出更强的创新抑制效应。以滞后一期为例,控制年份与行业固定效应并聚类到行业层面,银行贷款系数为-0.019,而债券融资为-0.021,绝对值均大于同质性债务融资系数(-0.018),说明银行贷款与债券融资对创新的抑制作用相对明显,进一步体现了这两类债务融资具有交易型契约特征。相反地,商业信用对研发投入具有促进作用。无论是当前还是滞后一期商业信用,抑或控制年份固定效应与行业固定效应,以及在行业层面聚类,商业信用系数均显著为正(约为0.01),这说明商业信用具有关系型债务契约特征,能够有效支持企业增加研发投入比重。

综上所述,整体上债务融资对研发投入具有抑制效应,主要原因是债券市场与银行贷款具有交易型债务契约特征,与研发活动的风险治理要求难以相容。相反地,非正式商业信用基于良好的买卖双方关系,具有较强的关系型债务特征,能够促进企业研发投入,从而证明了假设2,并说明当前上市公司中银行贷款的交易型债务特征更强。结合当前我国上市公司的融资结构特点与金融体系实际特征,可进一步推断:企业创新活动的融资难题是由银行贷款渠道不通畅、债券市场不完善所致,因而企业创新融资更为依赖非正式的商业信用。

表5—3　　　　　　　债务融资对研发投入强度的影响

变量	（1）	（2）	（3）	（4）	（5）	（6）
$debt$	-0.006** (0.002)					
$loan$		-0.018*** (0.002)				
$bond$		-0.021*** (0.006)				
$credit$		0.014** (0.005)				
$debt_{t-1}$			-0.008*** (0.002)			
$loan_{t-1}$				-0.022*** (0.001)	-0.019*** (0.001)	-0.019*** (0.002)
$bond_{t-1}$				-0.028*** (0.005)	-0.021*** (0.005)	-0.021** (0.006)
$credit_{t-1}$				0.013*** (0.002)	0.011*** (0.002)	0.011* (0.005)
Constant	0.023*** (0.001)	0.021*** (0.001)	0.024*** (0.001)	0.023*** (0.000)	0.022*** (0.000)	0.022*** (0.001)
Control	yes	yes	yes	yes	yes	yes
Year	yes	yes	yes	yes	yes	yes
Industry	yes	yes	yes	no	yes	yes
Cluster (industry)	yes	yes	yes	no	no	yes
N	7278	7278	5461	5474	5461	5461
Adj-R^2	0.139	0.169	0.154	0.064	0.180	0.179

注：控制变量包括，净资产收益率 roe，主营业务收入营业收入/资产总计 sale、资产总计 lnta、现金及现金等价物净增加额 cash、企业存续时间 age、企业上市时间 tipo。***、** 和 * 分别表示统计量在1%、5%和10%的显著性水平。括号中的数值为标准误差。本章余下表格均作相同处理，后不赘述。

二 制约因素分析

根据上文分析,信息不对称是抑制债务融资发挥创新效应的重要因素。为了验证该因素的作用,引入债务融资变量与信息披露变量的交互项 $debt*info$。交互项系数反映了不同信息披露(信息不对称)条件下,债务融资对研发投入的作用,回归结果如表5—4所示。

表5—4　　　　　债务融资对研发投入强度的影响机制

变量	(1)	(2)	(3)	(4)
$debt$	-0.017*** (0.002)			
$debt*info$	0.006** (0.002)			
$loan$		-0.029*** (0.006)	-0.017*** (0.003)	-0.019*** (0.003)
$loan*info$		0.006*** (0.003)		
$credit$		0.015** (0.005)	-0.004 (0.006)	0.015** (0.005)
$credit*info$			0.008*** (0.002)	
$bond$		-0.029*** (0.005)	-0.029*** (0.006)	-0.044** (0.013)
$bond*info$				0.008 (0.007)
Constant	0.023*** (0.001)	0.022*** (0.001)	0.022*** (0.001)	0.022*** (0.001)
Control	yes	yes	yes	yes
N	5776	5776	5776	5776
$Adj\text{-}R^2$	0.161	0.185	0.190	0.182

回归结果表明,充分的信息披露使得债务融资能够显著提高企业研发

投入强度。不同于单独债务融资变量系数显著为负,信息披露变量(证券分析师关注度)与债务融资变量的交互项系数为0.006,并在5%水平上显著。这说明随着企业被证券分析师关注度提高,即信息披露更加充分,债权人与企业之间的信息不对称程度则呈减弱态势,道德风险与逆向选择问题有所缓解,研发投入面临的融资约束减轻,因此债务融资对研发投入的作用由抑制变为促进。由此可以推断,信息不对称是阻碍债务融资发挥创新效应的重要制约因素,假设5—1成立。

进一步,结合债务异质性分析发现,随着信息披露程度提高,信息不对称问题有所减轻,银行贷款、商业信用两类债务融资对研发投入强度表现为促进作用。银行贷款、商业信用与信息披露变量的交互项系数分别为0.006和0.008,且均在1%水平上显著。债券融资与信息披露程度交互项系数为0.008,但并不显著,表明信息披露程度提升对于债券融资的创新效应并无显著影响,信息不对称问题并非制约因素。由此可以推断,当前信息不对称问题主要制约了上市公司银行贷款可得性。通过培育更多的市场化中介机构、壮大证券分析师主体,能够有效改善信息披露质量,促进银行贷款发挥创新治理效应。而制约债券市场发挥创新治理效应的深层次原因,并非由于信息不对称与信息披露机制,可能来源于债券市场的其他制度性制约。

三 稳健性与内生性讨论

本研究采用两种方式进行稳健性检验。一是替换估计模型。借鉴Brown等(2002、2012)基于欧拉方程的投资模型,在融资方程基础上,加入债务融资变量,回归模型设定如下:

$$R\&D_{it} = \alpha_0 + \alpha_1 R\&D_{it-1} + \alpha_2 R\&D_{it-1}^2 + \alpha_3 inf_{it-1} + \alpha_4 stk_{it-1} + \alpha_5 debt_{it-1} + \alpha_6 sale_{it} + \alpha_7 sale_{it-1} + u_i + \lambda_t + \varepsilon_{it} \quad (5—2)$$

该估计方法基于财务报表中的现金流量表。其中内源融资变量 inf 主要指公司的内部现金流,是企业以自身盈利为资金来源获得的内部资金,用未扣除非经常损益与折旧的收入减去现金股利的值表示。股权融资用"吸收权益性投资收到的现金"表示,债务融资用"发行债券收到的现金"加上"取得借款收到的现金"表示。由于式(5—2)设定为动态面板模型,因此采用系统GMM方法进行估计。这在一定程度上也有利于消除内生性问题。

二是替换核心变量与回归方法。将被解释变量替换为研发投入占总营业收入比重。债务融资变量改为现金流量表法测度：银行贷款 loan 用"取得借款收到的现金"表示，债券融资 bond 用"发行债券收到的现金"表示。采用混合 OLS 估计方法估计，稳健性检验见表 5—5。

表 5—5　　　　　　股权与债权融资对研发投入强度的影响

变量	系统 GMM	混合 OLS	混合 OLS
$R\&D_{t-1}$	1.023 ***		
	(0.014)		
$R\&D_{t-1}^2$	-1.524 ***		
	(0.023)		
inf_{t-1}	0.024 ***		
	(0.004)		
stk_{t-1}	0.000		
	(0.000)		
$debt_{t-1}$	-0.002 ***	-0.010 ***	
	(0.001)	(0.001)	
$loan_{t-1}$			-0.022 ***
			(0.001)
$bond_{t-1}$			-0.031 ***
			(0.005)
$credit_{t-1}$			0.013 ***
			(0.002)
$sale_t$	0.015 ***		
	(0.001)		
$sale_{t-1}$	-0.015 ***		
	(0.002)		
Constant	0.000	0.024	-0.001
	(0.002)	(0.004)	(0.003)
N	3893	5474	5474

结果发现，债务融资对于企业研发投入强度仍表现为抑制作用。无论

是采用系统 GMM 估计还是混合 OLS 估计，回归结果均在 1% 水平上显著为正。与基准回归结果类似，基于异质债务视角，银行贷款与债券融资对研发投入强度仍表现为抑制作用，系数均在 1% 水平显著。商业信用则对研发投入强度具有显著促进作用，系数为 0.013 并在 1% 上显著为正。由此，检验结果均稳健，在此不再赘述。

GMM 估计从方法上能够消除一定的内生性问题，但是仍要从理论上排除内生性。可能是企业的研发投入决策决定了债务融资水平，而并非债务融资影响了研发投入。对此，本书将债务融资变量均采用滞后一期，能够一定程度上消除内生性问题。进一步，本书认为如果企业研发投入巨大，一般会倾向通过多种渠道筹集更多资金。此时，研发投入与债务融资应呈现出显著的正向关系。但是实证研究结果表明，债务融资与研发投入之间是显著负向关系。这一定程度上说明并非是研发投入决定了债务融资水平。相反地，当企业更多依赖债务融资筹集资金进行战略投资时，由于技术创新类研发项目普遍风险较高，会受到债务契约刚性等约束，难以有效支持研发投入。

第五节　进一步研究：金融配给机制分析

为进一步验证债务融资约束，本书分别从所有制歧视与技术风险规避视角探讨债务融资的配给机制。

一　金融配给机制检验

（一）所有制歧视假说

已有研究发现信贷配置存在所有制歧视，由于政治关联、预算软约束等因素，国有企业在银行贷款等融资活动中具有优势，而民营企业在融资可得性、融资成本等方面均处于劣势。为验证所有制歧视假说，将样本按照所有制性质分类。国有企业与民营企业观测值分别为 4059 个、1402 个，国有企业样本占比为 74% 左右，分类回归结果见表 5—6。

表5—6　异质债务对企业研发投入的影响：分所有制与技术风险

	所有制				技术风险			
	国有	民营	国有	民营	非高技术	高技术	非高技术	高技术
$debt_{t-1}$	-0.008*** (0.002)	-0.009*** (0.003)			-0.008** (0.003)	-0.009*** (0.003)		
$loan_{t-1}$			-0.020*** (0.002)	-0.015*** (0.003)			-0.013*** (0.004)	-0.024*** (0.003)
$credit_{t-1}$			0.016*** (0.005)	0.004 (0.006)			0.022** (0.008)	0.010 (0.007)
$bond_{t-1}$			-0.019** (0.008)	-0.033** (0.014)			-0.019* (0.010)	-0.027*** (0.008)
Constant	0.024*** (0.000)	0.024*** (0.001)	0.022*** (0.001)	0.023*** (0.001)	0.020*** (0.001)	0.026*** (0.001)	0.017*** (0.001)	0.025*** (0.002)
Control	yes	yes	yes	yes	yes	yes	yes	yes
Year	yes	yes	yes	yes	yes	yes	yes	yes
Industry	yes	yes	yes	yes	yes	yes	no	no
Cluster (industry)	yes	yes	yes	yes	yes	yes	yes	yes
N	4059	1402	4059	1402	1907	3554	1907	3554
$Adj\text{-}R^2$	0.128	0.244	0.159	0.260	0.143	0.110	0.061	0.051

回归结果表明，无论是国有企业还是民营企业，债务融资对企业研发投入均有显著抑制作用。国有企业债务融资系数为-0.008，民营企业系数为-0.009，均在1%水平上显著，且民营企业系数绝对值高于国有企业。经进一步通过引入交叉项的Chow Test检验，发现系数组间差异在5%水平上显著。这说明债务融资对民营企业研发投入的抑制作用更为明显，即民营企业创新相对更难获得有效债务融资支持，所有制歧视仍一定程度上存在。基于异质债务视角，按国有企业与民营企业样本回归时，发现两类企业中银行贷款、债券融资均表现为显著抑制作用。民营企业债券融资系数为-0.033，绝对值大于国有企业的-0.019，表现出更强抑制效应。商业信用则仅对国有企业有显著积极作用，并在1%水平上显著，民营企业中商业信用作用不显著。

以上分析表明，民营企业研发投入的融资约束更为严重，除了受到银行贷款渠道不通畅、债券市场不发达等金融因素影响，非正式商业信用的积极作用也有限。正式与非正式金融可得性较低，制约了民营企业创新投入资金来源，基于所有制歧视的金融配给普遍存在于民营企业债务融资活动。这也与前人研究结论相符，是当前货币政策与流动性定向投放偏向民营企业的重要原因。

（二）技术风险规避假说

按照所属行业的技术风险差异，企业可分为高技术与非高技术企业。高技术企业研发投入强度大、技术复杂性高、创新周期长，整体面临更高风险。通过对比证监会行业分类（2012）与高技术产业（制造业）分类（2013），将样本企业分为高技术与非高技术两种类型。[①] 经分类，最终得到高技术企业 940 家、非高技术企业 549 家，对应观测值分别为 3554 个、1907 个，高技术企业样本占比 65% 左右。

表 5—6 回归结果表明，债务融资对高技术企业研发投入的抑制作用更强。债务融资对高技术研发投入回归系数为 -0.009，绝对值大于非高技术企业的 -0.008，并在 5% 水平上显著。进一步基于异质债务视角，按高技术企业与非高技术企业进行分样本回归。实证发现这两类企业中银行贷款、债券融资对研发投入均表现为显著抑制作用，并且高技术企业系数的绝对值更大，表现出更强的抑制作用。但商业信用对高技术企业的研发投入并没有显著作用，对非高技术企业研发投入则有积极作用，并在 5% 水平上显著。这说明债务融资存在技术风险规避，高技术企业债务融资约束更为严重，商业信用、银行贷款与债券融资等债务融资方式均难以发挥创新效应。而非高技术企业的债务融资特点与一般债务融资类似，非正式商业信用能在支持企业创新中发挥积极作用。基于前文分析，潜在原因主要是高技术企业缺乏抵押品、稳定经营业绩等，导致一般银行贷款、债券融资等交易型债务难以发挥作用。加上技术隐蔽性高、控制权较为集

[①] 证监会行业分类（2012）参照《国民经济行业分类》，将上市公司经济活动分为门类、大类两级。制造业门类代码为 C，大类代码为两位阿拉伯数字。而根据高技术产业（制造业）分类（2013），高技术制造业有六大类。因此，对照高技术制造业的六个大类，在证监会行业分类的制造业大类中筛选出 9 个高技术行业大类。

中等因素，更抑制了关系型债务融资的创新效应，商业信用对研发投入的积极作用在高技术企业中有所削弱。

综上分析，债务融资的创新效应存在所有制歧视与技术风险错配。基于债务异质性，银行贷款与债券融资难以支持企业研发投入的结论，在不同所有制和不同风险企业中均成立。但是非正式商业信用的创新效应仅在国有企业与非高技术企业中显著。在创新较为活跃的民营与高技术企业中，三类债务融资均难以发挥有效创新效应，创新资本存在所有制歧视与行业风险错配，导致了研发投入存在融资约束，造成创新领域的流动性短缺。

二 动态效应检验

随着银行商业化改革不断推进，银行自主性增强、政府干预持续减弱，资金配置朝着市场化方向不断发展。尤其是近年来金融改革着力疏通货币政策传导机制，引导流动性投放到民营小微企业，可能会对所有制歧视有所缓解。与此同时，为应对2008年国际金融危机不良冲击，大量流动性投放至传统产能过剩行业领域，挤占了创新领域的资金投放。伴随新时代经济转向高质量发展，高技术企业扩张步伐加快、资金需求增加，可能面临更为严重的融资约束。

为考察创新资金错配的动态变化，准确识别现阶段融资问题的焦点，分析究竟是所有制歧视还是技术风险规避，导致了企业获得感不强、创新压力大。本书借鉴 Moser 等（2012）做法，将基本计量模型拓展为动态效应估计，计量模型如下：

$$y_{it} = \alpha_0 + \alpha_t\, debt_{it-1} * soe * t + Z'_{it} + u_i + \lambda_t + \varepsilon_{it} \quad (5—3)$$

$$y_{it} = \beta_0 + \beta_t\, debt_{it-1} * hightech * t + Z'_{it} + u_i + \lambda_t + \varepsilon_{it} \quad (5—4)$$

式（5—3）中交互项系数 α_t 表示 t 年国有企业与民营企业债务融资的创新效应差异。式（5—4）中交互项系数 β_t 表示 t 年高技术企业与非高技术企业债务融资的创新效应差异。比如 t 表示2010年时，系数代表了2010年企业债务融资的创新效应在高技术与非高技术企业之间的差异是否显著。如果系数显著异于零、并为负值，表示高技术企业债务融资对研发投入的抑制作用相对非高技术企业更为显著。基于所有制差异和技术风险异质，将2008—2015年动态效应回归结果的系数做图5—2。

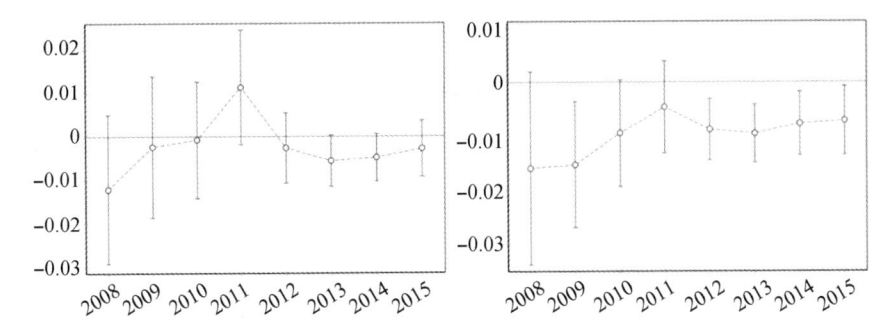

图 5-2　债务融资创新效应的动态分析：所有制（左）与技术分析规避（右）

注：垂直线代表每个点估计的95%水平的置信区间。

检验结果显示，一是就所有制歧视而言，动态效应检验结果表明，2008—2015年债务融资对企业研发投入的抑制作用，在国有企业与非国有企业中并无显著差异（见图5—2左）。这说明现阶段债务融资的所有制歧视在相关政策推动之下已有所改善，国有企业与民营企业债务融资的创新效应并不存在显著差异。二是基于行业技术风险差异，2011年之前高技术与非高技术企业债务融资的创新效应差异并不显著（见图5—2右）。但2012年之后随着时间的推移，债务融资对高技术企业研发投入的抑制作用，相对非高技术企业更强。这说明2011年之后债务融资开始表现出明显的技术风险规避倾向。这一时期，创新资本错配主要表现为创新资金大量流向了传统制造业企业，高技术行业面临流动性短缺、融资约束问题日益严重。这对于理解当前企业创新积极性不高，"不敢创新、不愿创新、不能创新"的成因提供了有价值的参考，从而验证了假设5—3。

为进一步验证该推断，对高技术行业进行细分研究。如果技术风险规避假说成立，当企业所在行业技术复杂度越高、研发投入强度越大、创新周期越长，技术风险不确定性越强。相应地，研发投入越难以获得有效债务融资支持，即债务融资对研发投入的抑制作用越强。因此，根据2012年证监会行业分类标准，在制造业门类中筛选出高技术行业大类细分研究，回归结果见表5—7。

表5—7　　　　债务融资对研发投入影响：高技术行业细分

行业代码	行业名称	估计系数	观测值
C26	化学原料和化学制品制造业	−0.017*** (0.000)	751
C27	医药制造业	−0.011*** (0.000)	764
C34	通用设备制造业	−0.006*** (0.000)	470
C35	专用设备制造业	−0.004*** (0.000)	664
C37	铁路、船舶、航空航天和其他运输设备制造业	−0.009*** (0.000)	144
C38	电气机械和器材制造业	0.002*** (0.000)	799
C39	计算机、通信和其他电子设备制造业	0.001** (0.000)	1128
C40	仪器仪表制造业	0.008*** (0.000)	133
Constant	—	0.022*** (0.000)	—
Adj-R^2	—	0.140	—

　　回归结果显示，在医药制造业等高风险高投入行业，债务融资系数显著为负，且绝对值较大，说明债务融资对研发投入有强烈的抑制作用。相反，在计算机、通信和其他电子设备制造业等行业，债务融资系数显著为正，表明债务融资对研发投入有促进作用。这恰恰说明，计算机制造业等当前较为热门行业，创新成果产业化相对容易、创新周期相对较短，对应技术风险并不高，企业面临债务融资约束问题并不严重。然而，医药制造业、化学原料和化学制品制造业等行业，均为研发投入强度高、创新周期长、技术复杂度高的领域，技术创新风险相对更高。基于对技术风险的规避，这些领域的企业面临的融资约束更为严重。因此，进一步验证了当前大量创新资金流向了较低技术

风险领域，高技术创新领域面临创新资金的结构性短缺，说明技术风险规避在金融配给机制中占主导地位。

第六节 结论与启示

"科技创新始于技术，成于资本"是近几十年来全球科技创新的突出特征。研究普遍认为股权融资具有良好的信息甄别与风险分散优势，能够较好地支持企业创新。但越来越多研究发现公开市场压力会造成管理者短视等问题，并不利于创新投入。当前，中国实体经济发展面临金融资源错配问题，导致资金无法真正流向创新领域。面对创新引领高质量发展的要求，短期内较为可行的选择是从债务融资着手来改善流动性传导机制，这更符合当前中国金融体系实际。因此，本书基于债务融资异质性特征与金融配给视角，重新审视了债务融资对企业研发投入的作用。基于债务融资来源渠道与配给机制研究发现：整体上债务融资难以有效支持企业研发投入，信息不对称是阻碍其创新效应的重要因素。在此基础上，本书基于债务契约异质性特征，重新审视了债务融资作用，认为关系型债务融资具有科层治理特征，与企业有更广泛的业务联系、更强的信息收集监督能力、较低的公开信息披露要求，能够降低研发调整成本、控制交易不确定性、保护收益独占性，是较为理想的研发资金。通过实证分析验证，当前债务融资渠道不通畅主要受银行贷款与债券融资制约，商业信用具有关系型债务融资特征，能够显著促进企业研发投入。在此基础上，进一步研究发现不同于以往所有制歧视为主的金融配给机制，创新资本的技术风险规避倾向更为明显，并且该效应主要在技术密集度高、创新周期长的高技术细分行业中更为明显。

本书研究表明：为进一步疏导流动性传导机制，让金融资源流向最有前景的创新领域，金融政策要从拓宽融资渠道与缓解金融配给两方面发力。一方面要多渠道拓宽企业债务融资渠道。推动金融供给侧结构性改革，优化企业债务融资结构，改善银行业组织结构，有序破除银行业垄断，继续大力发展债券市场、破除市场分割，改变上市公司过度依赖非正式商业信用偏好。另一方面金融政策应更侧重于打破创新资本的技术风险规避。引导金融机构创新信贷方式，开发创新债券、知识产权质押等新型债务融资工具，提高债务融资可得性。灵活运用多种货币政策工具，强化对高技术领域定向释放流动性，让金融活水真正流向研发周期长、投入风险高的创新领域。

第六章

融资约束对企业创新的影响:基于中国 工业企业数据的经验证据

第一节 引言

中国经济已由高速增长阶段转向高质量发展阶段,正处在优化经济结构、转变发展方式和增长动力的攻关期。党的十九大报告做出我国经济已由高速增长阶段转向高质量发展阶段的重大判断,明确了创新作为引领发展的第一动力。企业是创新的主体,实现高质量发展的过程也是企业创新发展、活力与创造力不断增强的过程。不断解除束缚企业创新的各种因素,保护和激发市场主体的创新活力,对中国实现创新引领发展战略具有重要意义。

金融约束是影响企业创新的重要因素。创新投资不同于有形投资的特点使其更容易受到融资方面的限制。由于其投资规模大、不确定性高、投资回报周期长,导致企业往往难以依靠自身提供稳定充足的内部融资。而在外部融资方面,由于企业不愿向金融机构准确传达创新项目的具体细节,难以提供项目质量的保证,以及创新投资难以如同有形资产提供抵押品,造成的信息不对称和逆向选择,导致信贷配给或融资成本的提高。特别是对于发展中国家而言,由于金融市场不完善导致对创新投资的约束更加显著(Stiglitz 和 Weiss,1981;Bhattacharya 和 Ritter,1983;Hall,2005)。

针对中国的现有研究已经关注了融资约束与企业创新活动的关系,但是均只实证分析了融资约束对企业创新投入或创新产出数量的影响,忽视了融资约束对企业是否进行创新活动的决策影响的考察。此外，大多数研究将研发投入作为企业创新活动的指标（张杰等，2012；卢馨，2013；张璇等，2017；庄芹芹，2020），较少利用企业创新成果指标表征企业创新活动，而这是反映企业创新活动的重要维度。虽然潘士远和蒋海威（2020）利用专利数量等指标衡量企业创新活动，但是对企业变量的考察时期为2007年之前，没有反映2008年国际金融危机后中国金融发展与企业创新情况。

本书利用金融市场发展和企业创新能力不断提升过程中的中国企业数据，考察了融资约束对企业创新的影响。本书匹配了中国工业企业数据库和中国企业专利数据库在可得范围内最新的2013年数据，得到了企业特征和创新成果指标，并分别实证分析了企业受到的融资约束对企业创新决策和创新成果的影响。

第二节　实证方法

一　实证模型

本书分别分析融资约束对企业创新决策和创新成果的影响。首先，针对融资约束对企业创新决策的影响，本书通过构建以下 Probit 模型进行分析：

$$Pro(PatentDum_i = 1) = c_1 + \beta_1 CF_i + \gamma_1 CV_i + u_{1i} + \varepsilon_{1i} \# \quad (6—1)$$

其中，$PatentDum$ 是企业是否有创新成果的虚拟变量，存在专利为1，否则为0。CF 是企业面临融资约束的变量。CV 表示控制变量的集合。u_1 表示企业的地区、行业、所有制等虚拟变量。ε_1 表示误差项。

其次，针对融资约束对企业创新成果的影响，本书通过构建以下模型进行分析：

$$Patent_i = c_2 + \beta_2 CF_i + \gamma_2 CV_i + u_{2i} + \varepsilon_{2i} \# \quad (6—2)$$

其中，$Patent$ 是企业专利数量的虚拟变量。CF 是企业面临融资约束的变量。CV 表示控制变量的集合。u_2 表示企业的地区、行业、所有制等虚拟变量。ε_2 表示误差项。

此外，在进一步分析中，本书将全部样本按照是否属于高技术产业分为两类，分别进行了回归，并比较分析高技术企业的创新活动对融资约束的敏感性与非高技术企业是否存在差异。

二 变量与数据

本书匹配了中国工业企业数据库和中国企业专利数据库的企业数据，使用最新的2013年数据进行实证分析。

其中，式（6—1）中的被解释变量 PatentDum 即企业创新决策的虚拟变量，利用是否拥有专利表示。另外，本书还使用是否获得发明专利的虚拟变量 InventDum 作为被解释变量进行稳健性检验。主要解释变量为融资约束 CF，利用企业的现金流的对数来表示。本书还用企业获得的补贴收入作为表示融资约束的指标进行稳健性检验，为避免企业补贴为0导致无法构造变量，采用企业补贴加1后再取对数来表示。控制变量包括：企业规模 Size，用职工人数的对数表示；资产专用性 Specificity，用固定资产与总资产比值的对数表示；出口产值比重 Export，用企业出口产值比重加1后再取对数来表示；企业年龄 Age 及二次项 Age2，用企业存续时间及平方项加1后再取对数表示；所有制、地区和行业虚拟变量，分别用 Owner、Province 和 Industry 表示。

在式（6—2）中的被解释变量 Patent 即企业获得专利的数量，用企业专利数量加1后取对数表示。另外，本书还用发明专利数量加1的对数值 Invent 作为被解释变量进行稳健性检验。主要解释变量及控制变量的含义与式（6—1）相同。具体变量定义如表6—1所示。

此外，在对高技术企业创新活动的进一步分析中，本书按照国家统计局《高技术产业（制造业）分类（2013）》对高技术行业类别进行划分。

表6—1　　　　　　　　　　变量定义

变量	符号	度量方法
企业创新决策的虚拟变量	PatentDum	企业拥有专利则赋值为1，否则为0
	InventDum	企业拥有发明专利则赋值为1，否则为0
企业创新	Patent	ln（1+企业获得专利数量）
	Invent	ln（1+企业获得发明专利数量）
融资约束	CF	ln（企业利润－增值税＋折旧）
	Subsidy	ln（1+企业补贴）

续表

变量	符号	度量方法
企业规模	Size	ln（职工人数）
资产专用性	Specificity	ln（固定资产/总资产）
企业年龄	Age	ln（1+2013－企业成立年份）
企业年龄的二次项	Age2	ln（1+（2013－企业成立年份）^{2}）
出口产值比重	Export	ln（1+出口交货值/工业总产值）
所有制	Owner	代表企业所有制的虚拟变量
行业	Industry	代表企业所属行业的虚拟变量
地区	Province	代表企业所在省份的虚拟变量

第三节 实证结果分析

一 企业创新决策的实证结果分析

（一）基本回归

以企业是否拥有专利作为企业创新决策的衡量指标，企业现金流作为融资约束的衡量指标，关于融资约束对企业创新决策的实证检验结果见表6—2。其中，模型（1）为不加任何控制变量及固定效应的简单回归结果。模型（2）为加入控制变量的回归结果。模型（3）为加入所有制、行业、地区等固定效应的回归结果。

在三个模型中主要解释变量融资约束对企业创新决策的影响系数显著为正，表明企业进行创新的决策表现出对现金流的敏感性。三个模型的估计系数差异不大，表明模型设置较为合理。

此外，在设置控制变量的模型（2）和模型（3）中，企业规模的估计系数显著为正，表明规模更大的企业更倾向于进行创新决策。资本专用性的估计系数显著为负，表明资产专用性会影响研发活动的调整成本，其值越高越不利于企业进行创新决策。企业年龄的一次项为显著正值，二次项为显著负值，表明企业年龄对创新决策具有非线性的影响效果。出口产值比重的估计系数显著为正，表明出口显著促进了企业参与创新活动。

表 6—2　　　　　　　　融资约束对企业创新决策的影响

	PatentDum		
	模型（1）	模型（2）	模型（3）
CF	0.085012 ***	0.080238 ***	0.08285 ***
	(0.000)	(0.000)	(0.000)
Size		0.043152 ***	0.043549 ***
		(0.000)	(0.000)
Specificity		-0.71644 ***	-0.56913 ***
		(0.000)	(0.000)
Age		0.785833 ***	0.663307 **
		(0.001)	(0.004)
Age2		-0.33534 ***	-0.27898 **
		(0.001)	(0.008)
Export		0.201635 ***	0.170799 ***
		(0.000)	(0.000)
Owner	否	否	是
Industry	否	否	是
Province	否	否	是
Constant	-0.49698 ***	-0.95547 ***	-1.67377 ***
	(0.000)	(0.000)	(0.000)

注：表中括号内数值为相应估计系数的 P 值；***、** 分别代表 0.1%、1% 的显著性水平；是/否分别表示模型中加入/未加入相应控制变量组。

二　稳健性检验

首先，将是否拥有企业发明专利作为被解释变量企业创新决策的衡量指标，进行稳健性检验。仍将企业现金流作为融资约束指标，融资约束对企业创新决策的实证检验结果见表 6—3。其中，模型（1）为不加任何控制变量及固定效应的简单回归结果。模型（2）为加入控制变量的回归结果。模型（3）为加入所有制、行业、地区等固定效应的回归结果。

在三个模型中，主要解释变量融资约束对企业创新决策的影响系数仍然显著为正，表明企业进行创新的决策表现出对现金流的敏感性的结论较为稳健。三个模型的估计系数差异不大，表明模型设置较为合理。相较于以企业专利作为企业创新决策指标的情形，如果企业发明专利作为被解释变量，现金流的系数由 0.080—0.085 变为 0.168—0.185，表明企业发明专利决策比企业整体的专利决策对资金流的敏感性更强。

此外，在设置控制变量的模型（2）和模型（3）中，企业规模、资本专用性、出口产值比重等的估计结果均较为显著，符号与基本模型相同。企业年龄的一次项估计系数显著为负，二次项显著为正，仍然表明企业年龄对企业创新决策具有非线性作用。

表6—3　　　融资约束影响企业创新决策的稳健性检验

	InventDum		
	模型（1）	模型（2）	模型（3）
CF	0.184523 ***	0.170775 ***	0.168232 ***
	(0.000)	(0.000)	(0.000)
Size		0.043148 ***	0.037065 ***
		(0.000)	(0.000)
Specificity		-0.8046 ***	-0.80205 ***
		(0.000)	(0.000)
Age		-1.41867 ***	-1.52099 ***
		(0.000)	(0.000)
Age2		0.748108 ***	0.794975 ***
		(0.000)	(0.000)
Export		0.099144 ***	0.106479 ***
		(0.000)	(0.000)
Owner	否	否	是
Industry	否	否	是
Province	否	否	是
Constant	-2.60666 ***	-2.62682 ***	-2.31805 ***
	(0.000)	(0.000)	(0.000)

注：表中括号内数值为相应估计系数的 P 值；*** 代表0.1%的显著性水平；是/否分别表示模型中加入/未加入相应控制变量组。

其次，以企业补贴作为主要解释变量融资约束的衡量指标，进行稳健

第六章　融资约束对企业创新的影响：基于中国工业企业数据的经验证据 / 127

性检验。分别采用企业专利和企业发明专利作为被解释变量企业创新决策衡量指标。模型（1）—模型（3）以企业专利作为被解释变量。其中，模型（1）为不加任何控制变量及固定效应的简单回归结果。模型（2）为加入控制变量的回归结果。模型（3）为加入所有制、行业、地区等固定效应的回归结果。模型（4）—模型（6）以企业发明专利作为被解释变量。其中，模型（4）为不加任何控制变量及固定效应的简单回归结果。模型（5）为加入控制变量的回归结果。模型（6）为加入所有制、行业、地区等固定效应的回归结果。

在三个模型中，主要解释变量融资约束对企业创新决策的影响系数仍然显著为正，表明企业进行创新的决策表现出对现金流的敏感性的结论较为稳健。此外，在设置控制变量的模型（2）、模型（3）、模型（5）和模型（6）中，大多数控制变量的回归系数符号与上文中模型回归的结论相同，其中企业规模的回归系数均显著为正，资本专用性的回归系数均显著为负，出口产值比重的回归系数显著为正。这表明本书的模型设置较为合理。

表6—4　　　　融资约束影响企业创新决策的稳健性检验

	PatentDum			InventDum		
	模型（1）	模型（2）	模型（3）	模型（4）	模型（5）	模型（6）
Subsidy	0.04488***	0.035063***	0.03567***	0.060685***	0.046915***	0.047627***
	(0.000)	(0.000)	(0.000)	(0.000)	(0.000)	(0.000)
Size		0.091232***	0.090198***		0.164203***	0.154319***
		(0.000)	(0.000)		(0.000)	(0.000)
Specificity		-0.42726***	-0.25895***		-0.38281***	-0.37648***
		(0.000)	(0.000)		(0.000)	(0.000)
Age		0.438771	0.311344		-1.39103***	-1.53756***
		(0.087)	(0.227)		(0.000)	(0.000)
Age2		-0.17632	-0.11363		0.748861***	0.815732***
		(0.131)	(0.333)		(0.000)	(0.000)
Export		0.159649***	0.128709***		0.063929***	0.068075***
		(0.000)	(0.000)		(0.000)	(0.000)

续表

	PatentDum			InventDum		
	模型（1）	模型（2）	模型（3）	模型（4）	模型（5）	模型（6）
Owner	否	否	是	否	否	是
Industry	否	否	是	否	否	是
Province	否	否	是	否	否	是
Constant	0.190537*** (0.000)	-0.53376*** (0.000)	-1.26588*** (0.000)	-0.99798*** (0.000)	-1.99929*** (0.000)	-1.69146*** (0.000)

注：表中括号内数值为相应估计系数的 P 值；*** 代表 0.1% 的显著性水平；是/否分别表示模型中加入/未加入相应控制变量组。

三　企业创新成果的实证结果分析

（一）基本回归

将企业专利数量作为被解释变量衡量企业创新成果，企业现金流作为融资约束指标，关于融资约束对企业创新成果的实证检验结果见表6—5。其中，模型（1）为不加任何控制变量及固定效应的简单回归结果。模型（2）为加入控制变量的回归结果。模型（3）为加入所有制、行业、地区等固定效应的回归结果。

在三个模型中主要解释变量融资约束对企业创新成果的影响系数显著为正，表明企业创新表现出对现金流的敏感性。三个模型的估计系数差异不大，表明模型设置较为合理。

此外，在设置控制变量的模型（2）和模型（3）中，企业规模的估计系数显著为正，表明规模更大的企业具有更充裕的资金或者更多的抵押物，具有规模优势，更容易配置资金进行创新活动，与已有研究（卢馨等，2013；王文春和荣昭，2014；李文贵和余明桂，2015；张璇等，2017；程仲鸣，2018；凌鸿程和孙怡龙，2019；吴迪等，2020）的结论相同。资本专用性的估计系数显著为负，表明资产专用性越高，研发活动的调整成本越高，越不利于企业的创新活动，与已有研究（程仲鸣，2018；庄芹芹，2020）的结论相同。企业年龄的一次项为显著正值，二次项为显著负值，表明企业年龄对创新决策具有非线性的影响效果。出口产值比重的估计系数显著为正，表明出口通过"自选择效应""出口学习效应"

"促竞争效应（Palangkaraya，2012）""缓解融资约束效应（Campa 和 Shaver，2002；Manole 和 Spatareanu，2010）"等方式促进企业参与创新活动，与已有研究（张杰等，2012；王文春和荣昭，2014；张璇等，2017；潘士远和蒋海威，2020）的结论相同。

表 6—5　　　　　　　　融资约束对企业创新成果的影响

	Patent		
	模型（1）	模型（2）	模型（3）
CF	0.115374***	0.104768***	0.107908***
	(0.000)	(0.000)	(0.000)
Size		0.082107***	0.083433***
		(0.000)	(0.000)
Specificity		−0.54506***	−0.47008***
		(0.000)	(0.000)
Age		0.657234**	0.606286**
		(0.002)	(0.004)
Age2		−0.33824***	−0.31303***
		(0.000)	(0.001)
Export		0.158986***	0.142303***
		(0.000)	(0.000)
Owner	否	否	是
Industry	否	否	是
Province	否	否	是
Constant	0.623222***	0.262834***	−0.25257**
	(0.000)	(0.000)	(0.002)

注：表中括号内数值为相应估计系数的 P 值；***、** 分别代表 0.1%、1% 的显著性水平；是/否分别表示模型中加入/未加入相应控制变量组。

四　稳健性检验

首先，将企业发明专利数量作为被解释变量企业创新成果的衡量指标，进行稳健性检验。仍将企业现金流作为融资约束指标，融资约束对企业创新成果的实证检验结果见表 6—6。其中，模型（1）为不加任何控制变量及固定效应的简单回归结果，模型（2）为加入控制变量的回归结果，模型（3）为加入所有制、行业、地区等固定效应的回归结果。

在三个模型中，主要解释变量融资约束对企业创新成果的影响系数仍然显著为正，表明企业进行创新的决策表现出对现金流的敏感性的结论较为稳健。模型间的估计系数差异不是很大，表明模型设置较为合理。相较于以企业专利作为企业创新指标的情形，如果企业发明专利作为被解释变量，现金流的系数由 0.105—0.115 减少到 0.098—0.113，表明企业发明专利成果比企业整体的专利成果对资金流的敏感性更弱。

此外，在设置控制变量的模型（2）和模型（3）中，企业规模、资本专用性、出口产值比重等的估计结果均较为显著，符号与基本模型相同。

表6—6 融资约束影响企业创新的稳健性检验

	Invent		
	模型（1）	模型（2）	模型（3）
CF	0.113155***	0.097941***	0.097947***
	(0.000)	(0.000)	(0.000)
Size		0.057023***	0.052165***
		(0.000)	(0.000)
Specificity		-0.44989***	-0.41694***
		(0.000)	(0.000)
Age		0.526075	0.478931
		(0.127)	(0.166)
Age2		-0.23775	-0.21491
		(0.136)	(0.179)
Export		0.035781**	0.035371**
		(0.008)	(0.009)
Owner	否	否	是
Industry	否	否	是
Province	否	否	是
Constant	-0.01117	-0.30382**	-0.27304*
	(0.754)	(0.003)	(0.018)

注：表中括号内数值为相应估计系数的 P 值；***、**和*分别代表0.1%、1%、5%的显著性水平；是/否分别表示模型中加入/未加入相应控制变量组。

其次，以企业补贴作为主要解释变量融资约束的衡量指标，进行稳健性检验。分别采用企业专利和企业发明专利作为被解释变量企业创新成果的衡量指标。模型（1）—模型（3）以企业专利作为被解释变量。其中，模型（1）为不加任何控制变量及固定效应的简单回归结果，模型（2）为加入控制变量的回归结果，模型（3）为加入所有制、行业、地区等固定效应的回归结果。模型（4）—模型（6）以企业发明专利作为被解释变量。其中，模型（4）为不加任何控制变量及固定效应的简单回归结果，模型（5）为加入控制变量的回归结果，模型（6）为加入所有制、行业、地区等固定效应的回归结果。

在三个模型中，主要解释变量融资约束对企业创新决策的影响系数仍然显著为正，表明企业进行创新的决策表现出对现金流的敏感性的结论较为稳健。此外，在设置控制变量的模型（2）、模型（3）、模型（5）和模型（6）中，大多数控制变量的回归系数符号与上文中模型回归的结论相同，其中企业规模的回归系数均显著为正，资本专用性的回归系数均显著为负，出口产值比重的回归系数显著为正。这表明本书的模型设置较为合理。

表6—7　　　　　　　融资约束影响企业创新的稳健性检验

	Patent			*Invent*		
	模型（1）	模型（2）	模型（3）	模型（4）	模型（5）	模型（6）
Subsidy	0.039227 ***	0.029968 ***	0.030083 ***	0.030039 ***	0.02163 ***	0.022287 ***
	(0.000)	(0.000)	(0.000)	(0.000)	(0.000)	(0.000)
Size		0.158809 ***	0.157539 ***		0.129064 ***	0.122834 ***
		(0.000)	(0.000)		(0.000)	(0.000)
Specificity		-0.25879 ***	-0.17869 ***		-0.28597 ***	-0.25557 ***
		(0.000)	(0.000)		(0.000)	(0.000)
Age		0.84808 ***	0.758283 ***		0.675869 *	0.582791
		(0.000)	(0.001)		(0.070)	(0.119)
Age2		-0.41868 ***	-0.37409 ***		-0.2918 +	-0.24796
		(0.000)	(0.000)		(0.091)	(0.152)

续表

	Patent			Invent		
	模型（1）	模型（2）	模型（3）	模型（4）	模型（5）	模型（6）
Export		0.125118*** (0.000)	0.110913*** (0.000)		0.03317* (0.023)	0.033498* (0.023)
Owner	否	否	是	否	否	是
Industry	否	否	是	否	否	是
Province	否	否	是	否	否	是
Constant	1.609285*** (0.000)	0.569148*** (0.000)	0.191072* (0.032)	1.026458*** (0.000)	0.007634 (0.945)	0.10537 (0.389)

注：表中括号内数值为相应估计系数的 P 值；***、**、* 和 + 分别代表 0.1%、1%、5% 和 10% 的显著性水平；是/否分别表示模型中加入/未加入相应控制变量组。

五 对高技术产业的进一步分析

本书进一步将全部样本分为高技术企业与非高技术企业，考察融资约束对高技术企业的创新活动与非高技术企业相比是否存在差异。

首先，融资约束对高技术企业创新决策影响的实证结果展示在表 6—8 中。模型（1）—模型（4）是以高技术企业为样本得到的实证结果，其中模型（1）、模型（2）以企业专利的虚拟变量作为企业创新决策的衡量指标，模型（3）、模型（4）以企业发明专利的虚拟变量作为企业创新决策的衡量指标；模型（5）—模型（8）是非高技术企业的样本得到的结果，其中模型（5）、模型（6）以企业专利的虚拟变量作为企业创新决策的衡量指标，模型（7）、模型（8）以企业发明专利的虚拟变量作为企业创新决策的衡量指标。在主要解释变量方面，模型（1）、模型（3）、模型（5）、模型（7）以企业现金流作为融资约束的衡量指标，而模型（2）、模型（4）、模型（6）、模型（8）以企业补贴作为融资约束的衡量指标。

在所有模型中，主要解释变量融资约束对企业创新决策的影响系数显著为正，表明无论是否以高技术企业为样本，企业进行创新的决策表现出对现金流的敏感性。对于同样模型设置对比分析高技术企业和非高技术企业，可以发现融资约束的回归系数相差不大，融资约束对两类企业创新决策并未表现出明显的差异性。

表 6—8　高技术企业的创新决策

	高技术企业				非高技术企业			
	PatentDum		InventDum		PatentDum		InventDum	
	(1)	(2)	(3)	(4)	(5)	(6)	(7)	(8)
CF	0.075*** (0.000)	0.209*** (0.000)		0.085*** (0.000)		0.153*** (0.000)		
Subsidy		0.032*** (0.000)		0.046*** (0.000)		0.037*** (0.000)		0.046*** (0.000)
Size	0.049** (0.008)	0.104*** (0.000)	0.051** (0.010)	0.187*** (0.000)	0.042*** (0.000)	0.087*** (0.000)	0.039*** (0.000)	0.149*** (0.000)
Specificity	−0.351*** (0.001)	−0.058 (0.601)	−0.514*** (0.000)	−0.083 (0.497)	−0.610*** (0.000)	−0.305*** (0.000)	−0.841*** (0.000)	−0.461*** (0.000)
Age	0.555 (0.343)	0.555 (0.345)	−3.019*** (0.000)	−2.649*** (0.000)	0.687** (0.007)	0.244 (0.397)	−1.172** (0.001)	−1.245** (0.001)
Age2	−0.218 (0.413)	−0.231 (0.388)	1.473*** (0.000)	1.322*** (0.000)	−0.291* (0.012)	−0.082 (0.533)	0.632*** (0.000)	0.677** (0.000)
Export	0.175*** (0.000)	0.156*** (0.000)	0.150*** (0.000)	0.132*** (0.000)	0.170*** (0.000)	0.123*** (0.000)	0.094*** (0.000)	0.051** (0.005)
Ouner	是	是	是	是	是	是	是	是
Industry	是	是	是	是	是	是	是	是
Province	是	是	是	是	是	是	是	是
Constant	−1.690*** (0.000)	−1.343*** (0.000)	−1.149*** (0.000)	−0.210 (0.454)	−1.687*** (0.000)	−1.236*** (0.000)	−2.287*** (0.000)	−1.723*** (0.000)

注：表中括号内数值为相应估计系数的 P 值；***、**、*分别代表 0.1%、1%、5% 的显著性水平；是/否分别表示模型中加入/未加入相应控制变量组。

表6—9　高技术企业的创新成果

	高技术企业				非高技术企业			
	Patent		Invent		Patent		Invent	
	(1)	(2)	(3)	(4)	(5)	(6)	(7)	(8)
CF	0.141*** (0.000)		0.157*** (0.000)		0.103*** (0.000)		0.079*** (0.000)	
Subsidy		0.043*** (0.000)		0.040*** (0.000)		0.027*** (0.000)		0.015*** (0.000)
Size	0.077*** (0.000)	0.176*** (0.000)	0.068*** (0.000)	0.176*** (0.000)	0.083*** (0.000)	0.153*** (0.000)	0.049*** (0.000)	0.109*** (0.000)
Specificity	−0.439*** (0.000)	−0.122 (0.191)	−0.440*** (0.000)	−0.190 (0.127)	−0.478*** (0.000)	−0.199*** (0.000)	−0.377*** (0.000)	−0.269*** (0.000)
Age	0.108 (0.842)	0.113 (0.834)	0.226 (0.790)	0.153 (0.864)	0.693** (0.003)	0.886*** (0.001)	0.732+ (0.046)	0.959* (0.016)
Age2	−0.116 (0.638)	−0.102 (0.679)	−0.113 (0.773)	−0.049 (0.905)	−0.345*** (0.001)	−0.427*** (0.000)	−0.327* (0.054)	−0.422* (0.022)
Export	0.112*** (0.000)	0.080** (0.003)	0.016 (0.628)	−0.002 (0.961)	0.148*** (0.000)	0.123*** (0.000)	0.034* (0.017)	0.041** (0.010)
Owner	是	是	是	是	是	是	是	是
Industry	是	是	是	是	是	是	是	是
Province	是	是	是	是	是	是	是	是
Constant	−0.766*** (0.001)	0.010 (0.965)	−0.769* (0.011)	0.084 (0.789)	−0.235** (0.009)	0.173+ (0.077)	−0.138 (0.255)	0.135 (0.296)

注：表中括号内数值为相应估计系数的 P 值；***、**、*和+分别代表 0.1%、1%、5%和10%的显著性水平；是/否分别表示模型中加入/未加入相应控制变量组。

其次，融资约束对高技术企业创新成果影响的实证结果展示在表6—9中。模型（1）—模型（4）是以高技术企业为样本得到的实证结果，其中模型（1）、模型（2）以企业获得的专利作为企业创新决策的衡量指标，模型（3）、模型（4）以企业获得的发明专利作为企业创新决策的衡量指标；模型（5）、模型（8）是非高技术企业的样本得到的结果，其中模型（5）、模型（6）以企业获得的专利作为企业创新决策的衡量指标，模型（7）、模型（8）以企业获得的发明专利作为企业创新决策的衡量指标。在主要解释变量方面，模型（1）、模型（3）、模型（5）、模型（7）以企业现金流作为融资约束的衡量指标，而模型（2）、模型（4）、模型（6）、模型（8）以企业补贴作为融资约束的衡量指标。

在所有模型中，主要解释变量融资约束对企业创新决策的影响系数显著为正，表明无论是否以高技术企业为样本，企业创新成果表现出对现金流的敏感性。对于同样的模型设置，对比分析高技术企业和非高技术企业，可以发现高技术企业的融资约束的回归系数明显高于非高技术企业，说明高技术企业创新成果对融资约束的敏感性高于非高技术企业。

第四节　结论与政策建议

本书匹配了中国工业企业数据库和中国企业专利数据库的数据，得到了企业特征和创新指标，利用金融市场发展和企业创新能力不断提升过程中的微观企业数据，实证分析了融资约束对企业创新决策和创新成果的影响。研究结果显示，融资约束显著抑制了企业的创新决策，同时也降低了企业创新成果数量。对于创新活动更为活跃的高技术企业，融资约束并未明显影响其创新决策，但是抑制了其创新成果数量。

研究的结论表明融资约束对企业创新活动在总体上具有显著影响。在中国经济已由高速增长阶段转向高质量发展阶段，并已明确创新引领发展战略的背景下，为有效提高作为创新主体的企业的创新水平和创新活力，促进其技术水平的快速进步，应当着力深化金融体制改革，增强金融服务实体经济、支持企业创新活动的能力。通过构建与科技创新体系相适应的现代金融体系，不断解除束缚企业创新的融资因素，为实现建设现代化经济体系的战略目标提供金融支撑。

第七章

人力资本如何影响中国服务业企业生产效率

——基于企业内外部的视角

第一节 引言

中国经济正在逐步转向以服务业主导的阶段。"十三五"规划明确提出要加快服务业尤其是现代服务业的发展，推动中国经济结构转型[①]。1978—2015年，中国第三产业增加值占比已经从24.6%提高到50.2%；第三产业就业占比也从12.2%提高至42.4%。2000年以后，服务业始终保持净的就业创造；尤其是2012年以后，随着中国制造业调整步伐的加快，服务业对稳定就业起到了关键性的作用（如图7—1所示）。

尽管如此，中国的服务业发展仍存在诸多问题。长期以来，中国服务业的生产率低下，虽然吸纳了大量转移劳动力，但服务业增加值占比与发达国家同等发展阶段相比仍然偏低（Zhang等，2015）。同时，由于中国整体创新能力尚有所欠缺，知识密集程度高的生产性服务业发展比较滞后（程大中，2004；江小涓，2011）。鉴于此，中国要推动服务业的发展，将不得不依靠知识创新来优化服务业的结构，提升服务业的知识密度。如果这样的目标能实现，那么不但有助于中国经济的长期增长，也可以为制造业的转型与升级提供支持。

服务业的转型要依靠知识和技能劳动者的推动，也就是发挥人力资本

[①] 详见"十三五"规划第二十四章"加快推动服务业优质高效发展"。

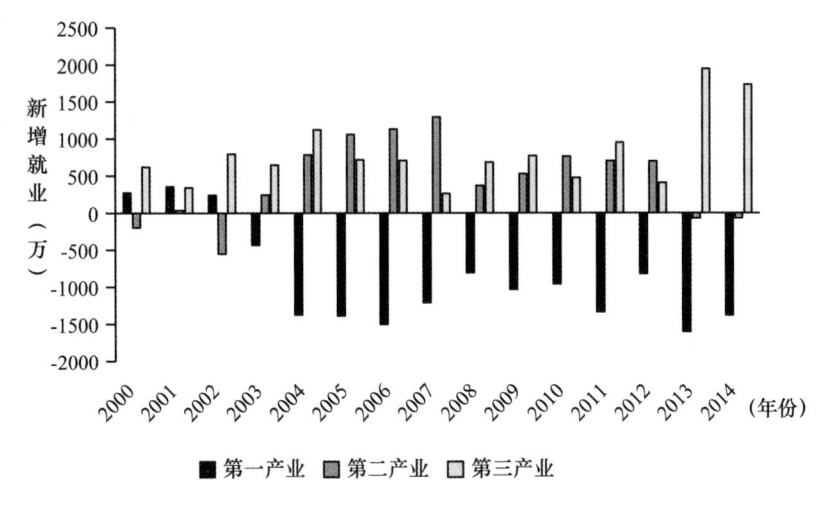

图7—1 三次产业就业创造

资料来源：历年《中国统计年鉴》。

的作用。从企业层面来说，人力资本的作用最终反映在生产率上。影响企业生产率的人力资本有两部分，一部分是企业内部的人力资本，也就是企业雇佣的劳动力；另外一部分是企业外部的人力资本，即与企业邻近的劳动力市场的人力资本深度。企业内部人力资本影响企业生产率，是因为雇佣劳动者拥有独有的、有价值的和难以替代的知识和技能；并且，那些更高技能的劳动者能加强企业学习和创新的能力（Conner，1991；Bharadwai，2005）。而企业外部人力资本则可以通过多种机制影响企业生产率（Saxenian，1992；Henderson，2003；Shapiro，2006）。受限于中国不同地区受教育水平的不同，人力资本空间分布不均意味着企业从外部获取人力资本的难易不一。在人力资本充裕的地方，企业可以以相对更低的成本雇佣到知识劳动者，以此提高生产率（Glaeser等，1992；Saxenian，1994）；企业也通过学习和模仿等方式享受人力资本外部性的好处——如知识外溢的形式，以此提高生产率（Marshall，1890；Glaeser，1998）；同时，地区内高教育劳动者往往追求消费适意性（Consumption Amenity）——即更高质量的产品和服务，因此在人力资本充裕的地方，与生活和消费相关的企业的生产率一般也会更高（Shapiro，2006）。

目前国内外有一些学者在人力资本影响服务业生产能力方面做出了研究。王恕立和胡宗彪（2012）研究表明，服务业内部各行业特征迥异，对人力资本也有异质性的需求；只有使人力资本流入发挥更大作用，才是发挥人才优势。梁文泉和陆铭（2016）研究发现，对于服务业企业来说，来自行业内企业间以及行业间的人力资本外部性会随着城市规模的增大而加强。因此，大城市对于服务业的发展起到了更强的促进作用。Backman（2014）针对瑞典超过58000家商业服务企业的研究表明，地区高学历劳动者占比每上升1%，企业产出提高0.118%，反映了地区人力资本深度对企业生产率的正向影响。除此之外，Moretti（2004）的研究也表明，位于大学生比例更高地区的企业，其生产率增长更加快速。

  本书的主要目标则是深入探究不同类型服务业中人力资本的作用。首先，利用2008年全国经济普查数据，并采用多层模型（Multi-level Model）对服务业企业的生产函数进行了估计。我们发现，总体上企业内、外部人力资本都促进了企业生产率提高。其次，通过添加交叉项回归，本书发现随着企业内部高教育劳动者占比的上升，地区人力资本深度对企业产出的影响是加强的。同时我们利用分样本回归发现，生产性服务业企业相比生活性服务业企业更能够从内部的知识升级中提高生产率，且生产性服务业企业内、外部人力资本的交互效应相对最强。此外，我们还发现，服务业中国有企业生产率总体上高于非国有企业，但是地区国有企业占比越高，地区企业平均生产率越低。研究的结果也有助于解释为什么科学技术和餐饮服务这两个技能水平悬殊的行业都是在人力资本充裕的地区才更有效率。

  本书有诸多创新之处。第一，以往文献要么考察企业内部，要么考察企业外部人力资本对企业生产率的影响（Ballot等，2001；Almeida和Carneiro，2009），而本书同时考虑企业内、外部人力资本对企业生产率的影响。不仅如此，本书还引入了企业内、外部人力资本的交互效应，检验了来自以往文献的一个猜测，即来自其他企业的知识外溢往往更容易被具有较高人力资本水平的企业采纳和模仿（Ballot等，2001）。

  第二，以往文献在估计中国服务业企业生产率时，往往只采用行业层面的宏观数据（顾乃华和李江帆，2006；杨向阳和徐翔，2006；刘兴凯和张诚，2010；王恕立和胡宗彪，2012，王恕立等，2016）。但是本书使用了几乎涵盖中国所有服务业企业的微观调查数据，这样的优势就是能够反映行业内部知识密度对企业生产率的影响。还有的文献在探究人力资本影响企业绩效时，往往只用服务业中一两个行业作为研究样本（Backman，2014），而本书对中国几乎所有服务行业进行考察，因此更具综合性与代表性。

第三，本书控制了地区专业化、多样性以及劳动力市场稠密度等变量。因此，刨除了其他几种人力资本外部性影响企业生产率的渠道。

本章余下部分安排如下：第二节介绍生产函数的基本设定和多层模型的估计方法，第三节介绍数据来源、变量构建方式并且展示描述性统计的结果，第四节展示相关实证结果，第五节做进一步讨论，第六节做出总结。

第二节 实证模型

一 生产函数的设定

我们首先设定企业的生产函数。简便起见，我们假设企业生产函数满足柯布—道格拉斯形式（Cobb-Douglas），具体表达式如下：

$$Y_{ijc} = A_{ijc} H_{ijc}^{\beta_h} K_{ijc}^{\beta_k} \qquad (7—1)$$

其中，Y_{ijc}代表城市 c 行业 j 企业 i 的产出，A_{ijc}代表城市 c 行业 j 企业 i 的生产率，H_{ijc}代表企业 i 投入的人力资本，K_{ijc}代表企业 i 投入的物质资本，β_h、β_k 分别表示人力资本和物质资本的产出弹性。进一步，我们假设企业中高、低技能劳动者拥有不同的人力资本水平，即

$$H_i = \gamma_i^h L_i^h + L_i^l \qquad (7—2)$$

其中，L_i^h、L_i^l 分别代表企业 i 雇佣的高、低教育劳动者人数，γ_i^h 代表企业 i 中高教育劳动者相对低教育劳动者的人力资本的强度。我们指代企业雇佣人数 L_i 为：

$$L_i \equiv L_i^h + L_i^l \qquad (7—3)$$

则式（7—2）可以转换为：

$$H_i = \left(\gamma_i^h \frac{L_i^h}{L_i} + \frac{L_i^l}{L_i} \right) L_i \qquad (7—4)$$

进一步指代高教育劳动者的占比 $\phi_i^h \equiv \frac{L_i^h}{L_i}$，则式（7—4）可以表示为：

$$H_i = [1 + (\gamma_i^h - 1)\phi_i^h] L_i \qquad (7—5)$$

将 H_i 代入企业生产函数（7—1）并对函数两边取对数可得，

$$\ln Y_{ijc} = \ln A_{ijc} + \beta_h \ln[1 + (\gamma_i^h - 1)\phi_i^h] + \beta_h \ln L_i + \beta_k \ln K_i \qquad (7—6)$$

这里做一步近似处理 $\ln[1 + (\gamma_i^h - 1)\phi_i^h] \approx (\gamma_i^h - 1)\phi_i^h$，这样可以得到，

$$\ln Y_{ijc} \approx \ln A_{ijc} + \beta_h(\gamma_i^h - 1)\phi_i^h + \beta_h \ln L_{ijc} + \beta_k \ln K_{ijc} \qquad (7—7)$$

我们可以将 $\ln A_{ijc} + \beta_h(\gamma_i^h - 1)\phi_i^h$ 视为考虑高、低教育劳动者人力资本差异后的企业全要素生产率。那么，当企业内高教育劳动者人力资本强度高于低教育劳动者，即 $\gamma_i^h > 1$ 时，高教育劳动者占比的上升会促进企业生产率的提高。

二 实证方法：多层模型

基于模型设定，我们探究合适的实证方法。由于 A_{ijc} 随城市、行业以及企业可变，在回归中，我们进一步将其拆分至城市、行业以及企业层面，即

$$\ln Y_{ijc} = \mu_j + \mu_c + \sum_i \beta_i X_i + \sum_c \beta_c X_c + \varepsilon_{ijc}$$

其中，X_i 指所有企业层面的变量，X_c 指所有可观测的城市层面的变量，μ_j 为行业层面不可观测的因素，μ_c 为城市层面不可观测的因素，ε_{ijc} 为随机扰动项。

注意到现实当中，某个企业嵌套于具体的城市与行业，不同城市与行业本身不可观测的差异就可能解释企业生产率差异的很大一部分。也就是说，同一组内（同一行业或城市）企业生产率具有很强的相关性，如果忽略这种相关性的影响，可能使模型的估计参数产生错误的统计推断（Hox 等，2010）。基于此，我们参照 Backman（2014）等，使用多层线性模型（Mutilevel Model）对上式进行估计。

估计中，我们将企业看成第一层，将城市以及行业看成第二层，第一层嵌套于第二层。从抽样规则上来说，是先对城市或者行业进行随机抽样，再对城市或者行业内部的企业进行随机抽样。为了更好地说明分层模型的含义，我们对估计方程进行分层拆分。模型第一层（或企业层）为：

$$\ln Y_{ijc} = Intercept_{jc} + \sum_i \beta_i X_i + \varepsilon_{ijc}$$

其中，$Intercept_{jc}$ 表示截距项，表示城市 c 行业 j 影响企业生产率的平均效应；同时假设 $\varepsilon_{ijc} \sim N(0, \sigma_i^2)$ 对于所有城市 c 行业 j 企业 i 都成立，σ_i^2 表示企业层面的变异度。模型第二层（城市层）进一步对截距项进行拆解，

$$Intercept_{jc} = \sum_c \beta_c X_c + \mu_j + \mu_c$$

其中，$\mu_j \sim N(\mu_{Industry}, \sigma_j^2)$、$\mu_c \sim N(\mu_{City}, \sigma_c^2)$、$\sigma_j^2$ 和 σ_c^2 分别表示行业和城市层面的变异度。如果统计推断的结果显示 σ_j^2 或者 σ_c^2 显著异于 0，就表明行业或者城市层面的差异对于解释企业生产率差异是不可忽视的。进一步来说，如果行业或者城市层面的变异度足够大，那么行业或者城市层面的差异就占据了企业生产率差异的绝大部分，这时候采用普通的 OLS 估计就会严重忽略组内企业生产率的相关性。同时，我们不能考虑引入城市固定效应，由于我们只有 2008 年的数据，引入固定效应会完全吸收城市层面的所有变异度。①

我们使用最大似然（MLE）法对模型参数进行估计，并且定义跨层系数 ICC，用以表示企业生产率差异中分别来自个体、城市以及行业等的比例（Kreft 等，1998）。不同层次都可以计算跨层系数，例如城市层 ICC 为：

$$ICC = \frac{\sigma_c^2}{\sigma_i^2 + \sigma_j^2 + \sigma_c^2}$$

即表示企业未被解释的生产率差异中，有多少比例是被城市层面不可观测的因素解释的。相应地，行业层 ICC 为：

$$ICC = \frac{\sigma_j^2}{\sigma_i^2 + \sigma_j^2 + \sigma_c^2}$$

个体层面 ICC 为：

$$ICC = \frac{\sigma_i^2}{\sigma_i^2 + \sigma_j^2 + \sigma_c^2}$$

它们的大小体现了不同层次差异的重要程度。

---

① 即引入城市虚拟变量，这样和城市层面的其他变量完全共线了。

第三节　数据及变量

一　数据来源

本书使用 2008 年全国第二次经济普查数据。普查时点为 2008 年 12 月 31 日 24 时，普查时期为 2008 年 1 月 1 日至 12 月 31 日。普查对象是在境内从事第二、第三产业的法人单位、产业活动单位和个体经营户。① 普查包括除农业以外的 19 个国民经济门类、90 个行业大类、378 个行业中类和 875 个行业小类，涉及普查对象约有 800 万个各类单位和 3000 多万个个体经营户。② 行业分类采用的是《国民经济行业分类》（GB/T4754—2002）标准。普查内容包括单位基本属性、财务状况、生产经营情况、生产能力、能源消耗等。

纳入本书讨论的包括《国民经济行业分类》标准中两位行业代码在 51—92 之间的服务业门类。我们不考虑房地产行业（代码 72），原因是房地产会计处理与其他服务业存在较大差别，并且一些本研究必需的变量在房地产行业出现大量缺失。我们将以上服务业门类划入到几个大类中，总体上与《国民经济行业分类》一致，我们仅做了两处拆分：官方统计中将交通运输、仓储和邮政业划为一个大类，我们将其拆分为交通运输业以及仓储和邮政业；官方统计中批发和零售业划为一类，我们将其拆分为批发业和零售业。其他全部保持不变。

在处理样本时，我们删去了包括事业单位在内的所有非营利性质单位。同时，我们删去了企业资本总计、雇佣劳动、工资和福利费（或应付工资和福利）、主营业务税金及附加、营业利润当中任何一个数据出现

---

① 第一次经济普查数据以及工业企业数据只包括规模以上的以及所有国有控股的工业企业；而第二次经济普查数据是涵盖所有第二、第三产业单位的，此次地毯式的清查，有助于重新核实中国 2008 年 GDP 总量、布局和结构。关于第二次经济普查详细的描述性统计数据，可以参见国家统计局公布的《第二次全国经济普查主要数据公报》第一、第二、第三号。

② 行业范围包括采矿业，制造业，电力、燃气及水的生产和供应业，建筑业，交通运输、仓储和邮政业，信息传输、计算机服务和软件业，批发和零售业，住宿和餐饮业，金融业，房地产业，租赁和商务服务业，科学研究、技术服务和地质勘查业，水利、环境和公共设施管理业，居民服务和其他服务业，教育，卫生、社会保障和社会福利业，文化、体育和娱乐业，以及公共管理与社会组织等。

缺失的企业。我们还删去了企业内部分教育就业人数加总与总就业人数矛盾的企业①；最后我们限定企业就业人数至少达到 7 人。Brandt 等（2012）认为，规模过小的企业可能不具有正式的会计统计系统。他们在估计企业生产率时将这类企业删去，我们也参照了这个做法。因此，类似个体户或者小型私营企业（如家庭作坊）等具有一定非正规就业属性的样本在我们的研究中可能是被排除的。

研究中我们还将使用 2005 年全国 1% 人口抽样调查数据。经济普查数据中仅包括非农就业，而人口普查是全部人口的随机抽样。考虑到 2005 年距离 2008 年年份相近，之后我们使用人口普查数据计算各地区劳动适龄人口的平均受教育年限以及各地区两位行业的专业化程度。人口普查数据的缺点是对行业的划分只到两位代码，本书大多数变量仍使用经济普查数据构建，之后将会详细介绍。

二　企业及地区层面变量构建

本书估计生产函数用到的变量主要包括两大类，一类是企业层面的变量，另外一类是城市或行业层面的变量。以下是具体的构建方法。

（一）企业层面变量

①附加值 Y。本书在估计生产函数时，将使用企业增加值作为产出的度量。由于增加值在数据中并不是被直接提供的，一些研究在估计生产函数时，使用企业年收入或者总产出替代企业增加值（如梁文泉和陆铭，2016），但这种方式可能使得估计结果产生较大的偏差。举例来说，企业内高教育劳动者比例越高，即知识密集程度越高，则企业越有可能采用高效率的生产及组织方式，以此节省成本（或者中间品）的投入。也就是说，即使在总产出相同的情况下，知识密集型的企业可能有相对更高的增加值，因此，使用总产出而不是增加值估计生产函数可能会低估知识密度对企业生产率的影响。②

---

① 即不同教育的劳动者数目，缺失值被替换为 0，我们验证过，替换缺失值以后，将所有不同教育的劳动力加总，与企业总人数是相等的；只有个别加总不等于企业总人数的企业才被删除，这说明，教育程度的缺失值是由零值引起的，而不是因调查缺漏引起的。

② 同时，企业年收入是会计上的概念，与经济上的企业产出仍有差别。

由于普查数据并没有直接提供企业增加值的数据，我们使用收入法并且借助相关会计变量对服务业企业增加值进行估算，计算方法是：

增加值＝劳动者报酬＋生产税净额＋固定资产折旧＋营业盈余

具体操作中，我们使用职业工资和福利费替代劳动者报酬，使用主营业务税金及附加加上应缴增值税替代生产税净额，使用本年折旧替代固定资产折旧，使用营业利润替代营业盈余。

需要注意的是，我们对增加值的计算并不完全准确，仍然遗漏了收入法计算增加值公式中的一些成分，① 但是，由于最主要部分是被纳入核算的，估算结果总体上是准确的。此外，岳希明和张曙光（2002）也指出，现行服务业增加值存在多种被低估的情形，比如劳动者报酬等，② 但是这部分信息难以在数据中体现。总的来说，在估计企业生产函数时，使用企业增加值而不是总产出（或年收入），能更好地体现企业的真实特征。

②物质资本 K。本书使用资产总计作为企业投入的物质资本。

③雇佣劳动力 L。本书使用年末从业人员数合计或者全部从业人员年平均人数作为雇佣劳动力。

④高教育劳动者占比 $High$。本书定义高教育劳动者为大学本科及以上学历，③ 将其除以企业劳动力总数得到高教育劳动力占比。

⑤年龄 Age。我们利用企业开业（成立）年计算年龄，如果企业成立不满 1 年则年龄算作 0。

⑥企业控股情况 SOE。控股情况分为六类，分别是国有控股、集体控股、私人控股、港澳台控股、外商控股以及其他。本书将国有控股和集体控股企业定义为国有企业（State Owned Enterprise），余下类型都当作非国有企业。如果是国有企业，那么 $SOE=1$。

以上企业层面变量的构建全部使用 2008 年经济普查数据。

（二）地区层面变量

①人力资本深度 $AveEdu$。本书使用地级市劳动适龄人口的平均受教

---

① 需要注意的是，不同行业、不同类型以及不同规模企业增加值的计算是存在差别的。关于服务业增加值的具体计算方法参见国家统计局网站。

② 举例来说，教师可能通过课外辅导等方式获取收入等。

③ 考虑到中国大专教育门槛较低，在考虑企业知识密度的时候，我们不将其纳入。

育年限度量地区人力资本深度。

②地区行业专业化程度 Specialization。本书采用如下方式定义地区行业的专业化程度：

$$Specialization = \frac{Emp_{jc}}{Emp_c} / \frac{Emp_j}{Emp}$$

其中，Emp_{jc} 表示城市 c 行业 j 的就业人数，Emp_c 表示城市 c 的就业总人数，Emp_j 代表全国层面行业 j 的就业人数，Emp 代表全国层面总就业人数。也就是说，专业化程度指的是某地区某行业的就业占比相比全国平均水平的值。

③地区多样性程度 Diversity。本书采用如下方式定义多样性程度：

$$Diversity = 1 - \sum_j S_{jc}^2$$

其中，S_{jc} 表示城市 c 行业 j 的就业占比，这里行业细分到四位代码。多样性程度经过了标准化处理。

④地区就业总人数的对数 $\ln Emp$。地区就业总人数由该地区所有单位的非农就业人数加总得到。

⑤地区国有企业占比 $SOEShare$。上文已经根据企业控股类型定义了国有企业，地区国有企业占比即该地区国有企业就业人数占全部就业人数的比例。

上述变量中，人力资本深度以及专业化程度使用 2005 年人口普查数据进行构建，其他全部使用 2008 年经济普查数据进行构建。

第四节　描述性统计

一　服务业技能分类

首先要说明的是，下文为了防止提到的行业名称过于冗长，将采用简称方式（见表 7—1 中的"本章简称"）。我们对服务业的技能类型进行了划分①，即计算各行业高教育（大学本科及以上）劳动者的占比，反映行业知识密度，并且由高至低进行排序（如图 7—2 所示）。可以看到，科

---

① 本书讨论的技能类型等价于知识类型，主要通过教育程度来衡量，不考虑其他专有的技能。

学技术、信息技术和租赁商贸高教育劳动者占比相对最高，交通运输、居民服务和住宿餐饮占比相对最低。

表7—1　　　　　　　　　按技能类型划分服务业

技能类型	行业全称	本章简称
较高组	科学研究、技术服务和地质勘查业	科学技术
	信息传输、计算机服务和软件业	信息技术
	租赁和商务服务业	租赁商贸
	金融业	金融
	卫生、社会保障和社会福利业	卫生福利
	教育	教育
	文化、体育和娱乐业	文体娱乐
较低组	水利、环境和公共设施管理业	水利环境
	批发业	批发
	零售业	零售
	仓储和邮政业	仓储邮政
	交通运输业	交通运输
	居民服务和其他服务业	居民服务
	住宿和餐饮业	住宿餐饮

注：笔者根据高教育劳动者占比自行分类。

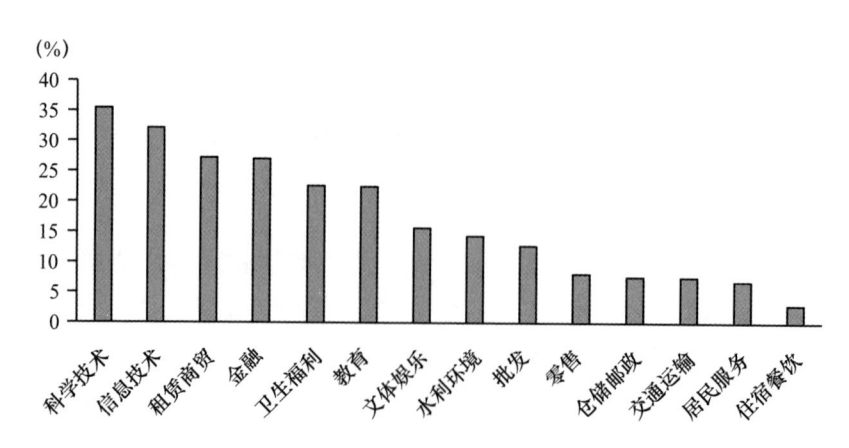

图7—2　服务业行业高教育劳动者占比

注：笔者根据样本自行计算。

本书以行业数目的两分法划定了临界线,将行业分成较高以及较低技能服务业两种类型。其中,科学技术、信息技术、租赁商贸、金融、卫生福利、教育以及文体娱乐等被划入较高组;水利环境、批发、零售、仓储邮政、交通运输、居民服务、住宿餐饮等被划入较低组。该划分与国外研究如Suedekum（2010）的划分比较一致,在他的研究中,金融保险、健康服务、商业相关服务业、教育、休闲相关服务业以及社会服务业被划入高端服务业行列。

二 变量描述性统计

表7—2是对本书主要回归变量的描述性统计,我们最终的样本数目为1015755个,较大的样本量为得到稳健的实证结论提供了基础。更重要的是,该样本涵盖范围广泛,能够反映中国服务业的整体面貌,具有很强的代表性。

表7—2　　　　　　　　主要变量描述性统计

变量	观测值	平均值	标准差	最小值	最大值
增加值	1015755	4520.678	77046.880	1.000	40900000.000
资本	1015755	25531.050	758302.900	1.000	424000000.000
雇佣劳动	1015755	38.639	245.737	7.000	81009.000
高教育劳动者占比	1015755	0.143	0.232	0.000	1.000
企业年龄	1015755	6.336	7.875	0.000	201.000
国有企业	1015755	0.132	0.338	0.000	1.000
城市平均受教育年限	1015755	9.239	1.096	2.241	11.380
专业化程度	1015755	1.649	1.671	0.000	89.374
多样性程度	1015755	0.182	0.308	-2.206	0.432
地区国有企业占比	1015755	0.286	0.124	0.064	0.865
地区就业人口的对数	1015755	14.209	1.136	9.737	16.081

注:笔者根据样本计算。增加值、资本等变量最小单位为1,实际数值小于1的应该统一记为1。

第五节　实证结果

一　生产函数估计

在引入一系列企业内、外部变量之前，本书先使用多层模型对生产函数进行初步估计。将所有行业混合进行生产函数估计时，行业层指向两位行业。

首先，只引入物质资本和雇佣劳动来解释企业产出，表7—3展示了相应的结果。从列（1）中可以看到，作为生产最重要的投入要素——物质资本和雇佣劳动——对企业产出的推动作用都在1%的水平上显著。物质资本投入每增加1%，企业产出增加0.329%；雇佣劳动每增加1%，企业产出增长0.649%。物质资本和雇佣劳动的产出弹性相加得0.978，接近于1，因此总体上服务业生产函数几乎具有规模报酬不变（略呈规模递减）的特征。从产出弹性的相对大小来看，劳动显著大于资本，因此总体上服务业属于劳动密集型产业，劳动力收入占比达到66.36%。[①]

观察列（1）城市层、行业层以及残差的方差，可以看到，残差方差最大（0.785），城市层方差其次（0.139），行业层方差最小（0.046），说明尚未被解释的企业产出差异主要还是来自个体层面。从 ICC 可以看到，城市层不可观测的差异能够解释企业产出差异的14.344%，行业层的差异能够解释4.779%。城市层和行业层占据了不小的比例，说明了使用多层模型估计生产函数的合理性。

列（2）中我们控制了高教育劳动者占比、年龄、控股类型等企业内部特征。可以发现，高教育劳动者对企业产出的正向促进作用在1%的水平上显著，高教育劳动者每上升1个百分点，企业增加值增长0.146%。这表明，企业内部知识密度的提高对企业生产率具有显著的促进作用。同时，企业年龄对生产率的影响是非线性的；国有企业生产率显著高于非国有企业，保持其他条件不变，国有企业产出相比要大3.1%左右。列（2）控制的是企业层面的变量，但是残差方差相比列（1）并没有明显减小，这说明企业年龄及控股类型等企业内部因素对于解释企业生产率的差异仍

[①] 劳动力收入占比＝劳动力产出弹性/（物质资本产出弹性＋劳动力产出弹性）。

然不是那么关键。

列（3）中开始加入城市层面的变量，包括地区平均受教育年限、专业化程度、多样性程度、地区国有企业占比以及地区就业人口的对数等。可以发现，企业内部知识密度仍然对企业产出具有显著的促进作用。同时可以看到，地区人力资本深度对企业生产率具有显著的促进作用，平均受教育年限每增加1年，企业产出增长3.8%；专业化显著促进企业生产率，专业化程度每提高1个标准差，企业增加值增长2.672%（计算方式为0.016×100×1.67%，下同）；多样性对企业生产率的影响不显著；地区劳动力市场密度显著促进企业生产率，就业总人口每提高1%，企业产出增加0.077%；地区国有企业占比每提高1个百分点，企业生产率下降0.571%。

在控制以上城市层面变量以后，城市层方差由列（2）中的0.140下降到列（3）的0.119，这说明，地区层面15%的变异度又被上述几个变量解释。[①]

表7—3　　　　　　　　总的生产函数估计

	被解释变量：企业增加值的对数			
	（1）	（2）	（3）	（4）
高教育劳动者占比		0.146*** (0.004)	0.142*** (0.004)	-1.457*** (0.037)
物质资本的对数	0.329*** (0.001)	0.325*** (0.001)	0.325*** (0.001)	0.324*** (0.001)
雇佣劳动的对数	0.649*** (0.001)	0.651*** (0.001)	0.651*** (0.001)	0.651*** (0.001)
企业年龄/10		0.051*** (0.002)	0.052*** (0.002)	0.053*** (0.002)
企业年龄的平方/100	(0.001)	-0.015*** (0.001)	-0.015*** (0.001)	-0.015*** (0.001)

[①] 该数字由（0.140－0.119）/0.140得到。

续表

	被解释变量：企业增加值的对数			
	(1)	(2)	(3)	(4)
国有企业		0.031***	0.032***	0.036***
		(0.003)	(0.003)	(0.003)
高教育劳动者占比×地区平均受教育年限				0.165***
				(0.004)
地区平均受教育年限			0.038*	0.028
			(0.020)	(0.020)
专业化程度			0.016***	0.009***
			(0.001)	(0.001)
多样性程度			−0.066	−0.068
			(0.063)	(0.063)
地区国有企业占比			−0.571***	−0.569***
			(0.161)	(0.161)
地区就业人口的对数			0.077***	0.078***
			(0.023)	(0.023)
常数项	2.370***	2.350***	1.220***	1.332***
	(0.041)	(0.040)	(0.288)	(0.287)
城市层方差	0.139	0.140	0.119	0.119
行业层方差	0.046	0.044	0.041	0.042
残差方差	0.785	0.783	0.783	0.782
城市层 ICC	14.344	14.438	12.628	12.609
行业层 ICC	4.779	4.545	4.385	4.463
观测值	1015755	1015755	1015755	1015755
LR	−1319533	−1318400	−1318165	−1317241
AIC	2639079	2636820	2636360	2634514

注：* 和 *** 分别表示在 10% 和 1% 的水平上显著。

二 企业内外人力资本的交互效应

那么，企业内部知识密度又是如何影响人力资本外部性呢？要回答这个问题，就要检验企业内部知识密度与企业外部人力资本的交互效应。我们将企业内部高教育劳动者占比与地区劳动者平均受教育年限进行交叉，结果见表 7—3 的列 (4)。可以看到，企业内部知识密集程度显著促进地区人力资本深度的回报，具体来说，企业内高教育劳动者占比每上升 1 个百分点，地区平均受教育年限提高 1 年会使得企业产出多增加 0.165%；同时，要使得企业内部知识升级能够促进其生产率提高，对于当地的人力资本深度是有一定门槛要求的。只有当地区平均受教育年限大于 8.83 年（1.457/0.165）时，提高企业内高教育劳动者占比才能够促进企业生产率。换句话说，当地区人力资本深度较低时，服务业企业不具备从内部的知识升级中受益的条件。

第六节　进一步讨论

通过上一小节的研究我们发现，服务业总体上是规模报酬不变的劳动密集型产业；企业内、外部人力资本的深度能够显著促进其生产率的提高。更重要的是，随着企业内部知识密度的提高，地区人力资本深度对企业生产率的促进作用是增强的。同时，我们也发现，总体上专业化程度的上升提高了企业生产率；多样性对企业生产率影响不显著；地区劳动力市场的稠密度显著促进了企业生产率。此外，我们还发现，服务业国有企业生产率相比非国有企业要高，但是地区国有企业占比越大，平均来看企业生产率却越低，说明国有企业的生产率"溢价"可能是通过其垄断地位得到的，实际是不利于服务业整体生产率的提高。

以上结果反映了服务业总体情况，那么不同类型的服务业又会有什么不同吗？以下，我们将通过区分技能类型、区分功能类型以及细分行业等方式进一步挖掘服务业内部的异质性。

一　分技能类型

我们首先将服务业按技能类型分类进行讨论，分类情况在表 7—1 中已经做了详细介绍。

表 7—4 是按技能分类的回归结果。列（1）、列（2）分别是技能较高组和较低组的回归结果，这里只控制企业内部特征，两列对比我们发现了两点差异。第一，高技能服务业企业知识密集对生产率的促进作用更加明显，高技能服务业企业内部高教育劳动者占比每提高 1%，企业产出增加 0.277%；而低技能服务业企业内部高教育劳动者占比每提高 1%，企业产出仅增加 0.016%。第二，高、低技能服务业规模报酬特征有一定差

异,高技能服务业规模报酬系数为 1.075,呈现规模报酬递增的特征;而低技能服务业规模报酬系数为 0.935,呈现规模报酬递减的特征。

列(3)、列(4)是在列(1)、列(2)的基础上控制城市层面的特征,我们发现,高、低技能服务业都能从地区人力资本深度中获得好处,但低技能服务业获得好处更多一些;专业化促进高技能服务业生产率提高,对低技能服务业的影响不显著;而多样性对高、低技能服务业的影响都不显著。列(5)、列(6)在列(3)、列(4)的基础上进一步考察企业内、外人力资本的交互效应。结果显示,高、低技能服务业企业内部知识密度提升对人力资本外部性都产生了加强作用,但高技能服务业的效应大于低技能服务业。

表7—4　　　　　　不同技能类型服务业生产函数估计

	被解释变量:企业增加值的对数					
	高技能服务业	低技能服务业	高技能服务业	低技能服务业	高技能服务业	低技能服务业
	(1)	(2)	(3)	(4)	(5)	(6)
高教育劳动者占比	0.277*** (0.006)	0.016** (0.006)	0.276*** (0.006)	0.016** (0.006)	-1.245*** (0.053)	-1.252*** (0.058)
高教育劳动者占比×地区平均受教育年限					0.157*** (0.005)	0.131*** (0.006)
地区平均受教育年限			0.036* (0.021)	0.048** (0.021)	0.013 (0.021)	0.042** (0.021)
专业化程度			0.017*** (0.001)	-0.002 (0.001)	0.013*** (0.001)	-0.002* (0.001)
多样性程度			-0.079 (0.064)	-0.066 (0.065)	-0.081 (0.064)	-0.068 (0.065)
地区国有企业占比			-0.642*** (0.164)	-0.586*** (0.168)	-0.642*** (0.165)	-0.581*** (0.168)
地区就业人口的对数			0.050** (0.024)	0.083*** (0.024)	0.052** (0.024)	0.083*** (0.024)
物质资本的对数	0.327*** (0.001)	0.321*** (0.001)	0.326*** (0.001)	0.321*** (0.001)	0.325*** (0.001)	0.321*** (0.001)

续表

	被解释变量：企业增加值的对数					
	高技能服务业	低技能服务业	高技能服务业	低技能服务业	高技能服务业	低技能服务业
	（1）	（2）	（3）	（4）	（5）	（6）
雇佣劳动的对数	0.748***	0.614***	0.747***	0.614***	0.747***	0.615***
	(0.002)	(0.001)	(0.002)	(0.001)	(0.002)	(0.001)
企业年龄/10	0.102***	0.036***	0.102***	0.036***	0.107***	0.036***
	(0.005)	(0.003)	(0.005)	(0.003)	(0.005)	(0.003)
企业年龄的平方/100	-0.023***	-0.012***	-0.023***	-0.012***	-0.023***	-0.012***
	(0.001)	(0.001)	(0.001)	(0.001)	(0.001)	(0.001)
国有企业	0.033***	0.024***	0.033***	0.024***	0.037***	0.026***
	(0.005)	(0.004)	(0.005)	(0.004)	(0.005)	(0.004)
常数项	1.962***	2.566***	1.216***	1.308***	1.436***	1.368***
	(0.033)	(0.073)	(0.291)	(0.305)	(0.291)	(0.306)
城市层方差	0.132	0.152	0.117	0.128	0.117	0.129
行业层方差	0.012	0.086	0.011	0.087	0.011	0.087
残差方差	0.757	0.778	0.757	0.778	0.755	0.777
城市层ICC	14.607	14.978	13.194	12.902	13.247	12.946
行业层ICC	1.317	8.503	1.289	8.750	1.298	8.756
观测值	261847	753908	261847	753908	261847	753908
LR	-335878	-975937	-335792	-975920	-335385	-975679
AIC	671776	1951894	671615	1951871	670801	1951389

注：*、**和***分别表示在10%、5%和1%的水平上显著。

二 功能类型

我们继续探索不同功能类型服务业的异质性。参考高虹和袁志刚（2015），我们将服务业分成生产性服务业、生活性服务业以及公共服务业。其中，生产性服务业包括交通运输、仓储邮政、信息技术、金融、租赁商贸以及科学技术等，生活性服务业包括批发、零售、住宿餐饮、居民服务等，公共服务业包括水利环境、教育、卫生福利以及文体娱乐等。从技能上看，生产性以及公共服务业大多属于较高技能的服务业，而生活性服务业基本都属较低技能服务业。

表7—5列（1）、列（2）、列（3）分别对三类服务业生产函数进行估

计。结果显示，不同服务业企业内部知识密度都显著促进了企业生产率，强弱顺序依次是生产性服务业、公共服务业以及生活性服务业。生产性服务业企业内高教育劳动者占比每提高1%，企业产出提高0.265%；公共服务业企业内部高教育劳动者占比每提高1%，企业产出提高0.148%；相比之下，生活性服务业的系数尚不到生产性服务业的1/10，企业内部高教育占比每提高1%，企业产出只提高0.013%，显得十分微弱。

列（4）、列（5）、列（6）进一步控制了地区层面特征。可以看到，企业内知识密度对生产率的影响与之前几乎没有变化。地区人力资本深度促进企业生产率的强弱依次为生活性服务业、生产性服务业以及公共服务业，地区平均受教育年限每提高1年，企业产出分别提高5.7%、4.5%以及3.3%，但公共服务业系数不显著。

从其他几种人力资本外部性方面来看，劳动力市场稠密度对不同服务业企业生产率的影响方向是一致的，都是显著促进；生产性服务业、公共服务业企业能从行业专业化中受益，多样性对各类服务业企业生产率的影响都不显著。

此外，地区国有企业占比越高，平均来看企业生产效率越低。尽管国有企业在生产性、生活性服务业的生产率相比非国有企业要高，但这很有可能是垄断的结果，实际上过高的国有企业比例挤出了服务业整体的生产效率。从生产函数的性质来看，生产性服务业、生活性服务业以及公共服务业的规模报酬系数分别为1.065、0.911以及0.999，生产性服务业呈现一定的规模报酬递增的特征，而生活性服务业规模报酬递减的特征比较明显；从劳动力收入份额来看，生产性服务业、生活性服务业以及公共服务业分别为68.5%、65.0%、70.3%。

列（7）、列（8）、列（9）进一步考察了不同服务业企业内部知识密度与地区人力资本深度的交互效应。结果显示，各服务业企业内部高教育劳动者占比和地区平均受教育年限的交叉项系数都显著为正，说明互补效应显著存在；经对比可以发现，生产性服务业互补效应最明显，当企业内部高教育劳动者占比上升1%时，地区平均受教育年限每提高1年使得企业产出多增加0.160%；公共服务业最弱，当企业内部高教育劳动者比例上升1%时，地区平均受教育年限每提高1年使得企业产出多增加0.124%，生活性服务业居中。

表7—5 不同功能类型服务业生产函数估计

被解释变量：企业增加值的对数

	生产性服务业 (1)	生活性服务业 (2)	公共服务业 (3)	生产性服务业 (4)	生活性服务业 (5)	公共服务业 (6)	生产性服务业 (7)	生活性服务业 (8)	公共服务业 (9)
高教育劳动者占比	0.265*** (0.006)	0.013** (0.007)	0.148*** (0.017)	0.262*** (0.006)	0.015** (0.007)	0.147*** (0.017)	−1.289*** (0.053)	−1.330*** (0.061)	−1.026*** (0.137)
高教育劳动者占比×地区平均受教育年限							0.160*** (0.005)	0.139*** (0.006)	0.124*** (0.014)
地区平均受教育年限				0.045** (0.021)	0.057*** (0.021)	0.033 (0.024)	0.026 (0.021)	0.050** (0.021)	0.022 (0.025)
专业化程度				0.016*** (0.001)	−0.031*** (0.002)	0.018*** (0.003)	0.012*** (0.001)	−0.033*** (0.002)	0.015*** (0.003)
多样性程度				−0.052 (0.064)	−0.078 (0.065)	−0.091 (0.073)	−0.051 (0.064)	−0.08 (0.065)	−0.093 (0.072)
地区国有企业占比				−0.682*** (0.165)	−0.575*** (0.168)	−0.643*** (0.189)	−0.685*** (0.165)	−0.568*** (0.168)	−0.646*** (0.188)
地区就业人口的对数				0.068*** (0.024)	0.078*** (0.024)	0.088*** (0.027)	0.069*** (0.024)	0.078*** (0.024)	0.087*** (0.027)
物质资本的对数	0.336*** (0.001)	0.318*** (0.001)	0.297*** (0.003)	0.336*** (0.001)	0.319*** (0.001)	0.297*** (0.003)	0.334*** (0.001)	0.318*** (0.001)	0.296*** (0.003)
雇佣劳动的对数	0.730*** (0.002)	0.592*** (0.002)	0.701*** (0.005)	0.729*** (0.002)	0.592*** (0.002)	0.702*** (0.005)	0.728*** (0.002)	0.592*** (0.002)	0.703*** (0.005)

续表

	被解释变量：企业增加值的对数									
	生产性服务业 (1)	生活性服务业 (2)	公共服务业 (3)	生产性服务业 (4)	生活性服务业 (5)	公共服务业 (6)	生产性服务业 (7)	生活性服务业 (8)	公共服务业 (9)
企业年龄/10	0.073*** (0.005)	0.042*** (0.003)	0.037*** (0.010)	0.074*** (0.005)	0.042*** (0.003)	0.038*** (0.010)	0.078*** (0.005)	0.042*** (0.003)	0.039*** (0.010)
企业年龄的平方/100	-0.022*** (0.001)	-0.012*** (0.001)	-0.011*** (0.002)	-0.022*** (0.001)	-0.012*** (0.001)	-0.011*** (0.002)	-0.023*** (0.001)	-0.012*** (0.001)	-0.011*** (0.002)
国有企业	0.010** (0.005)	0.034*** (0.004)	-0.003 (0.011)	0.012** (0.005)	0.034*** (0.004)	-0.004 (0.011)	0.016*** (0.005)	0.036*** (0.004)	-0.003 (0.011)
常数项	2.048*** (0.049)	2.414*** (0.080)	2.333*** (0.045)	1.010*** (0.294)	1.170*** (0.306)	1.115*** (0.339)	1.199*** (0.294)	1.227*** (0.307)	1.236*** (0.339)
城市层方差	0.141	0.151	0.162	0.119	0.127	0.142	0.119	0.127	0.142
行业层方差	0.040	0.036	0.014	0.039	0.035	0.011	0.038	0.035	0.010
残差方差	0.789	0.771	0.646	0.789	0.770	0.645	0.786	0.770	0.644
城市层 ICC	14.491	15.761	19.717	12.585	13.632	17.776	12.647	13.673	17.811
行业层 ICC	4.159	3.727	1.701	4.095	3.751	1.376	4.032	3.771	1.270
观测值	310027	657961	47767	310027	657961	47767	310027	657961	47767
LR	-403994	-848754	-57863	-403844	-848652	-57837	-403416	-848409	-57803
AIC	808008	1697528	115747	807718	1697333	115703	806864	1696850	115637

注：生产函数使用多层模型估计，*、**和***分别表示在10%、5%和1%的水平上显著。

再看门槛效应，经计算我们发现，只有当地区平均受教育年限分别达到8.06年、9.57年以及8.27年时，生产性服务业、生活性服务业、公共服务业企业内部知识密度的提升才开始对企业生产率显现正向的促进作用。

门槛值越低的服务业企业，越早可以从内部知识升级中受益。生产性服务业门槛值低于生活性服务业，说明相比生活性服务业，生产性服务业应该优先通过内部的知识升级来获得生产率的提高。原因有两点：第一，生产性服务业具有知识密集的特征，即通过内部知识升级获得生产率提升的程度本身高于生活性服务业，而后者只能更多地依赖外部人力资本深度的提升来提高生产率；第二，随着企业内部知识升级，生产性服务业相比生活性服务业能更多地从外部人力资本深度的提升中获益，体现了生产性服务业更强的学习效应。

综上所述，本书发现就生活性服务业而言，在目前的生产方式下，企业内部知识密度的提升对生产率改善不大，这可能和生活性服务业的功能以及非知识密集的特征有关。生活性服务业基本是从地区人力资本深度的提高中获益。正如我们已经论述的，地区人力资本促进服务业生产率的一个渠道是通过消费外部性，高教育劳动者更加追求消费适意性，对产品质量和服务的舒适度有更高的要求，这样一般更容易促进与消费相关的服务业。对于生产性服务业来说，企业内部知识密度和外部人力资本深度的提高都能显著提升企业生产率。生产性服务业知识密度较高，因此地区人力资本深度提高企业生产率的渠道更可能是通过知识外溢。

更重要的发现是，在地区平均受教育年限达到一定门槛以后，提升服务业企业的知识密集程度，能够显著地促进其与企业外人力资本的深度互补，进一步提高企业生产率。生产性服务业的互补效应大于生活性服务业。从服务业生产函数的特性来看，生产性服务业呈现规模报酬递增的特征，而生活性服务业呈现规模报酬递减的特征。因此，对于生产性服务业来说，应该进一步发挥其规模优势；而对于生活性服务业来说，鼓励其较为灵活的发展也不失为一种方式。

三 细分行业

再来看细分行业的情况，我们仍然使用多层模型分行业估计生产函数。不同的是，模型行业层相应地指向更为细分的三位子行业。

表7—6中展示了回归结果。可以看到，总体上各行业高教育劳动者占比的系数显著为正，说明企业内部知识密度显著促进了企业生产率。企业内部知识密度的提升在金融、仓储邮政、文体娱乐等行业能产生相对更高的而回报；但是在零售、交通运输以及住宿餐饮等行业，提高知识密度的回报为负或者不显著，这在一定程度上与行业的生产技术有关，如果知识密集（主要是正规教育形式获得的）的作用不大，那么其他类型的职业技能（比如通过"干中学"或者职业培训等形式获得的）可能是更加重要的。

需要注意的是，各行业本身生产技术或组织形式随着时间的变化可能会发生变化，因此，在某个行业中知识密度的重要性也是可能发生变化的。举例来说，随着中国高铁建设与运营的完善，交通运输的生产方式必然发生着巨大的变化，那么知识会不会变得重要了呢？客观上这需要更加及时的数据才能进行讨论（比如第三次经济普查数据，但是该数据暂未披露）。因此，本书反映的主要是2008年前后中国服务业的情况。

所有行业中，地区平均受教育年限的系数都为正，说明总体上人力资本深度促进了企业生产率的提升，尽管显著性存在差异。其中，对金融、批发、仓储邮政等行业的正向影响最为显著，而对科学技术、信息技术、卫生福利等行业的正向影响尚且较弱。

关于其他人力资本外部性，不同行业存在较大差别。例如，专业化提高了科学技术、信息技术、住宿餐饮、文体娱乐、租赁商贸等行业的生产率，却降低了批发、零售、居民服务等行业的生产率；多样性几乎对所有行业的生产率有负向影响；劳动力市场密度几乎提升了所有行业的生产率，其中对住宿餐饮、交通运输、零售等行业的正向作用最为明显。此外，地区国有企业占比显著削减了所有行业的生产率。

从生产函数的性质来看，科学技术、信息技术、金融等行业呈现规模报酬递增的特征，零售和住宿餐饮等行业呈现规模报酬递减的特征；劳动力收入占比方面，金融、住宿餐饮和居民服务最高，仓储邮政、批发、零售、交通运输等行业最低。

表7—7引入企业内高教育占比与城市人力资本深度的交叉项,可以看到,除卫生福利之外,所有行业的交叉项系数均显著为正,说明随着企业内部知识升级,地区人力资本对企业生产率的促进作用变大了,这在金融、批发、租赁商贸、文体娱乐、仓储邮政、信息技术等行业尤为明显。

企业内部的技能提升并不必然对企业生产率起到促进作用,只有当地区人力资本深度达到一定门槛以后,提升企业内知识密集程度才变得有利可图。根据回归结果可以得到,除了卫生福利不需任何门槛,其他行业均存在一定门槛值,按门槛值(临界的平均受教育年限)从低到高排序依次是水利环境、仓储邮政、金融、租赁商贸、文体娱乐、科学技术、教育、居民服务、信息技术、住宿餐饮、批发、交通运输、零售等。

对于那些门槛值越低的行业,只要地区越过了这个门槛,尽早致力于企业内知识升级就有助于加快生产率的提升。而对于门槛值越高的行业,应优先考虑提升本地人力资本的深度,然后再进行企业内技能水平的升级(这也意味着,这些行业也会倾向于在人力资本深度更充足的地方发展)。

这里需要特别注意的一点是,我们要区分门槛值高低形成的成因。以信息技术和住宿餐饮为例,信息技术明显是较高技能的行业,而住宿餐饮是较低技能的行业,为什么他们对地区的人力资本深度都有较高的要求?我们的实证结果可以回答这个问题。对于信息技术企业而言,其内部知识升级确实能带来好处,但是更大的好处来自其知识密度和外部人力资本深度的互补,因此对于信息技术企业来说,迫切需要在人力资本深度充足的地方发展;而对于餐饮住宿企业来说,其内部知识升级带来的好处微乎其微,只能借助较高人力资本深度的市场来提高生产率,因此,也倾向于在人力资本深度充足的地方发展。

四　分所有制

我们主要在生产性服务业内部区分国有企业和非国有企业,分别对国有企业和非国有企业的生产函数进行估计。

表 7—6 细分行业生产函数估计

被解释变量：企业增加值的对数

	科学技术	信息技术	租赁商贸	金融	卫生福利	教育	文体娱乐	水利环境	批发	零售	仓储邮政	交通运输	居民服务	住宿餐饮
高等教育劳动者占比	0.167*** (0.013)	0.140*** (0.016)	0.266*** (0.010)	0.316*** (0.075)	0.079* (0.041)	0.051* (0.024)	0.234*** (0.034)	0.187*** (0.042)	0.108*** (0.009)	-0.138*** (0.012)	0.385*** (0.059)	-0.012 (0.023)	0.114*** (0.023)	0.031 (0.028)
地区平均受教育年限	0.035* (0.021)	0.015 (0.025)	0.056** (0.025)	0.158*** (0.050)	0.019 (0.030)	0.067** (0.030)	0.041 (0.032)	0.049 (0.033)	0.107*** (0.027)	0.061** (0.025)	0.071** (0.035)	0.055** (0.025)	0.047* (0.026)	0.038** (0.018)
专业化程度	0.010*** (0.003)	0.035*** (0.003)	0.016** (0.007)	-0.027 (0.026)	-0.013 (0.025)	-0.097 (0.062)	0.019*** (0.004)	0.008 (0.013)	-0.201*** (0.040)	-0.116** (0.059)	0.004 (0.014)	-0.003 (0.002)	-0.035*** (0.011)	0.035*** (0.004)
多样性程度	-1.417* (0.784)	-1.854** (0.908)	-0.089 (0.947)	-2.072 (1.506)	-1.925* (1.037)	-1.03 (0.892)	-1.197 (1.103)	-1.201 (1.226)	-0.974 (0.973)	-0.91 (0.857)	-1.298 (1.186)	-0.376 (0.979)	-0.59 (0.988)	-0.959 (0.709)
地区国有企业占比	-0.659*** (0.157)	-0.436** (0.181)	-0.808*** (0.192)	-0.755** (0.307)	-0.556*** (0.207)	-0.565*** (0.193)	-0.807*** (0.230)	-0.608** (0.243)	-0.770*** (0.197)	-0.528*** (0.174)	-0.859*** (0.236)	-0.801*** (0.196)	-0.638*** (0.198)	-0.573*** (0.144)
地区就业人口的对数	0.034 (0.023)	-0.011 (0.027)	0.070** (0.028)	-0.027 (0.047)	0.074** (0.031)	0.047* (0.028)	0.051 (0.035)	0.094** (0.036)	0.080*** (0.030)	0.100*** (0.025)	0.068** (0.035)	0.098*** (0.028)	0.084*** (0.029)	0.106*** (0.021)
资本的对数	0.339*** (0.003)	0.358*** (0.003)	0.325*** (0.002)	0.231*** (0.011)	0.304*** (0.008)	0.293*** (0.005)	0.303*** (0.005)	0.289*** (0.005)	0.360*** (0.001)	0.299*** (0.002)	0.381*** (0.006)	0.345*** (0.002)	0.280*** (0.003)	0.196*** (0.002)
雇用劳动的对数	0.762*** (0.005)	0.809*** (0.006)	0.717*** (0.003)	0.800*** (0.034)	0.691*** (0.014)	0.694*** (0.010)	0.735*** (0.009)	0.666*** (0.010)	0.624*** (0.003)	0.562*** (0.003)	0.597*** (0.010)	0.695*** (0.004)	0.710*** (0.005)	0.640*** (0.003)
其他控制变量	是	是	是	是	是	是	是	是	是	是	是	是	是	是

第七章　人力资本如何影响中国服务业企业生产效率 / 161

续表

被解释变量：企业增加值的对数

	科学技术	信息技术	租赁商贸	金融	卫生福利	教育	文体娱乐	水利环境	批发	零售	仓储邮政	交通运输	居民服务	住宿餐饮
观测值	55300	44785	122189	3269	6915	12632	16757	11463	315695	191907	11384	73100	50413	99947
LR	−68806	−56744	−160352	−4794	−7920	−13676	−20780	−15119	−433294	−230353	−14503	−94118	−57267	−107235
AIC	137642	113518	320734	9618	15871	27382	41590	30267	866619	460737	29036	188266	114564	214501
生产函数特征														
规模报酬	1.101	1.167	1.042	1.031	0.995	0.987	1.038	0.955	0.984	0.861	0.978	1.040	0.990	0.836
劳动力占比	0.692	0.693	0.688	0.776	0.694	0.703	0.708	0.697	0.634	0.653	0.610	0.668	0.717	0.766

注：其他控制变量包括企业年龄、企业年龄的平方、所有制类型等。生产函数使用多层模型估计。*、** 和 *** 分别表示在10%、5%和1%的水平上显著。

表7—7　细分行业生产函数估计：交互

被解释变量：企业增加值的对数

	科学技术	信息技术	租赁商贸	金融	卫生福利	教育	文体娱乐	水利环境	批发	零售	仓储邮政	交通运输	居民服务	住宿餐饮
高教育劳动者占比	−1.268***	−1.642***	−1.605***	−2.482***	0.041	−0.552**	−1.594***	−0.533	−1.893***	−0.773***	−1.355**	−0.371*	−1.095***	−1.333***
	(0.108)	(0.145)	(0.079)	(0.673)	(0.358)	(0.215)	(0.265)	(0.358)	(0.088)	(0.107)	(0.560)	(0.214)	(0.219)	(0.246)
高教育劳动者占比×地区平均受教育年限	0.148***	0.181***	0.193***	0.306***	0.004	0.064***	0.186***	0.077**	0.206***	0.067***	0.183***	0.037*	0.127***	0.146***
	(0.011)	(0.015)	(0.008)	(0.073)	(0.038)	(0.023)	(0.027)	(0.038)	(0.009)	(0.011)	(0.059)	(0.022)	(0.023)	(0.026)
地区平均受教育年限	0.001	−0.007	0.034	0.091*	0.019	0.060**	0.031	0.041	0.095***	0.058**	0.061*	0.054**	0.042	0.034*
	(0.021)	(0.025)	(0.025)	(0.053)	(0.031)	(0.030)	(0.032)	(0.034)	(0.027)	(0.025)	(0.035)	(0.025)	(0.026)	(0.018)

续表

被解释变量：企业增加值的对数

	科学技术	信息技术	租赁商贸	金融	卫生福利	教育	文体娱乐	水利环境	批发	零售	仓储邮政	交通运输	居民服务	住宿餐饮
专业化程度	0.009***	0.029***	-0.001	-0.036	-0.013	-0.101	0.010***	0.009	-0.203***	-0.116**	0.003	-0.003	-0.034***	0.034***
	(0.003)	(0.003)	(0.007)	(0.026)	(0.025)	(0.062)	(0.004)	(0.013)	(0.040)	(0.059)	(0.014)	(0.002)	(0.011)	(0.004)
多样性程度	-1.411*	-1.948**	-0.136	-2.105	-1.926*	-1.045	-1.254	-1.199	-0.999	-0.919	-1.321	-0.371	-0.59	-0.985
	(0.782)	(0.913)	(0.946)	(1.513)	(1.037)	(0.893)	(1.102)	(1.227)	(0.975)	(0.857)	(1.189)	(0.979)	(0.989)	(0.711)
地区国有企业占比	-0.659***	-0.433***	-0.791***	-0.727***	-0.556***	-0.568***	-0.808***	-0.614***	-0.764***	-0.527***	-0.865***	-0.803***	-0.638***	-0.562***
	(0.157)	(0.182)	(0.192)	(0.309)	(0.207)	(0.193)	(0.229)	(0.243)	(0.198)	(0.174)	(0.236)	(0.196)	(0.198)	(0.144)
地区就业人口的对数	0.036	-0.009	0.076***	-0.021	0.074**	0.046*	0.052	0.094***	0.080***	0.100***	0.068*	0.097***	0.084***	0.107***
	(0.023)	(0.027)	(0.028)	(0.047)	(0.031)	(0.028)	(0.035)	(0.036)	(0.030)	(0.025)	(0.035)	(0.028)	(0.029)	(0.021)
控制其他变量	是	是	是	是	是	是	是	是	是	是	是	是	是	是
观测值	55300	44785	122189	3269	6915	12632	16757	11463	315695	191907	11384	73100	50413	99947
LR	-68720	-56671	-160075	-4787	-7923	-13675	-20758	-15119	-433038	-230339	-14500	-94119	-57255	-107223
AIC	137472	113375	320181	9606	15878	27382	41549	30270	866107	460710	29033	188271	114541	214477
地区平均受教育年限门槛值														
门槛值	8.568	9.072	8.316	8.111	—	8.625	8.570	6.922	9.189	11.537	7.404	10.027	8.622	9.130

注：其他控制变量包括企业年龄、企业年龄的平方、所有制类型等。生产函数使用多层模型估计，*、**和***分别表示在10%、5%和1%的水平上显著。

表7—8列（1）、列（2）仅引入企业内部变量，暂不引入城市层面的变量。可以看到，无论是在国有企业还是非国有企业，企业内部知识密度对企业生产率提高都起到了促进作用，但系数强度存在明显的异质性，国有企业大于非国有企业。

列（3）、列（4）同时引入企业内、外部变量，但是暂不引入企业内部知识密度与地区人力资本深度的交叉项。可以看到，首先，地区人力资本对国有企业生产率提高的促进作用不显著，而对非国有企业显著；其次，从生产函数的性质来看，国有企业资本密集程度相对更高，但规模报酬递增的优势不及非国有企业；最后，专业化程度提高显著促进企业生产率提高，国有企业占比提高显著挤出企业生产率，地区劳动市场规模显著促进企业生产率，多样性对企业生产率的影响不显著。

列（5）、列（6）引入企业内、外部人力资本的交互效应。可以看到，非国有企业与地区人力资本深度呈现的互补效应要大于国有企业。这在一定程度上能够解释为什么国有企业占比的提高有损于地区的平均生产率。很有可能是因为国有企业运行机制比较僵化和封闭，难以与本地劳动力市场增进学习，这样就造成本地劳动力市场人力资本外部性的弱化。

基于以上分析，我们认为国有企业应该改善其运行机制，提高与本地劳动力市场互动的能力，促进知识外溢，发挥地区人力资本的作用。

表7—8　　　　　　　生产性服务业分所有制生产函数估计

	被解释变量：企业增加值的对数					
	国企	非国企	国企	非国企	国企	非国企
	（1）	（2）	（3）	（4）	（5）	（6）
高教育劳动者占比	0.446*** (0.017)	0.227*** (0.007)	0.442*** (0.017)	0.223*** (0.007)	-0.711*** (0.130)	-1.539*** (0.058)
高教育劳动者占比×地区平均受教育年限					0.121*** (0.014)	0.181*** (0.006)
地区平均受教育年限			0.035* (0.019)	0.056** (0.023)	0.018 (0.019)	0.038* (0.023)
专业化程度			0.012*** (0.003)	0.018*** (0.001)	0.010*** (0.003)	0.012*** (0.001)

续表

	被解释变量：企业增加值的对数					
	国企 (1)	非国企 (2)	国企 (3)	非国企 (4)	国企 (5)	非国企 (6)
多样性程度			-0.082 (0.058)	-0.024 (0.069)	-0.082 (0.058)	-0.023 (0.069)
地区国有企业占比			-0.649*** (0.147)	-0.724*** (0.178)	-0.649*** (0.147)	-0.731*** (0.179)
地区就业人口的对数			0.081*** (0.021)	0.059** (0.025)	0.082*** (0.021)	0.059** (0.026)
物质资本的对数	0.355*** (0.002)	0.320*** (0.001)	0.354*** (0.002)	0.319*** (0.001)	0.354*** (0.002)	0.318*** (0.001)
雇佣劳动的对数	0.676*** (0.004)	0.756*** (0.002)	0.676*** (0.004)	0.756*** (0.002)	0.676*** (0.004)	0.754*** (0.002)
企业年龄/10	-0.018** (0.008)	0.148*** (0.006)	-0.019** (0.008)	0.149*** (0.006)	-0.018** (0.008)	0.157*** (0.006)
企业年龄的平方/100	-0.003* (0.002)	-0.039*** (0.002)	-0.003* (0.001)	-0.039*** (0.002)	-0.003** (0.001)	-0.041*** (0.002)
常数项	2.078*** (0.057)	2.092*** (0.044)	0.939*** (0.267)	1.085*** (0.314)	1.106*** (0.268)	1.290*** (0.315)
城市层方差	0.105	0.157	0.083	0.135	0.083	0.135
行业层方差	0.050	0.028	0.050	0.026	0.050	0.025
残差方差	0.882	0.756	0.882	0.756	0.880	0.753
城市层 ICC	10.119	16.638	8.167	14.707	8.207	14.821
行业层 ICC	4.820	2.952	4.940	2.839	4.954	2.763
观测值	54563	255464	54563	255464	54563	255464
LR	-74464	-327576	-74430	-327428	-74393	-326964
AIC	148946	655169	148887	654884	148816	653957

注：*、** 和 *** 分别表示在10%、5%和1%的水平上显著。

第七节 结论与政策建议

中国经济正在逐渐向由服务业驱动经济增长的模式转型，人力资本将发挥越来越大的作用。考虑到服务业内部纷繁复杂的结构，梳理人力资本在不同服务业异质性的回报特征显得尤为重要。本书通过多种方式对服务业进行分类，重点考察了不同类型服务业企业内、外部的人力资本对其生产率的影响。我们还探究了企业内部知识密度与外部人力资本的交互效应。

具体而言，我们使用2008年全国经济普查数据，并采用多层模型对服务业企业的生产函数进行了估计。我们发现，总体上企业内、外部人力资本都促进了企业生产率。企业内高教育劳动者占比每上升1%，企业产出增加0.142%；企业所在地区平均受教育年限每提高1年，企业产出增加3.2%。进而通过考察企业内、外部人力资本的交互效应，我们发现，企业内部高教育劳动者占比每增加1%，地区平均受教育年限提高1年会使得企业产出多增加0.165%。同时，通过企业知识升级提高生产率，对地区人力资本的深度是有一定门槛要求的。

进一步，我们重点考察了按功能类型划分的——即生活性服务、生产性服务业以及公共服务业中人力资本的异质性特征。我们发现，生活性服务业企业内部知识升级对生产率贡献不大，这些企业更多的是从地区人力资本深度中获益；而生产性服务业能够同时从企业内、外部人力资本的提升中获益。更重要的是，生产性服务业内、外部人力资本的交互效应相对最强。

我们也发现，服务业中国有企业生产率总体上高于非国有企业，但是地区国有企业占比越高，地区企业平均生产率越低。进一步的证据显示，国有企业影响地区生产率的一个可能渠道是国有企业内部知识与当地劳动力市场更难形成互补，弱化了地区人力资本外部性。

我们还发现，生产性服务业具有明显的规模报酬递增性质，并且生产性服务业企业内部知识升级，能够同时增进行业内专业化、多样性和劳动力市场稠密度三种人力资本外部性。研究结果也有助于解释为什么科学技术和餐饮服务这两个技能水平悬殊的行业都是在具有较高人力资本深度的地区才更有效率。

以上结论蕴含了较多的政策含义，我们梳理如下。

第一，提升服务业生产效率仍需依靠持续的技术进步，但也要充分考虑到服务业行业的异质性，要合理地引导人才流动，发挥人力资本的作用。我们的研究表明，推进企业内部知识转型并不一定能促进所有服务业的生产效率。总体上看，知识升级对生活性服务业生产率的促进作用不太明显，对生产性服务业的促进作用则非常显著。细分行业来看，促进仓储邮政、金融、租贸商贸、文体娱乐、科学技术等行业的知识升级可以获得显著正向回报；而在零售、住宿餐饮、交通运输等行业，提高知识密度对企业生产率影响较弱。

第二，如果要推动服务业知识转型，应先注意本地劳动力市场人力资本深度是否达到一定门槛。我们的研究表明，只有本地劳动者平均受教育年限达到一定门槛值以后，推进企业知识升级才能对企业生产率产生正面效应，而不同行业的门槛值很不一样。比如，生产性服务业中信息技术的门槛值相对较高，仓储邮政相对较低。对于人力资本积累比较薄弱的地区，应优先提高当地劳动者的总体教育水平。

第三，改善服务业生产效率，需要持续推进国有企业改革。我们的研究发现，国有企业占比的上升对地区服务业总体生产率起了负面影响。因此，在条件成熟时，应尽快放开服务业行业准入的管制，鼓励私人部门进入。对于那些暂时难以放开的领域，就要改变国企僵化的制度，促进国有企业与当地劳动力市场进行交流互动，鼓励知识外溢，更有效发挥当地人力资本外部性。

第四，建立更为开放的劳动力市场，鼓励劳动力流动。我们的研究发现，高、低技能服务业都受益于地区的人力资本深度。前者一般通过学习效应，而后者更可能是地区高教育劳动者追求消费适意性的结果。因此，一个有效率的经济社会往往出现——高、低技能服务业同时集聚。要实现这种效率，客观上需要一个开放的、鼓励流动的、同时兼顾高低技能劳动者利益的劳动力市场。

第五，对于生产性服务业，可以进一步加强规模优势；对于生活性服务业，可灵活对待。我们的研究表明，生产性服务业呈现规模报酬递增的特性，而生活性服务业一般是规模报酬递减的，因此，可以发挥生产性服务业的规模优势而灵活地对待生活性服务业。

第八章

新冠肺炎疫情危机下的农业发展战略：适度规模与绿色品牌

第一节 引言

从国际形势看，2020年新冠肺炎疫情与蝗虫灾害的蔓延使全球粮食产量受到影响，许多粮食生产大国高举贸易保护主义大旗，这对中国粮食安全构成了潜在的威胁。第一，新冠肺炎疫情期间正值许多粮食大国的粮食种植或收获期，新冠肺炎疫情导致这些国家经济停摆或半停摆，粮食种子、化肥等生产资料购置渠道不畅，加工、销售等也都受到严重影响，粮食生产受到影响，进而影响消费和贸易的不确定（罗必良，2020；孙学涛，2020）。第二，蝗虫灾害的蔓延使印度、非洲等国家的粮食作物受到严重影响，客观上影响了粮食的供给。第三，新冠肺炎疫情影响下，东南亚、欧盟、非洲粮食供不应求，许多国家高举保护主义大旗，印度、俄罗斯、哈萨克斯坦等国家先后采取粮食出口限制措施，导致部分粮食产品国际价格急剧上涨，全球市场出现异常波动趋势（王国敏和侯守杰，2020）。

从国内形势看，改革开放40多年来中国城镇化快速发展，城镇化率由1978年的17.9%提高到2019年的60.6%。在城市经济快速发展的同时，乡村问题却日益突出，主要表现为：乡村社会老龄化、乡村空间空废化、乡村水土污损化、乡村经济贫困化（刘彦随，2018）。为此，党的十九大报告指出，必须大力实施乡村振兴战略，并提出了"产业兴旺、生态宜居、乡村文明、治理有效、生活富裕"的总目标。其中，发展现代农业是解决乡村问题和实现乡村振兴目标的关键。

改革开放40年来，中国农业实现了快速发展，农业产值从1978年的1117.5亿元增长到2018年的61452.6亿元。粮食产量从1978年的30477万吨增长到2018年的65789万吨，人均粮食从319千克增长到471千克，粮食产量实现了相对充足。但是，在户均农地规模较小、生产资料价格与劳动力成本大幅上涨等因素综合推动下，农业的生产成本很高。同时，在农药化肥的大量使用、土壤和水源严重污染等因素综合作用下，农作物污染物残留、生物毒素、重金属等含量较高，高等级、绿色有机农产品供给不足，产品价格上不去。农产品收益空间大幅收窄、土地撂荒等现象出现，农业经营形势十分严峻。

如何破解当前农业的发展困境？面对农业经济效益不断走低的现实，发展现代农业必须一方面通过适度规模经营，提高经营效率，降低经营成本；另一方面，通过发展绿色品牌农业，提高农业供给质量，提升优质农产品价格。降低成本、提高价格，拉伸利润空间，是破解农业发展困境最为重要、最为紧迫的两个方面。

本章首先阐释了新冠肺炎疫情影响下的粮食安全与农业基础地位；其次，分析了当前农业的严峻形势，指出农业发展的出路；再次，分别从适度规模经营与发展绿色品牌两个方面提出促进农业发展的具体路径与措施；最后，得出研究结论。

第二节 新冠肺炎疫情影响下的粮食安全与农业基础地位

一 粮食安全战略

粮食安全与能源安全、金融安全并称为三大经济安全。粮食安全是国家安全的重要基石，事关国家安定发展大局。因此，中国人的饭碗任何时候都要牢牢端在自己手上，从战略和行动上切实保障国家粮食安全。

（一）广义的粮食安全基本上得到保障

从个人和家庭的微观食物安全看，随着2020年中国脱贫攻坚任务的全部完成，全国人民的温饱问题已经基本解决，消费多样化、食物营养不断改善。从区域看，随着交通设施的不断完善和网络化发展，区域一体化步伐不断加快。区域间贸易量显著增加,有效解决了粮食空间分布不均等的问题。从国家层面看,食物安全总体水平得到了高度保障。

(二)狭义的粮食安全已经突破了95%自给率的国家既定目标

狭义的粮食安全主要是指大米、小麦、玉米、大豆和薯类的国内自给率。作为中国第四大粮食品种,大豆供给安全已经从国内生产转向依靠国际市场进口。2019年中国大豆进口量达到了8851万吨,占全国大豆消费的比重高达84%。作为中国第一大粮食品种,玉米供给安全正逐渐从国内生产向国际市场进口转变。2019年玉米进口量达到448万吨,虽然占全国玉米消费比重仅为1.63%,但进口量比较大。由于居民消费结构的不断升级,口粮安全水平不断提高。2019年作为口粮的水稻、小麦自给率达到98%以上。

(三)粮食安全的主要挑战

中国粮食安全面临着诸多挑战:随着"刘易斯拐点"的到来和资源环境的污染,粮食生产面临巨大资源环境压力和成本上涨压力;随着人均收入水平迈入1万美元大关,人们对粮食的需求不断升级,对高质量农产品,特别是高质量肉蛋奶的需求大幅增加;随着新冠肺炎疫情和蝗灾的蔓延,国际粮价大幅波动,许多粮食生产大国大举贸易保护主义大旗。这些都对中国粮食价格和粮食供给安全都造成了很大的压力。

(四)保障国家粮食安全的战略

实施国家事务安全新战略要有三大转变和四大目标。三大转变是指从"粮食安全"观念向"食物安全"观念转变,为保障国家粮食(食物)安全提供更大的发展空间和供给渠道;从"粮食安全"向"口粮安全"转变,切实保障国家在危机时刻的水稻、小麦的供给安全;从"进口畜禽产品"向"进口饲料粮"转变,隐性进口"土地和水资源",提升畜禽产品国内生产能力,增加国内农业就业和农民收入。四大目标是指中国食物总体自给率保持95%以上;水稻和小麦自给率基本达到100%;玉米自给率保持85%以上;肉蛋奶保持基本自给(黄季焜、杨军、仇焕广,2012)。

二 农业的基础地位

农业是国民经济的基础和根基。农业对国民经济增长与发展的贡献主要表现为三个方面：产品贡献、市场贡献、要素贡献。

（一）产品贡献

农业对国民经济的产品贡献，主要表现为食品贡献和原料贡献。农业是人类社会的食品之源和生存之本。充足的食品供应还有助于抑制通货膨胀，为国民经济增长创造良好的环境。农业为工业发展提供原料，农业原料供给的增长促进工业部门的增长。由于农业对国民经济发展和国家的工业化进程具有不可替代的产品贡献，当农产品供给不足时，就会以各种方式影响经济发展。

（二）市场贡献

在市场经济条件下，工业和整个国民经济的发展主要依赖于市场需求的扩张。农民较低的收入水平和较高的边际消费倾向使之成为最有潜力的工业品消费群体。农业为第二产业发展提供了巨大的市场空间。

（三）要素贡献

一是就业贡献，农业是容纳劳动力就业的重要渠道。二是资本贡献，农业的剩余积累为经济发展提供资金。此外，农业也是出口创汇的重要产业，为国民经济发展提供外汇贡献。三是劳动贡献。农业是劳动力的蓄水池，为经济发展提供大量的廉价劳动力。这些劳动力多数受过教育，为非农产业发展节省了大笔教育费用。廉价劳动力使得劳动力就业市场充满竞争性，从而降低企业成本，并促进外商投资（黄守宏，1994）。

在经济发展的不同阶段，农业基础作用的内容不断演变。在工业化发展的初级阶段，农业的首要任务是养活城镇的人口，其次是为工业积累一定资金。在工业化发展的中期阶段，随着工业品生产的迅速膨胀，工业部门内部的需求潜力逐步减弱，农业成为工业产品的重要市场。农业的市场贡献凸显出来。在工业化发展的高级阶段，工业部门已经发展壮大，并具备了自我积累能力。农业部门规模越来越小，要素贡献与市场贡献都在减小，而产品贡献将再次凸显出来（黄泰岩和王检贵，2001）。

第三节 严峻的经营形势与出路

一 农业经营形势十分严峻

农业是国民经济的根基。近十年来，中国农业的经营利润呈现波动下

第八章　新冠肺炎疫情危机下的农业发展战略:适度规模与绿色品牌 / 171

降趋势,多种农作物净利润出现负值,农业经济效益十分低下。根据我们的调查,不计农民自身劳动成本的情况下,每亩土地粮食作物的收益在200—500元不等。如果扣除各类生产成本(物质与服务费用、人工成本)和土地成本(流转地租金、自营地折租),稻谷、小麦、玉米、大豆每亩平均的净利润大幅下滑,分别从2011年的371.3元、117.9元、263.1元、122.0元,下降到2018年的65.9元、-159.4元、-163.3元、-192.0元,农业经营形势十分严峻(见图8—1)。

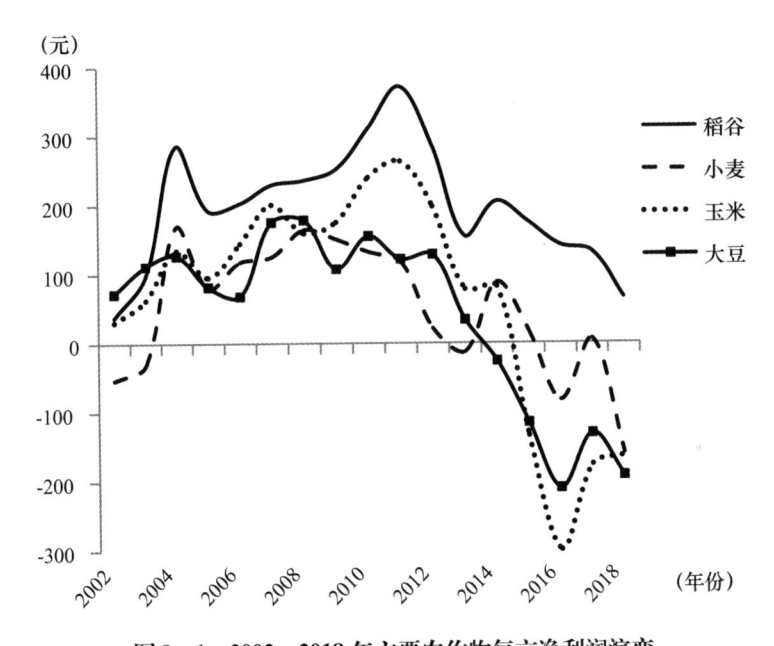

图8—1　2002—2018年主要农作物每亩净利润演变

资料来源:Wind数据库。

中国农业经济效低、经营形势严峻的原因主要有两个。第一,农业经营规模较小、生产成本很高。农业经济效益取决于土地产出率和劳均耕地面积,中国的土地产出率已经接近高收入国家,农业经济效益从根本上取决于农户经营规模(夏益国、宫春生,2015;万俊毅等,2018)。根据第三次全国农业普查主要数据公报,2016年全国农业生产经营人员31422万人,其中,规模农业生产经营人员1289万人,只占所有经营人员的4.1%;共有农业经营户20743万户,其中,规模农业经营户398万户,只占所有经营户的1.9%。农业经营规模小与农地碎片化导致农业生产成本高、劳动生产率低下,中国农业劳动生产率约为高收入国家平均值的2%,约为美国和日本的1%(何传启,2012)。同时,随着"刘易斯拐点"的到来,用工成本大幅提高,成为农业生产成本中最重要的组成部分(朱信凯、夏薇,2015)。2018年稻谷、小麦、玉米、大豆四种作物的人工成本占总成本的比重分别为38.7%、34.6%、41.5%、30.7%(见图8—2)。

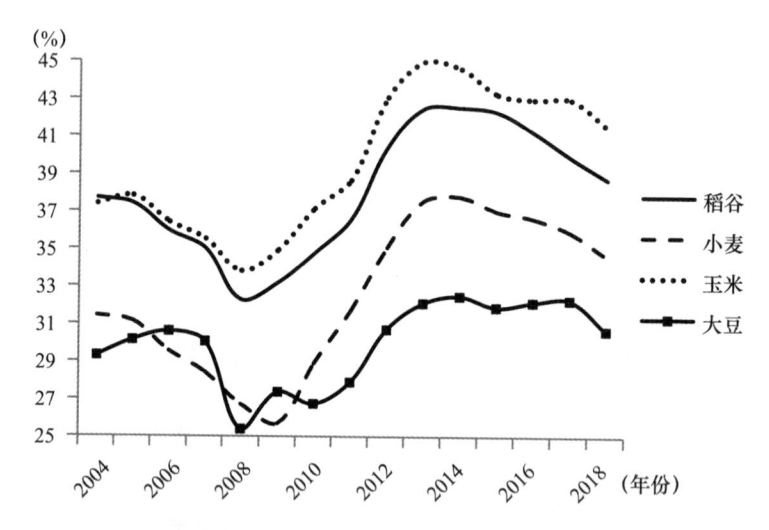

图8—2 2004—2018年主要农作物人工成本占总成本的比重
资料来源:Wind数据库。

第二,农药和化肥的大量使用、土壤和水源等的污染,使得中国农业污染物残留、生物毒素、重金属等含量较高,具有绿色品牌的农产品供给不足,价格较低。(1)农药和化肥大量使用。1990年农药使用量为73.3万吨,2013年达到峰值180.8万吨,近年来有所下降,2018年仍达到150.4万吨;1990年化肥施用量为2590.3万吨,2018年达到5653.4万吨。农药和化肥利用率分别为38.8%和37.8%,农药残留较多。(2)土地板结毒化,中低等级土地较多。优等地、高等地面积分别占全国耕地评定总面积的2.9%和26.6%,中等地、低等地面积分别占52.7%和17.8%。(3)水污染严重。农业用水占到全社会用水量的六成以上,水环境质量直接决定着农作物质量。2018年全国地表水1935个水质断面中，Ⅳ和Ⅴ类水占22.3%，劣Ⅴ类水占6.7%；全国10168个地下水监测点中，Ⅳ、Ⅴ类监测点分别占到70.7%和15.5%。农药和化肥过度使用造成了农产品质量不过关，以致无法满足人民群众的绿色产品需求，农产品价格自然也上不去。

二 提高农业经济效益的思路与出路

近年来农民工日工资在100—500元不等，农业经济收益远远低于务工收入。农业经营的巨大机会成本使得农村大量年轻劳动力外出务工，导致大量乡村空心化、老龄化，乡村土地面临着较大的撂荒风险（李秀彬等，2018），国家粮食安全受到威胁，提高农业经营效益迫在眉睫。

提高农业经营效益，要从成本与收益两个方面着手。通过适度规模经营，降低农业生产成本；通过发展绿色品牌，提高农产品价格。一降一升，拉伸农业利润空间，提高农业经营效益。

第一，适度规模经营，可以大幅降低农业成本。（1）农业适度规模经营，有利于农户购置和使用大规模机械化设备。通过提高农业的机械化，用资本替代劳动，提高劳动效率，降低成本。[①]（2）中国经济跨过"刘易斯拐点"之后，发展劳动集约型农业是现代农业的发展趋势。提高农业的机械化，有利于减少用工数量，降低用工成本。（3）农业具有非标准化、季节性、空间性等自身的特殊性，农业生产中劳动者容易偷懒，监督相对困难。适度的经营规模，尤其是通过家庭农场经营，雇佣亲戚朋友劳动，或者建立健全的利益共同体等方式，可以有效解决劳动监督和激励等问题（徐宗阳，2016）。

第二，发展绿色品牌，可以大幅提高农产品价格。随着生活水平的提高，人们对绿色品牌的农产品需求快速上升。由于国内绿色品牌的农产品供给不足，中国对国外食品的进口飞速增长。2001年食品及主要供食用的活动物进口额为49.8亿美元，2018年提高到648亿美元，增长了13倍。为此，我们必须充分认识到当前人民对农产品绿色品牌的美好需求与

[①] 适度规模经营也能够提高农户在购买生产资料、销售产品过程中的谈判和议价能力，进而提高收益。

国内农产品远远不能满足需求之间存在着激烈的矛盾。借助质量标准优势、品牌优势、市场进入壁垒较高、市场需求潜力大等特点，农产品绿色品牌的需求收入弹性较大，需求交叉价格弹性较小，具有相对较强的市场垄断优势和较高的市场渗透能力（奚国泉、李岳云，2001）。绿色品牌农产品可以针对不同的市场采取差异化的定价策略，从而提高农产品的附加值，增加农业经济效益（靳明等，2005）。

第四节 适度规模与农业发展

一 农业规模经营的适度问题

尽管规模质疑论者认为土地规模经营之后，会带来农村剩余劳动力的就业问题与劳动过程的监督问题。但是，在工业化和城镇化的双重推动下，农村剩余劳动力的就业问题已经得到较好的解决，农户通过家庭经营、建立健全的利益共同体等方式可以有效解决劳动监督等问题。从国际趋势看，农地经营规模呈现不断扩大的态势。日本自 20 世纪 80 年代以来农地的经营规模在缓慢扩大；美国从 20 世纪 30 年代到 80 年代中期，农场平均土地经营规模扩大近两倍；加拿大、德国、法国的农场平均规模也在不断加大（梅建明，2002）。从国内发展看，乡村空心化、土地撂荒和耕地"零租金"流转的出现，为土地规模经营创造了条件（杨忍等，2012）；财政资金大规模"反哺"农村、农业保险大规模实施等激励大量民间资本流入农业（韩俊，2015）；"三权分置"等土地制度的调整，稳定了农民预期，促进土地流转与规模化运营（程令国等，2016；刘守英、王佳宁，2017）。因此，越来越多的学者支持农业适度规模经营。

经营规模并非越大越好，土地经营规模是否适度与评判标准和评价目标有关，不同的评判标准产生不同的土地经营适度规模（许庆、尹荣梁，2010）。概括起来，产出效率最大化、收入最大化、劳均土地最大化等是适度经营规模的主要评判标准。基于土地产出最大化标准，2006—2010年黑龙江最优规模为劳均 4.7 公顷（马增林、余志刚，2012）；基于综合效率最大化，2007 年陕西苹果主产区的最优规模为户均 0.3—0.5 公顷（屈小博，2008）；基于农户收入最大化标准，2011—2012 年河北、山东、河南的最优规模为户均 8.3 公顷（张丽丽等，2013）；2002 年 10 个粮食主产区的最优规模为户均4.7公顷（钱贵霞、李宁辉，2004）；基于居民收入均等化标准，北方的最优标准为户均8.0公顷，而南方的最优标准为户均4.0公顷（钱克明、彭廷军，2014）；基于劳均负担耕地能力，2006年河北的最优规模为户均1.47公顷（张侠等，2010）；基于综合指标评价标准，2001年北方家庭农场的最优规模为户均133.3—200公顷（全盘机械化）、20.0—33.3公顷（主要作业实现机械化）、10.0公顷（以畜力作业为主），而南方家庭农户的最优规模为户均16.7—20.0公顷（全盘机械化）、3.3公顷（机械插秧人工收获）、1.6—2.0公顷（人工插秧和收获）（万宝瑞，2002）；基于家庭劳动禀赋和土地禀赋最大化标准，在现有生产力水平下，在控制了土地等级和地区变量后，以包含复种面积的土地经营总面积计算，家庭综合农场的最优土地经营规模区间为8.7—9.0公顷，"种粮大户"的最优粮食播种面积区间为15.6—15.7公顷，分别相当于目前户均土地经营总面积的5—6倍和9—10倍（倪国华、蔡昉，2015）。

农业适度经营规模受到耕地资源禀赋、地形、区位、气候等自然因素以及劳动力转移程度、技术水平、土地制度、农户可支配收入等社会经济因素的综合影响。总体而言，经济越发达、生产技术越进步、资源越丰富、劳动力转移程度越高、土地要素越密集，适度经营的规模越大（陈秧分等，2015）。不同的适度经营规模评判目标与差异化的约束条件决定了不同区域、不同时点、不同作物、不同经营主体的适度经营规模不同，适度经营规模是一个动态的区间。

二 适度规模经营的主要作用区域

从空间分布看，中国农业要以"七区"为骨架形成农产品适度规模经营的主产区。具体而言，"七区"包括东北平原主产区、黄淮海平原主产区、长江流域主产区、汾渭平原主产区、河套灌区主产区、华南主产区和甘肃新疆主产区。这些区域土质较好、水量较为充足、土地较为平整、土地连片、面积较大、土地整理费用较低，为适度规模经营提供了得天独厚的自然条件。同时，这些区域经济较为发达、农业剩余劳动力较少、土地流转难度较小，为土地适度规模经营提供了重要的经济条件。

三 适度规模经营的运转路径

适度规模经营的有效运转,需要在土地流转、种田能手、资本进入、文化融合四个方面加强引导、综合使力,从而对土地适度规模经营起到支撑作用。

(一)促进土地流转

土地有序流转是推动农业适度规模经营的核心关键。按照流转主体,土地流转代理关系可以分为三种类型:以农户为流转主体的私人流转模式、以集体经济组织为流转主体的政府主导模式、以市场土地中介为流转主体的市场导向模式。从经济绩效看,市场导向的代理模式通过竞争原则可以自发调节土地产权从低效率拥有者向高效率拥有者流动,具有较高的效率(董国礼等,2009)。完善"三权分置"制度,明确农民土地产权,以尊重农民意愿为基础,充分发挥村委会的作用,引导农民签订规范的流转合同,发展土地中介组织,建立和完善土地流转市场,形成农民收益与土地收益的动态联动机制,保障农民权益,促进农村土地有序流转。

(二)培育种田能手

实现农业适度规模经营,需要大批懂技术、懂市场、会管理、善经营的新型种田能手,通过他们实现农业机械化、良种化、科技化、水利化、电气化等,保障国家粮食安全(夏益国、宫春生,2015)。面对农业经营主体老龄化问题和农业规模化发展趋势,需要及早培育和壮大新型种田能手队伍。通过改善农业基础设施、加强职业农民培训、提供低息贷款、政府特别补贴、优惠政策性农业保险、与城镇职工医疗养老保险同等待遇等,逐步实现农民经营耕地的农业收入水平达到或高于当地农村居民人均收入水平、外出务工收入水平、城镇居民人均收入水平等,形成稳定和扩大农业生产队伍的经济基础。现阶段要将留在农村耕种二三十亩土地的中青年夫妇(新中农)发展成为新型种田能手的主力军(贺雪峰,2012)。同时,鼓励外出务工者和农林类大中专毕业生到农村创业,壮大种田能手队伍。

(三)规范资本进入

资本投入是推进土地规模经营的重要条件。推动农业适度规模经营过程中,一方面需要综合考虑种田能手、家庭农场和工商企业三类经营主体的差异性，通过不设置最小土地流转规模限制，发挥各种经营主体的积极性，增加资本进入的渠道（谭林丽、孙新华，2014）。通过对宅基地/房屋、承包地经营权进行市场价格估算，以这些产权为贷款质押，增加农户贷款的渠道。另一方面，又要充分认识到工商企业资本进入农业生产领域，会带来小农挤出效应、公共利益损害和产业安全挑战等问题，容易导致农民与企业和村庄的关系疏远，使工商企业成为吸纳国家财政专项资金的渠道。为此，必须规范引导工商资本进入农业生产领域，严厉制止以圈地囤地名义搞资本运作的工商企业资本进入农业领域（黄宗智，2012）。鼓励工商企业资本进入农产品加工、流通以及农业科技领域（贺雪峰，2012）。此外，近年来资本下乡导致土地非农化使用是一个比较普遍的现象，为此要严格规范用地性质，严禁用地性质改变而威胁国家粮食安全（焦长权、周飞舟，2016）。

（四）加强文化融合

促进农地适度规模经营，还需要外来资本加强与本地文化的融合。外来资本在经营农业过程中容易遭遇"被阻拦收割""被人欺负""被大规模偷抢"等困难，农业经营效益受到严重损害。这种现象发生的主要根源在于外来资本的"外来性"。外来资本进入农业适度规模运营，需要用乡土逻辑与村落社会发生互动，需要在乡土社会发展出"自己人"或者类似关系，融入本地文化，减小资本的"外来性"，从而成功扎根乡土，降低农业经营风险，提高农业经营收入（徐宗阳，2016）。同时，地方政府也要通过加强宣传教育、制定政策法规等，引导和约束本地农民的行为，促进外来资本与本地农民权益的双赢。

第五节　绿色品牌与农业发展

绿色品牌农产品包括无公害农产品、绿色食品、有机食品等，是经过认证、具有绿色标志的品牌产品。

一　农产品特性与绿色品牌发展逻辑

农产品具有两个基本的特性：一是低替代弹性，二是产品质量无法靠肉眼识别。第一，农产品属于低替代弹性的产品，即价格降低1%，销售收入提高小于1%。因此，对于低替代弹性产品，降低价格，增加销售数量，带来的不是收入增长，而是收入降低，这就是"丰产不丰收"的原因。对于低替代弹性的产品，提高收入的唯一出路在于提高价格，提高价格尽管会降低销量，但是会提高收入。而设置高价格的基础是产品的高质量。党的十九大报告指出，中国经济社会的主要矛盾已经发生转变，中国经济进入高质量发展的新阶段。发展高质量的农产品是现代农业发展的必然趋势。

第二，信息不完整条件下，农产品的质量无法靠肉眼识别。根据消费者行为理论，消费者购买产品主要基于产品内的线索（例如产品质量）和外在线索（例如品牌）。信息不对称和信息不完整的条件下，普通农产品的质量可以凭借常识和经验去识别和评价，而绿色农产品就需要进行认证并提供信息标识，即消费者依靠品牌推断产品品质（靳明和周亮亮，2006）。农产品的绿色品牌为消费者提供了产品质量信号。发展农产品绿色品牌，有利于制定与产品质量相协调的产品价格，有助于规避"柠檬市场"和"逐底竞争"效应，有助于提升农民的积极性，有助于增强农业影响力和可持续发展能力，提升农业发展的活力与动力，筑牢农业发展的根基。

二 地理标志产品与品牌建设抓手

地理标志产品是指产自特定地域，所具有的质量、声誉或其他特性本质上取决于该产地的自然因素和人文因素，经审核批准以地理名称进行命名的产品。它包括本地区种植、养殖的产品，以及原材料来自本地区，并在本地区按照特定工艺生产和加工的产品。

中国不同省份具有数量迥异的地理标志产品（如图8.3所示）。地理标志产品不仅反映了产品的竞争力，也同时反映了本地的特色，是品牌建设的一个重要抓手，是品牌建设的着力点。维护好和发展好地理标志产品，是提升特色产品质量、促进区域经济发展和对外贸易的有效手段。一些地理标志产品属于第一产业，另外一些是农产品的加工产品，属于第二产业。为了便于表述，都放在这里分析。

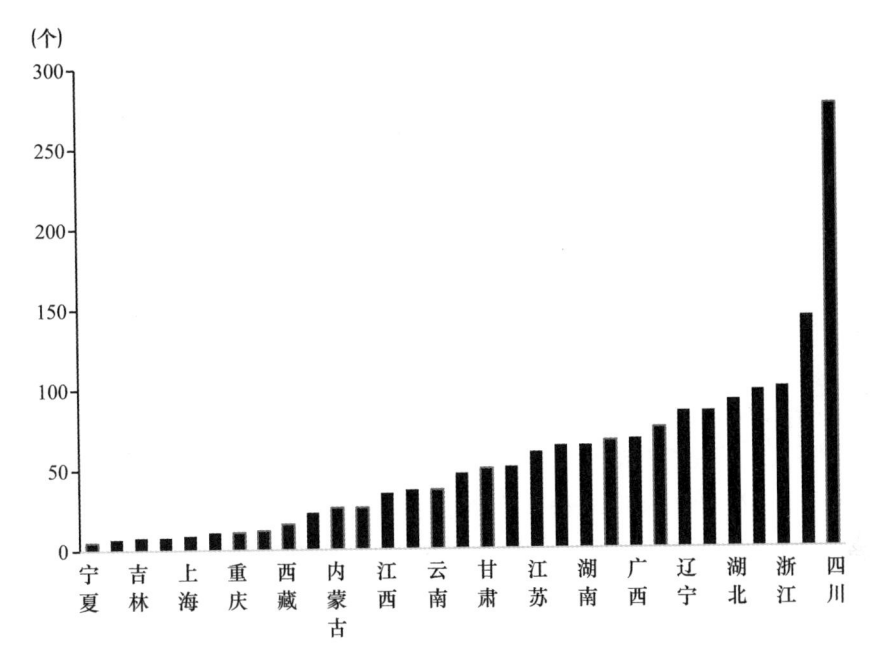

图 8—3 中国不同省份的地理标志产品数量

三 绿色品牌建设的路径

创建农产品绿色品牌，是一个系统工程，需要增强绿色观念和品牌意识，需要制定标准化体系、加强过程管理，需要延伸产业链条、增强文化内涵，需要强化终端监测、提高质量认证，需要改善谈判能力、拓宽直销渠道，需要打造区域品牌、规范市场秩序。

（一）增强绿色观念，树立品牌意识

建设生态文明是中华民族永续发展的千年大计。广大农户和业主在农业生产和加工中必须充分了解当前国人对于绿色农产品的诉求，大力增强绿色发展的观念，坚持绿色生产方式，生产绿色产品。同时，要增强品牌意识。具备条件情况下，积极进行商标申报和注册登记，强化品牌管理，加强地理标志证明商标和自身商标的双重保护。

（二）制定标准化体系，加强过程管理

农业标准化为农产品的绿色化、规范化、产业化生产提供技术支撑，是打造绿色品牌的基础和前提（阎寿根，2000）。加大农业科技资金投入，整合科技创新资源，完善农业科技创新体系、现代农业产业技术体系

和农业科技推广服务体系（刘合光，2017）。在此基础上，通过对土壤、种子、浇水、施肥、病虫害防治、贮藏、加工、包装等全过程的各个环节制定和实施标准，充分借助互联网技术、智能化技术和物联网技术对农业生产产前、产中、产后进行安全监测与质量管理，从而确保农产品的质量安全，保障绿色发展（金欣鹏等，2020）。

（三）延伸产业链条，增强文化内涵

延伸农产品的链条，需要依托和培育龙头企业。龙头企业通过分析市场需求，研发和引进技术设备，培养研发队伍，深化农产品加工业的发展。与此同时，加大对农产品的文化投入，使得农产品不仅反映"食"的需要，也寄托特有的价值观、审美情趣和人文情怀，增强产品文化内涵（袁敏芳，2002）。这是提高农产品绿色品牌附加值的关键一环。

（四）强化终端监测，提高质量认证

终端监测、质量认证是建设农产品绿色品牌的最后监督与保障。政府的食药监、工商、质检等部门，要强化责任落实，严格履行无公害农产品、绿色食品和有机食品的质量监测，加强 ISO9000 认证、ISO14000 认证、ISO9001 质量管理体系和安全食品体系认证，保障产品进入市场之前的质量安全（郭守亭，2005；温涛和陈一明，2020）。同时，通过完善农产品质量安全回溯追踪信息建设，增加信息反馈渠道，强化媒体和群众的监督。

（五）改善谈判能力，拓宽直销渠道

小农户与大中间商之间权利极端不平等的交易，严重压缩了农户的经济利益。建设农产品绿色品牌中，必须保障农民的利益。成立农民自己的合作社，政府组建批发市场，提供储藏设备、市场信息、交易法规等服务，提高农户的谈判能力，建立销售方和购买方相对均衡、对等的关系（黄宗智，2012）。同时，通过合作社，建立生产、加工、包装、销售的"纵向一体化"模式，消除众多为中间商控制的物流和销售的流通环节，拓宽直销渠道，一是与学校、大企业、机关、部队、宾馆饭店等建立供销关系，建立稳定的销售渠道；二是根据产品情况，在大中城市建立专卖店，专柜专销、直供直销；三是与大型流通企业建立品牌联盟；四是借助物联网、信息平台、微信等新媒体，扩大农产品品牌的辐射能力，拓展市场空间（郭守亭，2005；李瑾等，2020）。

(六) 打造区域品牌，规范市场秩序

临近区域往往具有相似的自然条件与相似的农产品，加强区域联合，减小恶性竞争，是打造区域农产品绿色品牌的重要条件。按照共商、共建、共享的原则，共同规划产品产量，借助招商推介、会展经济、新媒体等渠道共同开展宣传活动，打造区域绿色农产品品牌形象，共享区域品牌的利益。同时，调整优化分类分级的惩罚办法，打击假冒伪劣农产品，形成产品质量与信用挂钩机制。严厉打击垄断市场、炒作价格等行为，培育优良的市场竞争环境，为农产品绿色品牌的发展保驾护航。

第六节　结论

发展现代农业，一方面要通过农业适度规模经营，提高农业机械化水平，降低农业经营成本。在此过程中，着力推动土地流转、培育种田能手、规范资本进入、促进文化融合，推进农业适度规模经营；另一方面，以地理标志产品为抓手，通过制定农业标准化体系，实施过程管理，延伸产业链条，强化终端监测，培育发展农产品绿色品牌，提高农产品质量，提升农产品价格。通过降低成本、提高价格，拉伸利润空间，提高农业发展动力，筑牢农业发展的根基。

需要说明的是，发展绿色品牌、提高绿色农产品价格一定程度上会增加人民的生活成本。由于中国经济已由高速增长阶段转向高质量发展阶段，考虑到人们对绿色农产品的巨大需求、绿色农产品是大势所趋以及中国绿色农产品的建设和发展需要一个过程等特点，这种影响是渐进的、较小的。

第九章

高铁开通的旅游经济效应研究

第一节 引言

党的十九大报告明确指出，深化供给侧结构性改革，提高供给体系质量，需要加强基础设施网络建设。当前，中国社会主要矛盾已经转化为人民日益增长的美好生活需要和不平衡不充分发展之间的矛盾，其在旅游业中的一个典型表现是交通基础设施有效供给不足难以满足人民日益增长的旅游生活需求。相对于广袤的国土面积和庞大的人口数量，交通基础设施的有效供给不足以及交通基础设施网络互联互通水平较低，严重制约了区域旅游业的发展（张茜和赵鑫，2018）。在现有的众多交通方式中，高速铁路（下文简称"高铁"）兼具运行快速、载客量大、安全性高等诸多优点，是一种跨城市、跨省区且适宜中长途距离出行的新型轨道交通工具，因而，高铁能够大幅改善沿线地区可达性并使区域内的交通方式发生结构性的变化，进而对区域旅游发展产生重要影响（李磊等，2019）。自2008年中国首条高铁——京津城际高铁开通以来，经过十余年的快速发展，中国已跃居高铁营业里程世界第一大国。同期，中国的旅游业也取得了长足发展，国内游客人数由2008年的17.12亿人次增加至2018年的55.39亿人次，年均增长12.46%。由此，一个自然问题是，高铁开通是否构成了旅游业快速发展的动因？高铁开通对站点城市旅游业的影响是否存在异质性？高铁开通主要通过何种路径影响旅游业发展？厘清上述问题，有助于明晰高铁开通对旅游发展的影响效果及机制，并且对于评估高铁的经济社会效应具有重要的研判意义。

交通对旅游的影响始终是旅游经济领域的热点问题，已有大量文献

（张广海和赵金金，2015；侯志强，2018；Albalate 等，2015；Khadaroo 和 Seetanah，2008）研究了交通基础设施对旅游业的影响。随着高铁的逐步普及，高铁旅游引起了国内外学者的极大关注，可参见田里等（2018）、李磊等（2019）对高铁旅游的研究综述。已有关于高铁旅游的研究大多是以某条高铁线路、某个城市或某个区域展开的"局部"分析，如穆成林和陆林（2016）、Wang（2016）、黄泰等（2017）、殷平等（2019）。由于地区间的旅游资源禀赋、经济发展水平和交通基础设施等方面往往差异较大，使得基于"个案"分析所得的研究结论缺乏普适性。而且，从研究方法看，上述研究主要采用的是社会网络分析、问卷调查分析、可达性分析、灰色关联度分析等方法，这些方法虽然各有优点，但由于缺乏明确的经济学含义而难以应用于高铁开通对站点城市旅游业发展的量化评价。

近年来，一些学者尝试在国家范围内对高铁的旅游经济效应进行政策评价，但研究结论存在较大的分歧。一些学者认为，高铁开通使站点城市获得区位优势从而大幅提升旅游吸引力，同时由于旅游涉及"食、住、行、游、购、娱"等诸多方面，旅游人数的增加将会通过产业关联和乘数效应带动旅游经济，使得高铁成为推动旅游业发展的"酵母"和"引擎"（李想和杨英法，2014；李学伟，2019）。魏丽等（2018）采用2004—2015年中国省级面板数据，使用 Tobit 模型检验了高铁开通对旅游产业效率的影响，发现高铁开通对旅游产业综合效率和纯技术效率存在显著的积极影响；曾玉华和陈俊（2018）采用双重差分法对2005—2015年286个城市的数据进行实证研究，认为高铁开通使得站点城市旅游人数和旅游收入分别提高了18.51%、24.99%。另一些学者则认为，如果城市缺乏明确的旅游发展战略定位，或者未能与邻近同类城市的旅游产业错位发展，旅游业在城市间未能形成互补合作，高铁开通将无法发挥当地旅游资源的比较优势，也难以给当地旅游业带来实质性的效益，从而陷入高铁"过道效应"（汪德根，2016；Masson 和 Petiot，2009）。Albalate 和 Fageda（2016）基于双重差分法对西班牙50个省1998—2013的面板数据进行了实证研究，发现高铁开通对旅游产出具有较弱的正向直接效应，并且高铁开通会挤出航空旅游产出而产生显著的负间接效应。Albalate 等（2017）采用西班牙2005—2012年124个城市的面板数据进行分析，发现只有很弱证据表明高铁对旅游经济有促进作用,而且高铁对旅游经济的促进作用仅局限于大城市。可见,学者们就高铁开通对站点城市旅游业的影响尚未形成一致的看法,这一问题还有待深入探讨和交叉验证。

高铁开通对于站点城市旅游业的发展究竟是发挥了"引擎"的积极作用还是仅扮演着"过道"的角色?这需要通过科学的方法予以甄别。遗憾的是,有关中国高铁开通的旅游经济效应之量化研究颇少,基于全国范围城市数据的高铁开通对旅游业发展的研究尤为鲜见,其原因可能是城市层面旅游资源的相关数据难以获取。为准确识别高铁开通对站点城市旅游业发展的影响,本书收集了历年全国286个地级及以上城市的景区数量,并将其与城市的经济社会数据、高铁开通数据进行匹配,采用双重差分(Difference-in-Difference,DID)法对高铁的旅游经济效应进行量化评估并进行异质性分析。相比于既有文献,本书可能的边际贡献有两个方面。一是拓展了交通基础设施与旅游业发展的研究。本书基于高铁在各城市间开通与否及先后上的差异,采用双重差分法识别出高铁开通对站点城市旅游业的影响及其作用机制,相比于既有使用"公路里程"直接度量"交通基础设施"(张广海和赵金金,2015),本书的识别策略可避免由于测量误差导致的内生性问题。二是在控制变量的选取上,除了控制相关文献常用的变量外,本书通过手工收集整理样本期内各城市4A级和5A级旅游景区的个数表征旅游资源的时空差异,以此对旅游资源加以控制,力求避免因遗漏随个体与时间变化的重要协变量导致的内生性问题。三是在研究结论上,虽然同期有两篇文献(曾玉华和陈俊,2018;辛大楞和李建萍,2019)对同一主题进行研究且得出了高铁开通显著促进了站点城市旅游业发展的结论,但本书研究发现,虽然高铁开通对站点城市游客人数具有"水平效应"但"增长效应"却不显著,对站点城市旅游收入的影响甚至是负向的,结论与上述两篇文献的观点截然不同。对此,本书从计量策略和中国旅游业发展的现实两个方面阐述了本书结论更为科学合理。

第二节 中国高铁发展历程与理论分析

一 中国高铁发展历程

近年来,中国高铁发展迅猛,已成为中国优势装备走向世界的一张靓丽名片。高铁开通前,铁道部在1997—2007年共实施了六次铁路提速,但仍难以满足经济社会发展的需要。2004年国务院审议通过了第一个《中长期铁路网规划》,该规划提出至2020年要实现建成"四纵四横"快速客运专线网的目标。2008年中国首条具有完全自主知识产权的京津城际铁路通车运营,时速350公里/小时,标志着中国正式迈入高铁时代。此后,中国高铁事业的发展日新月异,2016年版的《中长期铁路网规划》将原有的"四横四纵"快速客运主干线升级为"八横八纵",并提出2030年高铁网络基本实现"内外互联互通、区际多路畅通、省会高铁连通、地市快速通达、县域基本覆盖"的宏伟目标。

图9—1描绘了中国高铁营业里程与高铁客运量2008—2017年的变化趋势。图9—1显示,中国高铁营业里程呈现稳步上升的趋势,由2008年的672公里增加到2017年的25164公里,年均增长49.57%;同时,高铁

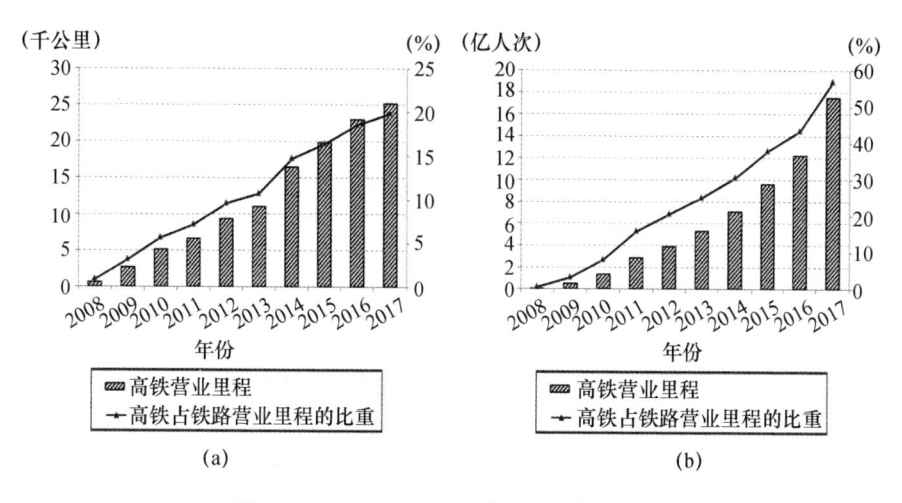

图9—1 2008—2017年中国高铁发展情况

资料来源:根据Wind数据库的数据使用Excel2010绘制。

占铁路营业里程的比重从 2008 年的 0.84% 提升到 2017 年 19.80%。相应地，不断增加的高铁营业里程诱发了新的客运需求，高铁客运量由 2008 年的 734 万人次增加到 2017 年的 175216 万人次，年均增长 83.74%，呈现出指数增长的趋势，高铁占铁路客运量的比重也由 2008 年的 0.50% 提升到 2017 年 56.80%。

为了比较高铁开通城市与未开通城市旅游业的发展状况，图 9—2 绘制了 2003—2016 年两组城市接待国内游客人数的对数值。从处理组城市和控制组城市来看，高铁开通城市的旅游发展水平要高于高铁未开通城市；由于 2008 年后处理组城市和控制组城市旅游发展水平的上升趋势较为类似，因此图 9—2 并不能表明高铁开通具有显著的旅游促进效应，下文将通过严谨的实证予以识别。

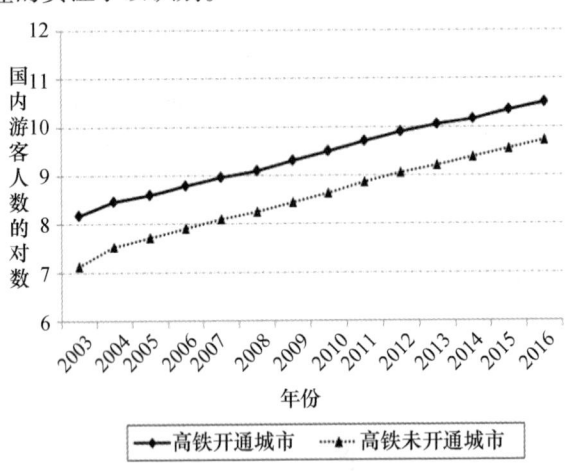

图 9—2　2003—2016 年高铁开通城市与未开通城市接待国内游客人数的变化趋势

二　理论分析

高铁具有很强的空间影响且影响机制是复杂的，这一观点已被学界认可（Hall，2009）。高铁产生的时空压缩效应首先会引致影响区域旅游交通可达性格局，进而对区域旅游要素产生"多米诺"效应，本书基于汪德根（2016）的高铁网络时代旅游地理学研究框架，将高铁开通对站点城市旅游业发展的影响途径分为规模效应、结构效应和技术效应。

（1）规模效应。高铁开通通过规模效应影响旅游业主要表现在经济发展和人口数量两个方面。理论上，高铁开通对经济发展和人口数量的影响既有正向的"扩散效应",又有负向的"虹吸效应"(张克中和陶东杰,2016;汪德根等,2015)。一方面,高铁开通有利于基础交通设施网络的完善,加快区域经济一体化进程,强化人口、资本、信息、技术等要素由区域中心城市向外围城市的扩散,促进外围城市的经济增长和人口增加,此时,高铁的"扩散效应"将促进站点城市旅游业的发展;另一方面,高铁开通引发经济要素在空间上的转移,也可能表现为要素沿途由外围城市向中心城市加速转移,增强中心城市对周边城市的经济集聚,抑制外围城市的经济增长,此时,外围站点城市会由于高铁"虹吸效应"所致的人口外流、经济萎缩,使得旅游人数不增反降。因此,从规模效应上看,高铁开通对站点城市旅游业的影响存在不确定性。

(2)结构效应。高铁开通通过结构效应影响旅游业主要表现在产业结构和游客出行方式两个方面。产业结构方面,高铁开通加速了信息、技术在城市间的流动,可促进传统制造业转向高科技和知识密集型的生产性服务业(Wang,2019),张克中和陶东杰(2016)也发现第二产业的增速会由于高铁开通而放缓,Yu(2017)认为以服务业为代表的第三产业对客运交通的便利性更为敏感,因此,从产业结构上看,高铁开通可有效提高地区经济活动效率,促进产业升级,从而有利于站点城市旅游业的发展。游客出行方式方面,高铁在中距离运输中的优势明显,高铁会与民航、高速公路等交通系统发生竞合作用(汪德根,2016),高铁开通会给短途民航带来直接的冲击,使短途民航的客流锐减(Albalate和Fageda,2016;Wan,2016),此外,高铁的贯通还可能会"挤出"沿线高速公路的客运量。但由于高铁开通打通了城市交通"最后一公里",使得"门到门"的出行时间明显减少而在一定程度上表现为与其他交通系统的合作,同时考虑到不同交通工具在不同运输距离中各具优势,因此,从游客出行交通工具的选择看,高铁开通对站点城市客流量的影响具有异质性。

(3)技术效应。高铁开通的技术效应主要表现在旅游业态和人力资本两个方面。旅游业态方面,高铁的时空压缩效应使得游客的旅游方式由传统走马观花式观光向休闲度假的"慢游"转变,从而加速人们旅游所需要素的重新组合,催生新的旅游业态(汪德根,2016),多样化、特色化、高端化的旅游产品应运而生。因此,从旅游业态看,依托高铁所产生的积极效应,旅游产业要素加速向高铁沿线城市聚集,有利于沿线城市旅游产品的加快开发，从而促进旅游业的发展。人力资本方面，高铁开通改善了投资环境，增加了企业的数量和规模，从而增加站点城市的高学历人才数量（杜兴强和彭妙薇，2017）。理论上，高铁开通能够提升旅游业态和人力资本水平，从而有利于旅游业的发展。

综上所述，高铁的时空压缩效应显著加快了人、财、物、信息、技术在区域内的流动，并对城市的规模、结构与技术等方方面面产生重要影响，进而影响站点城市的旅游业发展，但其影响的方向和大小具有不确定性。因此，当高铁开通对改善站点城市的规模、结构和技术均产生正向作用时，高铁将通过经济系统产生的乘数效应对站点城市旅游业产生"引擎"般的助推作用；否则，高铁开通可能仅起到城市"过道"的作用，无法真正对站点城市旅游业发展产生积极影响。鉴于此，本书对高铁的旅游促进作用进行检验，并探讨其作用机制。

第三节　实证设计

一　识别策略

本书将高铁开通视为一项准自然实验，利用城市是否开通高铁与开通先后上的差异，使用渐进型双重差分方法评估高铁开通对旅游业的影响。研究设计上，本书参考 Albalate 和 Fageda（2016）、张克中和陶东杰（2016）、Wang 等（2019）等设定如下计量模型：

$$Y_{it} = \alpha + \beta HSR_{it} + X'_{it}\gamma + \mu_i + \lambda_t + \varepsilon_{it} \quad (9—1)$$

其中，i 和 t 分别表示城市和年份；被解释变量 Y_{it} 为城市旅游业产出水平；核心解释变量 HSR_{it} 表示高铁开通与否；X_{it} 是一组控制变量，用于控制其他因素对城市旅游产出水平的影响；μ_i 为城市固定效应，用于控制城市间诸如地理特征等不随时间变化的因素；λ_t 为年份固定效应，用于控制特定年份（如 2003 年"非典"疫情对旅游业的整体影响）；ε_{it} 表示随机误差项，为了控制可能的横截面相关、时序相关和异方差等问题，本书将标准误聚类到城市层面。

核心解释变量 HSR_{it} 定义如下，城市 i 高铁开通的当年及之后各年取值 1，否则为 0。这种定义自动产生了处理组城市和对照组城市，以及高铁开通前和开通后的双重差异，相当于传统双重差分法中处理对象变量和处理时间变量的交叉项。β 为双重差分待估参数，用于衡量高铁开通影响旅游产出的净效应。如果 $\beta>0$ 且显著，则表明高铁开通显著促进站点城市旅游业发展；如果 β 不显著，则表明高铁开通未能显著促进站点城市旅游业发展。

二 样本与变量

本书以 2003—2016 年 286 个城市的面板数据为样本。高铁开通时间数据来自国家铁路局网站以及《中国城市统计年鉴》《中国城市建设统计年鉴》的控制变量数据等，工具变量的数据来自张梦婷等（2018）。各城市历年 5A 级景区个数由国家文化和旅游部网站的旅游名录整理得到，4A 级景区个数根据各省区文化和旅游局网站、百度网页等搜集整理得到。国内游客人数和旅游收入数据来自 CEIC 数据库，为最大限度保留可用样本，国内游客人数缺失的数据首先根据该城市相应年份的国民经济与社会发展统计公报的对应数据进行填补，剩下的少量缺失值通过线性插值进行填补。由于缺少城市层面的价格指数，因此以货币单位计量的名义变量均以相应省份的价格指数平减为 2003 年的不变价格。

被解释变量：旅游发展。统计年鉴中衡量旅游产出的指标主要有国内游客人数、国内旅游收入、境外游客人数、境外旅游收入，借鉴 Albalate 等（2017）、李光勤等（2018）的研究，同时，考虑到游客与高铁乘客中境外人员所占比例甚小，本书以国内游客人数作为衡量旅游发展水平的指标，并以国内旅游收入、游客总人数、旅游总收入这三个指标进行稳健性检验，其中旅游总收入由境外旅游收入按人民币/美元基准汇率年平均价折算为人民币后与国内旅游收入加总得到当年的名义值，再调整为不变价格。为得到高铁开通对旅游产出的变化率，在回归分析中，均取自然对数后作为被解释变量。

核心解释变量：高铁开通。本书以虚拟变量来表示高铁开通变量，定义见上文，不再赘述。

除了核心解释变量，本书参考已有文献，还控制了如下变量对旅游发展水平的影响。旅游资源丰裕度：旅游资源丰裕度是影响旅游发展的重要因素之一，直接影响着旅游产出。借鉴杨勇（2016）、李光勤等（2018）的研究，本书通过对 4A、5A 级景区进行赋值加总后取对数来衡量旅游资源丰裕度。具体为：基础分1分，4A、5A级景区分别每个赋值1分和1.5分，加总得到旅游资源综合指数后再取对数得到旅游资源丰裕度指标。该指标没有包括A、2A、3A级景区除了因为该数据无法准确获取外，还因为3A级及以下级别景区可由市级旅游景区评定机构直接评定产生，而4A、5A级景区则由所在地旅游景区评定机构逐级提交申请报告，并由省级旅游景区评定机构向全国旅游景区质量等级评定委员会提交推荐意见方能最终评定，因此，4A和5A级景区的数量更能体现城市间的旅游禀赋差异。此外，其他控制变量包括：公共设施维护水平：以城市维护建设资金占地方财政预算内支出的比重衡量；道路密度：以年末实有铺装道路面积占辖区面积的比重衡量；人口密度：以城市年末人口总数与辖区面积比值的对数衡量；人均收入：以城市人均实际GDP的对数衡量；产业结构：以综合指数衡量，遵循汪伟等（2015）的做法，计算公式为产业结构综合指数 = 一产比重 + 2 × 二产比重 + 3 × 三产比重，比重具体指该产业增加值占GDP的比重；FDI比重：以实际利用外商直接投资额按人民币/美元基准汇率年平均价折算为人民币后除以GDP的比值衡量；投资水平：以固定资产投资总额占GDP的比重衡量；教育水平：以普通高校在校学生数占人口总数的比重衡量；科技支出：以预算内科技支出占预算内财政支出的比值衡量；财政支出：以一般预算财政支出占GDP的比重衡量。

表9—1为主要变量的定义和描述性统计结果。容易看出，相比于高铁未开通城市，高铁开通城市的旅游发展水平更高。同时，控制变量中，旅游资源、公共设施、道路密度等变量的均值也同样呈现高铁开通城市高于高铁未开通城市的特征。因此，究竟高铁开通能否促进旅业发展需要将其他影响因素予以控制后的方能厘清。

表9—1　　　　　　　　主要变量的定义和描述性统计结果

变量名称及计算方法	总观测值	高铁开通城市 观测值	高铁开通城市 均值	高铁开通城市 标准差	高铁未开通城市 观测值	高铁未开通城市 均值	高铁未开通城市 标准差
旅游发展（国内游客人数的对数，千人）	3997	2488	9.40	1.16	1509	8.53	1.20

续表

变量名称及计算方法	总观测值	高铁开通城市			高铁未开通城市		
		观测值	均值	标准差	观测值	均值	标准差
高铁开通（哑变量，开通后取1，否则取0）	4004	2492	0.33	0.47	1512	0.00	0.00
旅游资源（旅游资源综合指数的对数）	4004	2492	1.59	0.93	1512	1.07	0.81
公共设施（城市维护建设资金占财政支出的比重，%）	3960	2481	14.64	19.55	1479	8.74	13.79
道路密度（道路面积占辖区面积的比重，%）	3969	2473	0.27	0.57	1496	0.08	0.12
人口密度（单位面积人口总数的对数，人/km^2）	3998	2492	6.00	0.75	1506	5.23	0.98
人均收入（实际人均GDP的对数，元/人）	3950	2452	9.95	0.83	1498	9.58	0.78
产业结构（产业结构综合指数）	3994	2485	2.26	0.22	1509	2.18	0.13
FDI比重（FDI占GDP的比重，%）	3763	2418	2.62	2.61	1345	1.25	1.40
投资水平（固定资产投资总额占GDP的比重，%）	3947	2450	62.28	25.61	1497	66.70	30.28
教育水平（高校在校学生数占人口总数的比重，%）	3902	2453	1.99	2.47	1449	0.81	1.08
科技支出（科技支出占财政支出的比重，%）	3994	2489	1.34	1.45	1505	0.78	0.77
财政支出（财政支出占GDP的比重，%）	3949	2451	13.38	7.17	1498	19.39	16.67

第四节　实证结果与分析

一　双重差分法适用性检验

本书使用渐进型双重差分法评估高铁开通的旅游经济效应，其优点是能够最大限度地剔除高铁之外的宏观环境、政策变化等其他因素的干扰。共同趋势或平行趋势假设是双重差分法有效的重要条件，它关系到对照组是否是处理组合适的"反事实"。具体而言，要求高铁先开通的城市与后开通的城市、未开通的城市在高铁开通之前旅游业发展的趋势不存在系统性差异，或者即使存在差异，差异也是固定的。只有当表示旅游发展的被解释变量在处理组城市与对照组城市上具备共同趋势，才可以认为高铁后开通的城市和未开通的城市是先开通城市合适的对照组。为检验这一共同趋势假设，本书参考 Yu（2017）、Dong（2018）的做法，利用"事件分析法"进行检验。具体计量模型如下：

$$Y_{it} = \alpha + \sum_{k \geq -7, k \neq -1}^{7} \beta_k D_{it}^k + X'_{it}\gamma + \mu_i + \lambda_t + \varepsilon_{it} \quad (9—2)$$

其中，D_{it}^k 表示高铁开通这一"事件"的一个虚拟变量，其取值如下：用 s_i 表示城市高铁开通的具体年份，如果 $t - s_i \leq -7$，则定义 $D_{it}^{-7} = 1$，否则，令 $D_{it}^{-7} = 0$；如果 $t - s_i = k$，则定义 $D_{it}^k = 1$，否则，令 $D_{it}^k = 0$（$k \in [-7, 7]$ 且 $k \neq -1$）；如果 $t - s_i \geq 7$，则定义 $D_{it}^{7+} = 1$，否则，令 $D_{it}^{7+} = 0$。同时，本书将高铁开通的前一年作为基准年份，即式（9—2）中去除了 D_{it}^{-1} 这个虚拟变量。β_k 是本书关注的参数，其反映了高铁开通前后对城市旅游业的影响。式（9—2）中的其他变量设定一致于基本模型（9—1）。式（9—2）还有一个优点，即可以估计高铁开通影响城市旅游业发展的动态变化，能同时检验共同趋势假设与高铁开通影响旅游发展的动态效应。

图 9—3 直观呈现了共同趋势假设的检验结果并刻画高铁开通对旅游业发展的动态影响，图 9—3（a）绘制了式（9—2）中参数 β_k 的估计值和 95% 的置信区间，图 9—3（b）绘制了参数 β_k 的估计值和 90% 的置信区间。图 9—3（a）和图 9—3（b）中，横轴表示高铁开通前与开通后的年份数，如"-2"表示城市高铁开通前的第 2 年，"3"则表示城市高铁开通后的第 3 年。由图 9—3 可知，在高铁开通之前，各城市旅游发展业的

差异不能拒绝为零的原假设,即各城市在高铁开通之前的国内游客数的对数并不存在显著差异,表明满足共同趋势假设。同时,高铁开通的当年,估计系数在10%水平下显著但在5%水平下不显著,即较弱的证据显示,高铁开通当年站点城市的国内游客人数增长4.66%;高铁开通后的第一年,国内游客人数的增速与高铁开通当年的增速相近,但在高铁开通后的第二年逐步下降且不显著。总体而言,高铁开通的旅游效应较弱且仅在高铁开通的当年与开通后第一年。

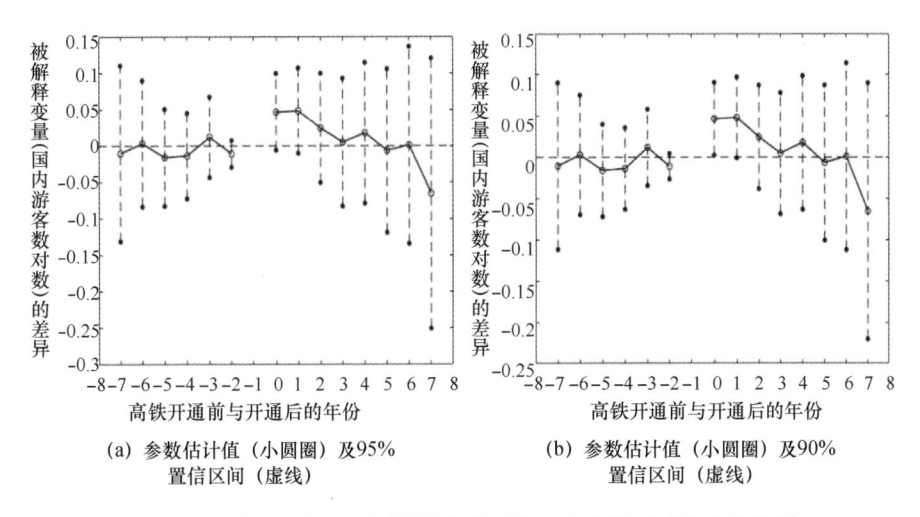

(a) 参数估计值（小圆圈）及95%置信区间（虚线）

(b) 参数估计值（小圆圈）及90%置信区间（虚线）

图9—3 被解释变量（国内游客数对数）在高铁开通前后的差异

二 基本回归

表9—2的（1）—（4）列是高铁开通对旅游业影响的基本回归结果。可以发现,不论模型是否包含控制变量,高通开通的回归系数均为正值。但在加入了控制变量后,估计系数由1.5222大幅下降至0.2035。进一步控制城市固定效应后,高铁开通对旅游业的影响系数下降至0.1365。值得注意的是,当同时加入控制变量和城市、年份双向固定效应后,高铁开通哑变量的回归系数下降至0.0405,并且系数不再显著。同时,注意到旅游资源、人均收入、投资水平这三个控制变量无论是否控制城市固定效应和年份固定效应,均在1%水平下呈现显著的正向影响。上述结果表明,旅游人数的增长主要源于旅游资源数量的增加、人均收入水平的提高

和投资水平的提升，且并没有充分的证据表明高通开通显著提升了站点城市国内游客人数的增速。关于高铁开通变量系数的估计结果，本书以表9—2第（4）列的双固定效应模型为准。

在基准回归中，本书还进行了敏感性分析。一方面，考虑到北京、天津、上海和重庆四个直辖市在行政级别高于一般地级市，这可能对结果产生干扰，本书排除了这四个直辖市重新回归，估计结果见表9—2的第（5）列。可以发现，高铁开通的估计系数略大于全部城市样本的估计系数，且显著性水平达到了10%。另一方面，考虑到省会城市和计划单列市拥有特殊的经济、财政和政治资源，经济规模、城市属性等方面与普通地级城市相比有较大差异，在排除直辖市的基础上，进一步删除这些城市的样本进行回归，估计结果见表9—2第（6）列，结果与排除四个直辖市的情形相似。

表9—2　　高铁开通对站点城市旅游业发展影响的基本回归结果

	全部城市				排除直辖市	普通地级市
	（1）	（2）	（3）	（4）	（5）	（6）
高铁开通	1.5222***	0.2035***	0.1365***	0.0405	0.0508*	0.0565*
	(0.0638)	(0.0514)	(0.0265)	(0.0288)	(0.0287)	(0.0314)
旅游资源		0.7392***	0.2127***	0.1225***	0.1218***	0.1342***
		(0.0476)	(0.0342)	(0.0374)	(0.0371)	(0.0404)
公共设施		-0.0003	0.0002	0.0001	0.0002	-0.0006
		(0.0013)	(0.0008)	(0.0009)	(0.0009)	(0.0010)
道路密度		-0.1635**	-0.0836	-0.1118*	-0.1773***	-0.0856
		(0.0634)	(0.0673)	(0.0575)	(0.0544)	(0.0966)
人口密度		0.3192***	0.3119	0.0989	0.1016	0.2105
		(0.0382)	(0.2150)	(0.1247)	(0.1432)	(0.1860)
人均收入		0.2061***	1.1806***	0.3193***	0.3233***	0.3051***
		(0.0580)	(0.0709)	(0.1065)	(0.1087)	(0.1134)
产业结构		0.2329*	0.0365	0.0125	0.1039	0.0929
		(0.1210)	(0.0582)	(0.0370)	(0.1366)	(0.1404)

续表

	全部城市				排除直辖市	普通地级市
	(1)	(2)	(3)	(4)	(5)	(6)
FDI比重		0.0029 (0.0111)	0.0254*** (0.0064)	0.0312*** (0.0052)	0.0323*** (0.0052)	0.0361*** (0.0057)
投资水平		0.0039*** (0.0012)	0.0034*** (0.0007)	0.0020*** (0.0007)	0.0016** (0.0007)	0.0014** (0.0007)
教育水平		0.0331** (0.0136)	-0.0336 (0.0266)	-0.0426* (0.0241)	-0.0418* (0.0245)	-0.0426 (0.0273)
科技支出		0.0178 (0.0178)	0.0066 (0.0091)	0.0004 (0.0093)	0.0071 (0.0091)	0.0094 (0.0098)
财政支出		0.0124*** (0.0043)	0.0055** (0.0027)	0.0017 (0.0017)	0.0016 (0.0017)	0.0010 (0.0016)
常数项	8.7603*** (0.0529)	3.2029*** (0.6313)	-4.4795*** (1.5284)	6.3807*** (1.5302)	4.7103*** (1.6277)	3.3732* (1.8700)
城市固定效应	否	否	是	是	是	是
年份固定效应	否	否	否	是	是	是
观测值	3997	3617	3617	3617	3562	3161
R^2	0.2411	0.7145	0.9403	0.9495	0.9461	0.9404

注：( ) 内数值为聚类（Cluster）到地级市层面的稳健标准误，*、**、*** 分别表示 10%、5%、1% 的显著水平，本章下同。

三 异质性

（一）四大区域城市

上文分析了高铁开通对旅游业发展的总体影响，发现高铁开通对站点城市旅游业发展的促进效果并不显著。为了进一步印证这一结论，并试图探寻高铁开通对旅游业发展可能存在的地区异质性，本书进一步考察高铁开通影响旅游业发展的区域差异。考虑到中国高铁网络"东部沿海与中部相对密集，而西部相对稀疏"的特点（张梦婷等，2018），将样本按国家"十三五"规划中四大板块的划分方法，划分为东部、中部、西部和东北部地区城市，回归结果见表9—3的（1）—（4）列，四大区域城市子样本的回归结果也并未发现高铁开通能显著促进站点城市旅游业发展的证据。

（二）不同发展水平城市

考虑到商业资源聚集度、城市枢纽性、城市人活跃度、生活方式多样性在城市间的差异及其对高铁旅游的影响，本书根据《2019城市商业魅力排行榜》将样本划分为一线（含准一线）、二线、三线、四线和五线城市，回归结果见表9—3的（5）—（9）列，结果显示，五线城市高铁开通能显著提升站点城市旅游业的发展，可使城市国内游客人数的增速提高14.82%。此外，在10%的显著水平下，三线城市高铁开通对站点城市旅游业发展也具有正向的促进作用。其他三组子样本的回归系数虽然也为正，但并不显著。原因可能是五线城市的旅游资源是以天然景区为主，这种绿色生态旅游更受中高等收入人群青睐，因此，高铁开通对五线城市旅游业发展的促进作用更为明显。

表9—3 分区域、分不同发展水平城市的回归结果

	(1)	(2)	(3)	(4)	(5)	(6)	(7)	(8)	(9)
	东部地区	中部地区	西部地区	东北部地区	(准)一线城市	二线城市	三线城市	四线城市	五线城市
高铁开通	-0.0140 (0.0540)	0.0384 (0.0348)	0.0485 (0.0528)	0.0639 (0.0890)	0.0190 (0.0459)	0.0185 (0.0516)	0.1168* (0.0614)	0.0078 (0.0400)	0.1482*** (0.0506)
控制变量	是	是	是	是	是	是	是	是	是
城市固定效应	是	是	是	是	是	是	是	是	是
年份固定效应	是	是	是	是	是	是	是	是	是
观测值	1147	1084	938	448	255	392	926	1140	904
R^2	0.9631	0.9620	0.9431	0.9285	0.9679	0.9692	0.9323	0.9465	0.9088

四 稳健性检验

（一）基于PSM-DID方法的估计

为了增强由基本回归所得结论的说服力，进一步使用倾向得分匹配—双重差分（PSM-DID）方法进行稳健性检验。首先将城市是否为高铁开通

城市作为被解释变量,对控制变量进行 Logit 回归,得到倾向得分值;然后将倾向得分值最接近的城市作为高铁开通城市的配对城市,即作为控制组;最后再利用双重差分法进行估计。PSM-DID 方法是依据控制变量挑选高铁开通城市的配对城市,可降低处理组城市和控制组城市的系统性差异,有效缓解选择性偏差问题(石大千等,2018)。

表9—4 第(1)列是基于 PSM-DID 方法的高铁开通对旅游发展影响的回归结果。结果表明,高铁开通对站点城市旅游发展的影响微乎其微,这一结果一致于基本模型的结果,表明"高铁开通对站点城市国内游客人数的增速没有显著影响"这一核心结论具有较强的稳健性。

(二)排除异常值

为了排除异常值的干扰,本书还分别基于被解释变量(国内游客人数的对数)1%—99%、5%—95%分位点子样本进行回归,估计结果见表9—4(2)—(3)列。可以发现,高铁开通的估计系数也未能通过10%的显著性水平检验,支持前文结论。2003年全国大面积爆发了"非典"疫情,这不仅对当年的旅游市场带来了极大的冲击,还造成了2004年旅游业的异常波动,故排除2003年、2004年的样本进行回归以消除"非典"疫情对回归结果的影响,估计系数[见表9—4(4)列]接近于基本模型的估计系数。

表9—4 稳健性检验(PSM-DID 方法和排除部分样本)的回归结果

	(1) PSM-DID 方法	(2) 排除因变量双侧 1%分位点后的样本	(3) 排除因变量双侧 5%分位点后的样本	(4) 排除受"非典"疫情影响年份的样本
高铁开通	0.0004 (0.0209)	0.0401 (0.0272)	0.0332 (0.0228)	0.0449* (0.0261)
控制变量	是	是	是	是
城市固定效应	是	是	是	是
年份固定效应	是	是	是	是
观测值	2761	3556	3293	3096
R^2	0.9670	0.9578	0.9524	0.9596

(三) 更换变量指标

为了减轻指标度量问题对实证结论带来的影响，本书分别对控制变量、被解释变量的指标进行更换后重新回归。控制变量指标的变更包括：(1) 将第三产业增加值占 GDP 的比重作为产业结构度量指标；(2) 加入城市是否有民航机场控制变量，城市民航机场的数据来自 CEIC 数据库；(3) 忽略景区被摘牌和降级的影响。自 2015 年起，国家旅游管理相关部门对景区的认证、资质实行动态管理，对于复查不达标或存在严重问题的景区予以降级或摘牌处理。基准回归中，景区的个数是根据各景区等级的动态变化进行统计的，因此，在稳健性检验中，假设景区等级只升不降，不考虑景区被摘牌或降级的影响；(4) 改变 5A 级景区的赋值，在稳健性检验中，将基准回归中 4A 级和 5A 级景区的赋值 1 和 1.5 分别变更为 1 和 2。结果表明，上述 4 种变更控制变量情形所得的回归结果（见表 9—5）与基本模型的结果一致，均未发现高铁开通能显著提高站点城市旅游业发展的证据。

表 9—5　　　稳健性检验（更换变量指标）的回归结果

	(1) 三产比重作为产业结构变量	(2) 控制是否有民航机场	(3) 不考虑景区被摘牌和降级	(4) 改变 5A 级景区的赋值	(5) 游客总数的对数作为被解释变量	(6) 国内旅游收入对数作为被解释变量	(7) 旅游总收入对数作为被解释变量
HSR	0.0409 (0.0286)	0.0406 (0.0287)	0.0411 (0.0287)	0.0402 (0.0285)	0.0069 (0.0256)	-0.0516* (0.0288)	-0.0532* (0.0295)
控制变量	是	是	是	是	是	是	是
城市固定效应	是	是	是	是	是	是	是
年份固定效应	是	是	是	是	是	是	是
观测值	3619	3617	3619	3619	3266	3286	3164
R^2	0.9495	0.9495	0.9495	0.9495	0.9462	0.9606	0.9628

本书还分别将被解释变量替换为游客总数的对数、国内旅游收入的对数、旅游总收入的对数作稳健性检验，回归结果见表 9—5 (5) —(7) 列，容易发现，高铁开通对于站点城市游客总数的增速没有显著影响，这一结果与基本模型的结果一致。但值得注意的是，高铁开通不仅无法提升

站点城市旅游收入的增速，反而会对站点城市旅游收入的增速带来负向的影响。具体而言，在10%的显著水平下，高铁开通会导致站点城市国内旅游收入的增速、旅游总收入的增速分别下降5.16%、5.32%。这一结果可能的原因是不少城市通过降低甚至免收景区门票的方式来招揽更多的游客，这种"赔本赚吆喝"的商业模式背后反映的是景区同质化竞争在高铁开通后日益凸显。

五 内生性问题

高铁站的选址并非随机选取，高铁线路的规划需要对沿线城市的经济条件、建造成本、城市功能等因素进行综合考量，如果这些因素又同时影响到城市旅游业的发展，这就可能导致"高铁开通"这一核心解释变量的内生性问题，因此，进一步采用工具变量法进行估计。

关于高铁开通的工具变量，既有文献一般基于坡度（Duflo 和 Pande，2007）、历史的铁路线（Zheng 和 Kahn，2013）、最小路径树（Faber，2014）三种策略进行构造。本书采用张梦婷等（2018）的思路及数据，利用高程数据提取城市的水文信息、坡度信息和起伏度信息，依据"地理开发成本最低"原则，得到各地级市是否"该"有高铁开通的虚拟变量（$cost$），注意到这个变量取决于地理信息数据，不会随时间而变动，因此，本书将这个虚拟变量与年份虚拟变量的乘积作为高铁开通的工具变量，估计结果见表9—6。

可以发现，在IV第一阶段回归中，坡度与年份虚拟变量的交叉项的估计系数绝大多数为负且显著，且交叉项估计系数的联合F检验在1%的置信水平上显著。这说明一个城市修建高铁的难度和成本越高，越不容易有高铁修建，符合经济规律。在IV第二阶段回归中，高铁开通的估计系数虽然为正，但无法通过10%的显著性水平检验，表明高铁开通未能显著提高旅游发展水平，一致于前文的结论。同时，两种设定的第一阶段F值分别为57.94，大于经验值10，因而拒绝弱工具变量的假设，表明了工具变量的有效性。结合前文一系列的稳健性检验，可以认为"高铁开通并未显著提高站点城市国内游客人数增速"这一核心结论是可靠的。

表9—6　高铁开通对旅游发展影响2SLS估计的回归结果

	IV 第一阶段 Y：高铁开通	IV 第二阶段 Y：旅游发展
高铁开通		0.0255（0.8470）
cost×2003年虚拟变量	−0.2769***（0.0000）	
cost×2004年虚拟变量	−0.2739***（0.0000）	
cost×2005年虚拟变量	−0.2902***（0.0000）	
cost×2006年虚拟变量	−0.2931***（0.0000）	
cost×2007年虚拟变量	−0.3090***（0.0000）	
cost×2008年虚拟变量	−0.2956***（0.0000）	
cost×2009年虚拟变量	−0.2748***（0.0000）	
cost×2010年虚拟变量	−0.0664（0.3240）	
cost×2011年虚拟变量	−0.0248（0.7100）	
cost×2012年虚拟变量	−0.0699（0.2750）	
cost×2013年虚拟变量	0.0392（0.5000）	
cost×2014年虚拟变量	0.0472（0.3060）	
cost×2015年虚拟变量	0.0225（0.4450）	
第一阶段F值	57.94	
控制变量	是	是
城市固定效应	是	是
年份固定效应	是	是
观测值	3578	3578
R^2	0.6410	0.9495

第五节　识别检验与机制分析

前文的分析表明，高铁开通未能显著提高站点城市的旅游业发展，平均而言，高铁对于站点城市而言仅起到"过道"的作用。高铁开通改善了站点城市的基础设施却为何未能促进站点城市旅游业的显著发展？为了探寻其背后的原因，本书进一步考察高铁影响旅游业发展的作用机制，机制分析的模型设定如下：

$$M_{it} = \beta_0 + \beta_1 HSR_{it} + Z'_{it}\xi + \mu_i + \lambda_t + \varepsilon_{it} \qquad (9\text{—}3)$$

其中，i 和 t 分别表示城市和年份；HSR_{it} 表示高铁开通与否；Z_{it} 表示一组控制变量；μ_i 和 λ_t 分别表示城市个体效应和年份效应；ε_{it} 表示随机误差项。根据前文理论机制的分析，本书从规模效应、结构效应和技术效应三条途径入手，选取七类变量作为式（9—3）的被解释变量。具体而言，规模效应以人口数和 GDP（均取对数）来表示；结构效应以产业结构和客运结构来表示，前者以第二产业增加值占 GDP 的比重、第三产业增加值占 GDP 的比重衡量，后者以民航客运量的对数衡量；技术效应以景区经济效益和城市创新水平来表示，前者以旅游收入与景区（4A 级和 5A 级）数之比的对数衡量，后者以城市综合创新指数衡量，数据来源于《中国城市和产业创新力报告》（寇宗来和刘学悦，2017）。同时，式（9—3）中纳入如下控制变量：FDI 比重、投资水平、教育水平、科技支出和财政支出，这些变量的度量与上文一致。

表9—7 报告了高铁开通对旅游业发展影响机制的回归结果。（1）规模效应的估计结果见表9—7（1）—（2）列。可以发现，规模效应中人口数对数的估计系数为正，并通过5%的显著性水平检验，但 GDP 对数的估计系数为负，并通过1%的显著性水平检验，这说明高铁开通加快了站点城市的人口增长，但也降低了站点城市 GDP 的增速，这一致于张克中和陶东杰（2016）的结论。这一结果表明高铁开通加快了农村人口向城市流动进而促进了城市的人口增长，这有助于促进站点城市的旅游产出；但高铁开通使生产要素更方便地流向经济发达地区，这种"虹吸"效应会抑制站点城市的经济增长，从而可能阻碍站点城市的旅游业发展。由于这两种高铁开通的规模效应符号相反，这是本书结论"高铁开通未能显著促进站点城市旅游业发展"的原因之一。（2）结构效应的估计结果见表9—7（3）—（5）列。从产业结构看，不难发现，高铁开通显著降低了二产比重，并增加了三产比重。这一结果与规模效应的结果是相吻合的，因为相对于中心城市，外围城市往往经济发展相对落后、投资环境欠佳，这些外围城市中的资金、高技术人才、信息等要素将加速向经济实力强、发展环境好、行政效能高的中心城市聚集，加上第二产业相对第三产业而言对这些优质要素更为敏感，因此，在要素有效供给不足的情况下，高铁开通从平均意义上讲会使站点城市二产比重下降。另外，由于传统服

务业等第三产业对资金、人才等要素的要求相对不高,且高铁开通有助于本市下辖的县区人口向城市流动,因此,高铁开通有利于第三产业发展。从高铁对民航客运的作用看,在10%的显著性水平下,高铁开通使得民航客运量的增速下降15.4%,这一结果提示,高铁与民航客运之间的竞合作用更多地表现为"挤出"而非"挤入"。由于高铁开通的结构效应同时存在着上述正向和负向的影响,这是"高铁开通未能显著促进站点城市旅游业发展"的又一原因。③技术效应的估计结果见表9—7(6)—(7)列。可以发现,景区平均旅游收入的对数关于高铁开通的估计系数为负,表明高铁开通未能促进站点城市的旅游经济;另外,高铁开通显著提升了城市创新指数,从而有利于旅游产品的创新。因此,高铁的技术效应对旅游业发展的影响也不甚明确。

表9—7　　　　　　　　　机制分析的回归结果

	规模效应		结构效应			技术效应	
	(1)	(2)	(3)	(4)	(5)	(6)	(7)
	人口数的对数	GDP的对数	二产比重	三产比重	民航客运量的对数	景区平均收入的对数	创新指数的对数
HSR	0.0125 ** (0.0051)	−0.0425 *** (0.0136)	−1.3436 *** (0.5170)	0.9318 ** (0.3740)	−0.1540 * (0.0849)	−0.0512 (0.0412)	0.1248 *** (0.0429)
控制变量	是	是	是	是	是	是	是
城市固定效应	是	是	是	是	是	是	是
年份固定效应	是	是	是	是	是	是	是
观测值	3683	3683	3681	3680	1594	2816	3665
R^2	0.3120	0.9626	0.2990	0.3289	0.5901	0.3764	0.9111

第六节　与相关研究结果的比较与讨论

本书基准模型、稳健性检验和工具变量估计的回归结果均表明,高铁开通在整体上对促进站点城市游客人数的增速没有显著影响,甚至还发现高铁开通对站点城市旅游收入具有负向的影响。这一发现与近期曾玉华和陈俊（2018）、辛大楞和李建萍（2019）的研究结论相左，而一致于Albalate 等（2017）对西班牙高铁对旅游业影响的实证结果，也印证了张克中和陶东杰（2016）关于高铁经济"虹吸效应"的结论。

曾玉华和陈俊（2018）（以下简称"曾文"）认为高铁开通可分别提高站点城市18.51%的旅游人数和24.99%的旅游收入，辛大楞和李建萍（2019）（以下简称"辛文"）尽管没有给出高铁开通对站点城市旅游业发展提高的百分比，但亦认为高铁开通对旅游业发展具有显著的正向影响。本书认为这两篇文献的结论值得商榷，以下为结论与曾文、辛文结论不一致的可能原因：首先，从被解释变量的选取和对回归结果的解读上看，曾文和辛文均是以指标的水平值而非对数值作为被解释变量，其高铁变量的回归系数显著为正可以认为高铁开通促进了游客数量的增长，而无法回答是否提高了游客人数的增速。因此，仅能说明高铁开通对站点城市旅游业发展带来了"水平效应"，而不能说明"增长效应"。其次，从控制变量的选取上，曾文遗漏了城市旅游资源这一重要的协变量，本书所有模型设定的实证结果均表明，城市旅游资源的回归系数是显著的，说明城市旅游资源的多寡会对被解释变量产生影响，且由于城市旅游资源是随时间和城市双向变化的，表明这一重要协变量的遗漏导致的内生性问题将会高估高铁开通对站点城市旅游业发展的贡献。再次，从回归报告的标准误来看，曾文和辛文的回归结果中报告的是普通标准误或稳健标准误，并非是聚类标准误，忽略了潜在的时序相关和横截面相关问题，因而可能会得出错误的统计推断。最后，从客观实际看，虽然曾文试图将回归系数转换为增长率的变化进行解释，但其转换方法缺乏科学性。事实上，本书计算了全样本城市（3142个观测值）国内游客人数年增长率的算术平均值为21.46%，从未开通高铁的城市子样本（2329个观测值）的国内游客人数年增长率的算术平均值为21.72%，高铁开通城市（177个观测值）高铁开通当年的国内游客人数增长率的算术平均值为22.63%，粗略计算可得高铁开通城市比未开通城市国内游客人数的增长率（4.19%）高，与本书基准模型中高铁开通变量的回归系数估计结果4.05%相近，与曾文结果为18.51%相差甚远。综上所述，本书的结果更为科学、合理，可以认为对大多数城市而言，高铁开通仅是城市的"过道"，并未成为促进站点旅游业发展的"引擎"。

第七节　结论与启示

便捷的旅游交通是推动旅游业发展的重要前提，高铁开通在影响旅游者旅游决策的同时，也在改变着旅游业要素的空间分布。高铁对旅游业的影响取决于高铁开通产生的是扩散效应还是集聚效应。如果是前者起主导作用，则高铁开通有利于站点城市旅游业发展，即高铁开通通过推动城市间的旅游合作和区域一体化发展产生扩散效应进而促进站点城市旅游业发展，此时，高铁将成为促进旅游区域一体化发展的"引擎"；反之，如果是后者起主导作用，则意味着高铁开通加速了外围城市的旅游要素资源向中心城市转移和聚集而不利于外围站点城市旅游业发展，此时，高铁对于外围站点城市的旅游业发展仅起到"过道"的作用。目前，鲜少有基于城市层面数据的高铁开通与旅游业发展的量化研究，更为遗憾的是，这些文献在实证研究中由于遗漏重要变量和识别策略不当所得结论也有待商榷。鉴于此，本书将高铁在不同城市、不同时间的开通视为一次准自然实验，采用2003—2016年中国286个城市的面板数据，基于渐进型双重差分法估计了高铁开通对站点城市旅游业的影响及其作用机制。研究发现：（1）高铁开通不受城市旅游发展水平的影响，并且高铁开通城市与未开通城市满足共同趋势假设；（2）整体上，高铁开通对站点城市国内游客人数仅有显著的"水平效应"，但并未产生显著的"增长效应"，且在10%的显著性水平下，高铁开通会平均降低站点城市大约5%的国内旅游收入和总收入；（3）异质性上，高铁的旅游效应仅在五线城市表现显著，高铁开通可平均提高五线城市国内游客人数14.82%，其余城市的高铁旅游效应均未能通过5%的显著性水平检验，此外，四大区域城市的异质性分析中均没有充分的证据显示高铁有效提升了站点城市旅游业的发展；（4）机制分析表明，高铁开通对影响旅游业发展的城市规模效应、结构效应和技术效应都并非是简单的正向传导路径，而是表现为正、负向影响并存的传导模式，从而导致了高铁开通的旅游效应不显著。具体而言，整体上，高铁开通可带来城市人口规模效应、第三产业比重之结构效应以及技术创新能力之技术效应，并通过这些途径促进站点城市旅游业的发展，同时，高铁开通也会带来负向的经济规模效应、降低第二产业比重和挤出民航客运量之结构效应。此外，本书通过 PSM-DID 法、平行趋势检验等方式确保研究结论的稳健性。

高铁带来的"时空压缩"对城市的经济与社会发展的影响是全方位的，因此，高铁开通不仅会通过改变旅游者的旅游决策对旅游业发展产生影响，还通过农村人口向城镇流动、产业结构变化、经济社会的变革等作用于旅游业，这就导致了高铁的旅游效应变得扑朔迷离。有意思的是，不同于近期已有研究的结论，本书研究结论表明，整体而言，高铁开通未能显著促进站点城市旅游业发展，高铁对于大多数站点城市而言仅起到"过道"的作用，未能对整个区域的旅游业发挥"引擎"的功能。究其原因，一是高铁的集聚效应大于其扩散效应，使得更多的要素流向了中心城市，从而抑制了中小城市旅游业的发展；二是高铁开通会"挤出"部分的民航客运，一些中距离的民航航线在高铁的冲击下凋零甚至取消；三是同类城市间的景区缺乏特色，旅游产品的多样性不足，城市间旅游业同质化竞争激烈；四是城市之间的行政藩篱阻碍了城市之间的旅游合作，缺乏对整个区域旅游业的空间布局与整体规划。

本书的实证结果与研究结论具有明确的政策含义：一是要加强城市间旅游合作，大力推进"全域旅游"发展。高铁为区域内的互联互通创造了有利条件，同时也对地方政府间的合作提出了更高的要求，因此，地方政府应当树立区域一体化发展的大局观，积极推进体制机制改革，要依托高铁沿线区域的旅游"同城化"建设，避免旅游产品的同质化竞争，共同推进"全域旅游"发展；二是要加强旅游供给侧结构性改革，创新旅游产品和服务的开发供给。随着国民收入水平的不断提高，旅游消费需求趋于常态化，原有结构单一、质量低端的旅游产品已经难以满足新时期人们多元化、特色化和高端化的旅游消费需求，因此，旅游部门应当因地制宜创新旅游产品，加大特色旅游产品和服务的供给以满足人民日益增长的美好旅游生活需求；三是要完善旅游基础设施网络，提高旅游景区通达性。由于高铁站大多位于市郊，而且一些自然景区也远离城市核心区，因此，城市道路规划和公交体系需要兼顾重点景区与高铁站之间的联通性以提高旅游景区的通达性。

第十章

2035年中国十九大城市群常住人口预测

第一节 研究背景

在区域协调发展方面，以习近平同志为核心的党中央提出了要形成优势互补、高质量发展的区域经济布局，按照客观经济规律调整完善区域政策体系，发挥各地区的比较优势。在新形势下，中国经济发展的空间结构正在发生深刻变化。习近平总书记在企业家座谈会上再次强调要逐渐形成以国内大循环为主体、国内国际双循环相互促进的新发展格局。双循环的判断是中央对未来经济政策和国际形势的最新研判。双循环格局的内在逻辑是以产业升级为先导，以大规模创造多元消费的投资为条件，激活消费升级，在供给和需求两侧启动内循环动力，以内循环为主体重塑和应对外循环。

双循环格局对产业布局产生较大影响。2020年，国际形势突变，新冠肺炎疫情等事件作为历史拐点，将会彻底重塑全球经济贸易格局。预计中国未来借助于强劲的内需动力和稳健的内循环机制，能够通过外循环机制重塑全球体系、布局海外投资。同时也可以预见，中国区域经济形势会发生深刻变化，东部地区的消费品市场将向长江中游城市群、中原城市群、成渝城市群以及京津冀南部区域转移。这些城市群更靠近中国经济和地理上的中心，且交通便利、劳动力和土地成本较东部城市群低。东部城市群则朝着高端制造业和服务业的方向继续升级。靠近中心的城市群的原有的部分上游产业则可能继续向关中平原城市群、黄河"几"字弯城市群、滇中和黔中城市群转移，这些地区一般具有资源和能源的优势。可以肯定的是，双循环格局形成过程必定是中国产业再次迭代升级的过程，对产业和人口集聚产生较大影响。

区域间经济发展分化态势明显。目前，长三角、珠三角等地区已初步走上高质量发展的轨道，北方省份经济增长普遍低于南方省份，经济中心进一步南移。此外，区域内发展动力分化明显。目前，经济规模和人口向大城市及城市群集聚的趋势明显，北京、上海、广州、深圳等特大城市发展优势不断增强，杭州、南京、武汉、成都、西安等中心城市发展势头较好，形成推动高质量发展的区域增长极。预计未来形成10个以上1000万级城市、12个2000万级的大型都市圈。中国19大城市群集聚了75%的人口和88%的经济规模。未来，中国将破除资源流动障碍，使市场在资源配置中起决定性作用，各类生产要素自由流动并向优势地区集中，提高资源配置效率；按照经济规律，产业和人口会向优势区域集中，一线、二线城市仍将是经济和人口集聚的重点。

"新基建"的影响深刻。"新基建"写入2020年国务院政府工作报告，涉及5G基站建设、特高压、城际高速铁路和城市轨道交通、新能源汽车充电桩、大数据中心、人工智能、工业互联网七大领域。其中，特高压的影响有以下几个方面：一是有利于提高新能源的利用率，降低对化石能源的依赖；二是有利于能源开发进一步战略西移；三是有利于发挥"富煤贫油少气"的特点，促进黄河流域生态保护和高质量发展。新能源汽车充电桩能够促进新能源汽车的使用；5G基站建设、工业互联网等其他新基建领域的建设，则能够推进研发基地与产业园区的分离、研发与产品生产的分离。预计未来一段时期，煤炭在能源中的占比仍将维持在50%以上，风电等新能源占比将会进一步提高。煤炭和煤电产业将进一步"西移"。由于"新基建"的推进，研发将进一步向一线和二线城市集聚，产品生产将会集中于二线、三线城市等，制造业重心和能源产业重心将进一步西移。

水制约经济发展的形势发生变化。党的十八大以来，以习近平同志为核心的党中央提出了黄河流域生态保护和高质量发展、京津冀协同发展、长江经济带发展、粤港澳大湾区建设、长三角一体化发展等区域发展的国家战略。"黄河""长江""大湾区""长三角"等国家战略的关键词与水直接相关。国家区域发展的战略里，水资源、水环境、水生态成为重要内容。习近平总书记关于"节水优先、空间均衡、系统治理、两手发力"

的思路，关于"以水定城、以水定地、以水定人、以水定产"的理念、"幸福河""最大刚性约束"等重要论述更强调以治水为抓手促进区域高质量发展。发展阶段的变化变革用水形势，一是中国由经济高速增长阶段进入高质量发展阶段，原有的投资驱动难以为继，创新驱动逐步发力，主导产业由资本密集型产业转向技术密集型产业。考虑到资本密集型产业以高耗水产业为主，技术密集型产业多以绿色产业为主。再加上技术密集型产业处于产业链顶端，为高附加值产业，有技术和资金空间提升节水水平。二是技术密集型产业的核心投入要素是知识，作为知识载体的高素质人力资源，偏好洁净的空气和水、优美亲水的环境，说明未来生态用水的数量和质量将发生变化。

在新形势下，由于治水理念的发展，城镇规模受到水资源承载力的硬性限制。因此，有必要对在区域经济发展和水资源承载力约束下未来十九大城市群的常住人口变化趋势进行预测。

第二节　研究进展

人口预测模型包括指数模型、Logistic 人口增长模型、马尔科夫链模型、凯菲次矩阵模型、莱斯利矩阵模型、自回归滑动平均模型、神经网络模型和灰色模型。不同的模型设定需要不同的数据基础，较为复杂的人口预测方法引入生育率、存活率、迁入率、迁出率、基准年人口等指标，并采用数学公式进行指标预测，得出各区域的人口增长情况。虽然这些模型预测逻辑强，但是对数据精度要求较高，缺乏灵活性。当输入数据不完整或存在偏差时，往往会产生较大的误差。时间序列预测模型主要是利用历史数据趋势，其设定较为简单。张耀军等（2016）利用 Spectrum 软件预测 2030 年中国城市人口规模和城市化水平，人口预测参数主要包括总生育率、生育方式、出生人口平均预期寿命等。邓羽等（2014）结合马尔科夫链模型，采用自上而下的预测策略对各省份的人口进行预测，并在联合国全国人口预测结果的基础上，对各省份人口预测结果进行调整和优化。冉雅君等（2015）利用莱斯利矩阵模型对中国在计划生育政策背景下 2020—2050 年的总人口进行了预测，认为改变以控制人口为主要目的的生育政策有利于中国人口稳定在健康的水平。刘庆和刘秀丽（2018）

利用队列元素法，且考虑人口构成的变化和年龄结构的影响，将人口的年龄性别比与历史数据进行比较；其被广泛认为是国家、地区、省的标准人口预测方法。该方法需要确定以下指标：基准年人口、未来预测期生育率、未来预测期生存概率、未来预测期人口迁移率和未来预测期出生性别比。在长期预测中，同一指标的不同取值对预测结果的影响较大。因此，在使用队列元素法进行预测时，学者们往往对同一指标多次取值，设计不同的方案，以提高预测的准确性。

第三节　研究范围

2018年11月18日，《中共中央　国务院关于建立更加有效的区域协调发展新机制的意见》明确指出，以京津冀城市群、长三角城市群、粤港澳大湾区、成渝城市群、长江中游城市群、中原城市群、关中平原城市群等城市群推动国家重大区域战略融合发展，建立以中心城市引领城市群发展、城市群带动区域发展新模式，推动区域板块之间融合互动发展。以北京、天津为中心引领京津冀城市群发展，以上海为中心引领长三角城市群发展，以香港、澳门、广州、深圳为中心引领粤港澳大湾区建设，以重庆、成都、武汉、郑州、西安为中心，引领成渝、长江中游、中原、关中平原城市群发展。《国家发展改革委办公厅关于开展跨省级行政区城市群规划编制工作的通知》提出，城市群规划初步从重点培育国家新型城镇化政策作用区的角度出发，确定打造20个城市群，包括5个国家级城市群、9个区域性城市群和6个地区性城市群。其中，重点建设5大国家级城市群，包括长江三角洲城市群、珠江三角洲城市群、京津冀城市群、长江中游城市群和成渝城市群；稳步建设9大区域性城市群，包括哈长城市群、山东半岛城市群、辽中南城市群、海峡西岸城市群、关中城市群、中原城市群、江淮城市群、北部湾城市群和天山北坡城市群；引导培育6大新的地区性城市群，包括呼包鄂榆城市群、晋中城市群、宁夏沿黄城市群、兰西城市群、滇中城市群和黔中城市群。从已经批复的实际情况来看，长江三角洲城市群与江淮城市群的范围已经合并称为长三角城市群，珠江三角洲城市群后称为大湾区城市群，因此形成了如今的19大城市群。

第四节　模型构建

本次研究选用考虑承载力的 Logistic 人口增长模型（S 人口增长模型）。该增长模型来自种群增长模拟，陆生、水生动物的种群增长，微生物种群增长，细胞的生（增）长等都是这一模式。该模型以增长曲线拟合为基础，Logistic 曲线又称为生长曲线、"S"形曲线，其形式有以下几种：（1）$y = \frac{k}{1+ae^{bx}}$，（2）$y = \frac{k}{1+e^{bx}}$，（3）$y = \frac{k}{1+ax^b}$，（4）$y = \frac{1}{a+be^{-x}}$。

在这些曲线方程中，无一例外的都有 3 个需要计算的统计量：k、a、b。k 是当 x 趋向于 $+\infty$ 时 y 所能达到的最大值，往往是未知的，因此也是需要进行计算的。这是生长曲线与其他可以直线化的曲线方程不同的地方。这些曲线方程中的 x 往往是时间单位，因此一般可用 t 表示，而 y 往往是群体的增长量或群体增长倍数，所以也可以用 N 表示。我们这里仅对典型的"S"形曲线方程进行直线化，其他变换类型的方程直线化可以以此进行。

这个方法考虑到了水资源承载能力，就是函数中的 k，根据各区域可用水资源量与综合用水定额进行计算。各省份人口数据采用各省份常住人口数据，来自国家统计局网站，系列是各省份 2000—2018 年的数据。

第五节　结果与分析

一　中国人口现状分析

由于数据可得性问题，选取 2018 年作为现状年（见表 10—1）。2018 年中国总人口达到 13.95 亿人（2019 年已突破 14 亿人），城镇人口为 8.32 亿人，城镇化率为 59.58%，接近 60%。其中，常住人口超过 1 亿人的有广东和山东，分别为 1.13 亿人和 1.04 亿人；超过 8000 万人的有河南、四川和江苏。城镇化率超过 80% 的有北京、天津、上海；超过 70% 的有广东；低于 50% 的有云南、贵州、甘肃和西藏，都位于西部地区。总体来说，中国阶梯特征较为明显，东部地区常住人口占比为41.64%，中部地区常住人口占比为28.53%，西部地区常住人口占比为29.83%。

表10—1　　2018年中国人口基本情况

	总人口（万人）	城镇人口数（万人）	城镇化率（%）	人口占比（%）
全国	139538.00	83137.00	59.58	100
北京	2154.20	1863.40	86.50	1.54
天津	1559.60	1296.81	83.15	1.12
河北	7556.30	4264.02	56.43	5.42
山西	3718.34	2171.88	58.41	2.66
内蒙古	2534.00	1589.10	62.71	1.82
辽宁	4359.30	2968.70	68.10	3.12
吉林	2704.06	1555.65	57.53	1.94
黑龙江	3773.10	2267.60	60.10	2.70
上海	2423.78	2135.35	88.10	1.74
江苏	8050.70	5604.09	69.61	5.77
浙江	5737.00	3952.80	68.90	4.11
安徽	6323.60	3458.40	54.69	4.53
福建	3941.00	2593.00	65.80	2.82
江西	4647.60	2603.59	56.02	3.33
山东	10047.20	6146.88	61.18	7.20
河南	9605.00	4967.00	51.71	6.88
湖北	5917.00	3567.95	60.30	4.24
湖南	6898.80	3864.70	56.02	4.94
广东	11346.00	8021.62	70.70	8.13
广西	4926.00	2474.00	50.22	3.53
海南	934.32	551.81	59.06	0.67
重庆	3101.79	2031.59	65.50	2.22
四川	8341.00	4361.50	52.29	5.98
贵州	3600.00	1710.72	47.52	2.58
云南	4829.50	2309.22	47.81	3.46
西藏	343.82	107.07	31.14	0.25

续表

	总人口 (万人)	城镇人口数 (万人)	城镇化率 (%)	人口占比 (%)
陕西	3864.40	2246.38	58.13	2.77
甘肃	2637.26	1257.71	47.69	1.89
青海	603.23	328.57	54.47	0.43
宁夏	688.11	405.16	58.88	0.49
新疆	2486.76	1266.01	50.91	1.78

资料来源：Wind 数据库。

中国人口在改革开放之初不到 10 亿人，到 2019 年达到 14 亿人，人口缓慢增加（见图 10—2）。

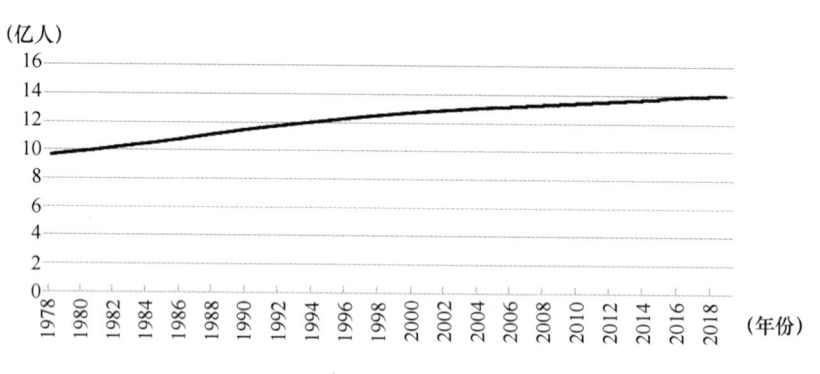

图 10—1 中国人口演变趋势

从改革开放以来的人口自然增长率看，从 1987 年的高点 (16.61‰) 下降到 2010 年和 2011 年 (4.79‰)，其后都在 5‰左右，随着 2016 年放开二胎限制，短暂上升到 5.86‰，之后大幅下降，2018 年为 3.81‰，2019 年为 3.34‰（见图 10—2）。

从常住人口看，南方常住人口与北方常住人口占比变化不大，南方常住人口为 58% 左右，北方常住人口为 42% 左右。期间有缓慢调整，南方常住人口占比上升 0.6%，可以看作基本保持不变（见图 10—3）。

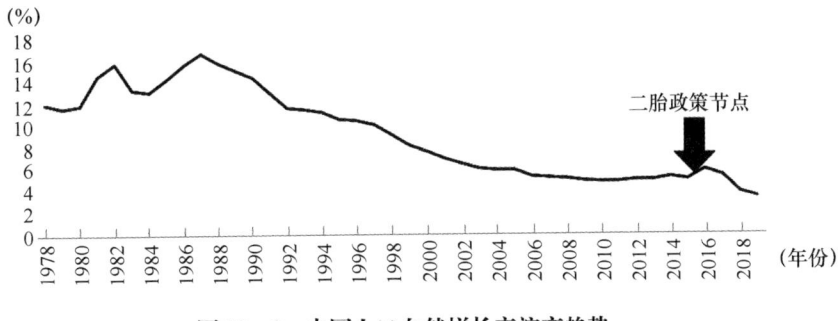

图 10—2 中国人口自然增长率演变趋势

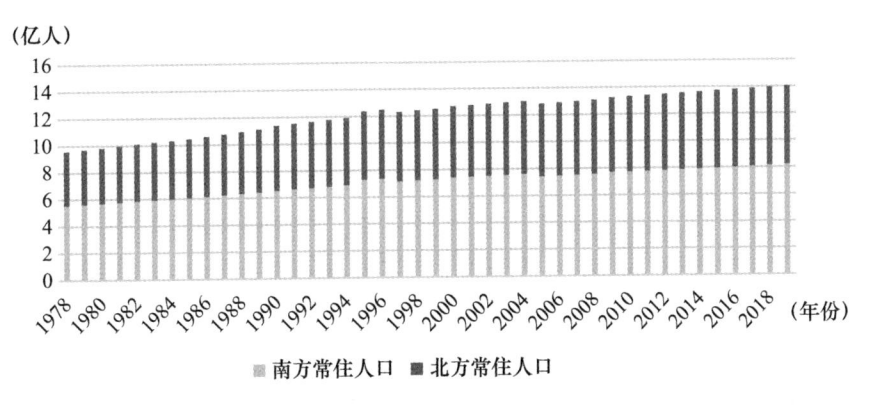

图 10—3 中国南北常住人口占比演变

二 十九大城市群常住人口总体现状及演变趋势分析

(一) 十九大城市群常住人口现状分析

2018 年十九大城市群总常住人口为 99488.93 万人，约占全国总人口的 71.3%（见表 10—2）。其中，长三角城市群、长江中游城市群、京津冀城市群和山东半岛城市群常住人口超过 1 亿人；宁夏沿黄城市群、天山北坡城市群常住人口不超过 600 万人。

表 10—2　　　　　　　**2018 年各城市群常住人口**　　　　　　单位：万人

	2018 年常住人口
山东半岛城市群	10047.20
中原城市群	6902.88

续表

	2018年常住人口
关中城市群	3925.78
呼包鄂榆城市群	1149.06
晋中城市群	1627.51
兰西城市群	1181.36
宁夏沿黄城市群	563.88
北部湾城市群	4255.40
成渝城市群	9395.08
滇中城市群	2240.90
哈长城市群	4427.11
黔中城市群	1731.63
长三角城市群	15401.19
长江中游城市群	12382.49
京津冀城市群	11270.1
大湾区城市群	6300.99
辽中南城市群	2394.8
海峡西岸城市群	3941
天山北坡城市群	350.58
合计	99488.93

其中，京津冀城市群、长三角城市群、大湾区城市群的常住人口约占全国总人口的23.6%。东部沿海的城市群集聚了全国40.3%的人口，长三角城市群集聚了全国11%的人口。沿江城市群集聚了全国30.8%的人口。沿海、沿江城市群共集聚了全国60.1%的人口，可见，人口集聚在沿海、沿江城市群，以沿海城市群为主。

国家级城市群包括沿海的三个优先开发区和沿江的两大城市群：长三角城市群、大湾区城市群、京津冀城市群以及长江中游城市群、成渝城市群，这5大城市群常住人口为5.47亿人，占19个城市群常住人口的55.03%。8大区域级城市人口常住人口为3.62亿人，占比为36.43%，其中山东半岛城市群和中原城市群合计1.7亿人，其他6个城市群常住人口为1.92亿人。6个地区级的城市群常住人口为8494万人，占比为

8.54%。总的来说，国家级城市群发育更为成熟。5 个国家级城市群和山东半岛城市群、中原城市群这 7 个城市群集聚了超过全国一半的人口。

表 10—3　　　　　　　2018 年各级别城市群常住人口及占比

级别	人口（万人）	占比（%）
国家级城市群	54749.85	55.03
区域级城市群	36244.75	36.43
地区级城市群	8494.33	8.54

（二）十九大城市群常住人口集聚规律分析

图 10—4 可以看出，2018 年各城市群常住人口主要集中在东部沿海和沿长江区域，长江流域的长三角城市群、长江中游城市群、成渝城市群在城市群常住人口排名中分别位居第一、第二、第五，其中成渝城市群接近 1 亿人，长三角城市群和长江中游城市群都超过 1 亿人。而呼包鄂榆城市群、晋中城市群、兰西城市群、宁夏沿黄城市群常住人口较少，都低于 2000 万人；山东半岛城市群、中原城市群、关中城市群，分别位于东部地区、中部地区、西部地区的黄河流域，常住人口依次降低。大湾区城市群、北部湾城市群和海峡西岸城市群基本相连，但单个面积较小，所以常住人口少于长三角城市群、京津冀城市群。总的来说，常住人口集聚在沿海城市群和沿江城市群。

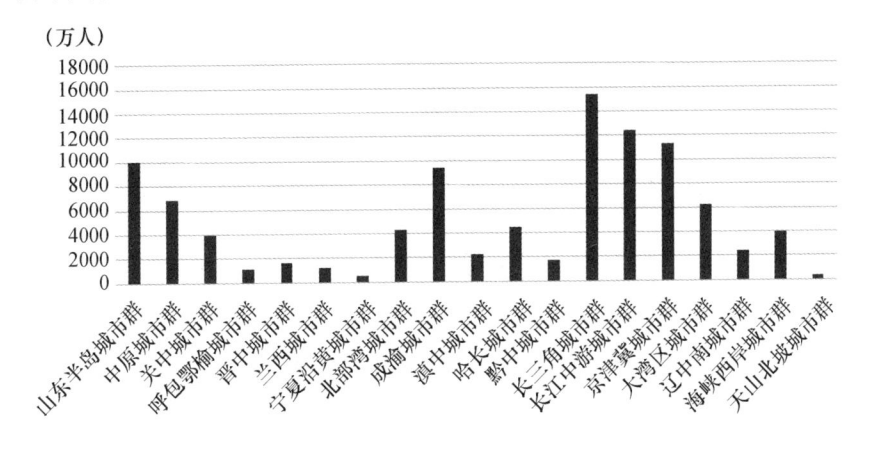

图 10—4　2018 年各城市群常住人口

相较 2011 年，2018 年十四大城市群中除哈长城市群之外，常住人口都在增加，其中，长三角城市群增加了 562 万人，山东半岛城市群、中原城市群、北部湾城市群、成渝城市群、长江中游城市群表现相对较好。常住人口朝沿海沿江区域集聚的趋势非常明显（见图 10—5）。

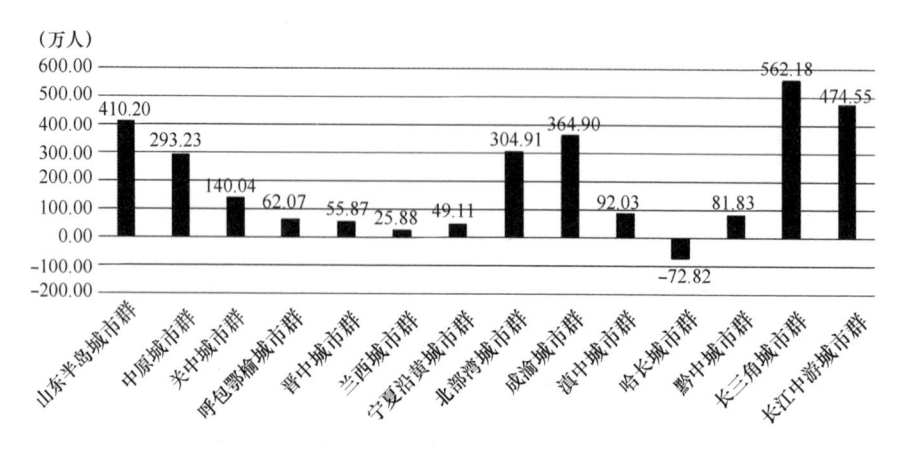

图 10—5　2018 年较 2011 年各城市群常住人口绝对变化情况

从相对情况来看（见图 10—6），宁夏沿黄城市群常住人口增长了 9.43%，北部湾城市群常住人口增长了 7.51%，呼包鄂榆城市群常住人口增长了 5.64%，哈长城市群常住人口降低了 1.62%，其他城市群常住人口增长率都在 4% 左右，相对均衡。

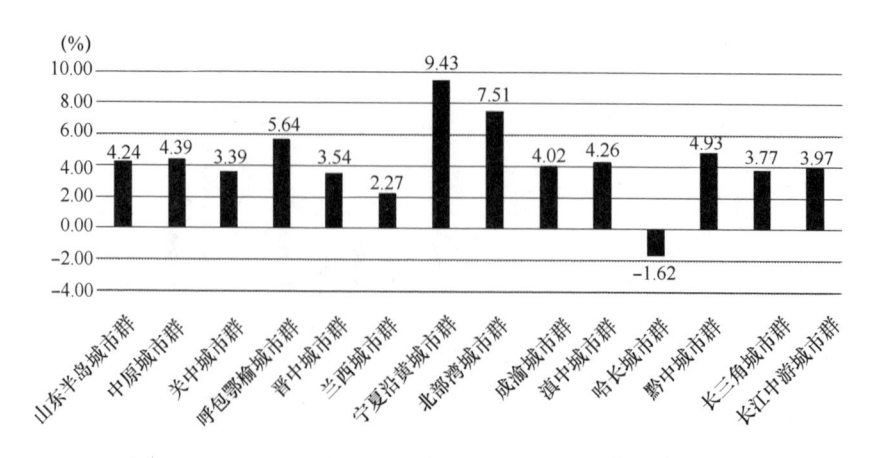

图 10—6　2018 年较 2011 年各城市群常住人口相对变化情况

由于篇幅限制，图 10－5、图 10－6 只列出了 14 个城市群的比对值，其余 5 个城市群的常住人口 2018 年较 2011 年也发生了较为明显的变化；其中，京津冀城市群增加了 655.99 万人，增加了 6.18%；大湾区城市群①增加了 654.53 万人，增加了 11.59%；辽中南城市群增加了 133.91 万人，增加了 4.48%；海峡西岸城市群增加了 221 万人，增加了 5.94%；天山北坡城市群②增加了 4.58 万人，增加了 0.64%。

三　十九大城市群常住人口预测

（一）全国总人口预测结果

本次预测截至 2035 年，也就是"十六五"时期末。根据预测结果，全国总人口于 2034 年达到顶点，届时人口为 144203 万人（见图 10—7）。

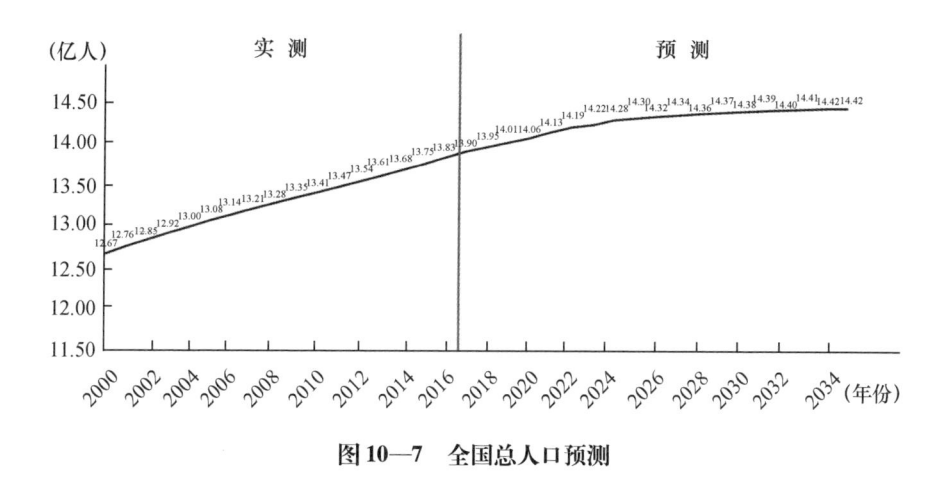

图 10—7　全国总人口预测

"十四五"时期各省份常住人口预测结果如表 10—4 所示。北京常住人口在下降，河北和天津常住人口在上升。东北、西北地区部分省份常住人口在下降，西南、东南地区省份常住人口在上升，其他省份基本保持稳定。总的来说，各省份的常住人口基本保持稳定，这与中国人口的低生育率有很大关系。

---

① 不包括香港和澳门。
② 天山北坡城市常住人口由于口径的不同，不采用 2011 年的常住人口，采用 2013 年的常住人口。

表 10—4　"十四五"时期各省份常住人口预测结果　　　　　　　单位：万人

年份	北京	天津	河北	山西	内蒙古	辽宁	吉林	黑龙江
2021	2151	1686	7877	3836	2591	4444	2739	3821
2022	2142	1711	7947	3860	2602	4446	2734	3817
2023	2127	1730	7994	3874	2605	4435	2720	3802
2024	2118	1752	8058	3897	2615	4433	2712	3796
2025	2103	1768	8101	3909	2619	4418	2696	3779
年份	上海	江苏	浙江	安徽	福建	江西	山东	河南
2021	2582	8293	5940	6266	4049	4771	10313	9628
2022	2602	8335	5990	6284	4079	4798	10378	9649
2023	2614	8354	6024	6287	4098	4813	10415	9645
2024	2631	8393	6071	6304	4127	4839	10476	9665
2025	2641	8411	6101	6307	4145	4853	10510	9662
年份	湖北	湖南	广东	广西	海南	重庆	四川	贵州
2021	6028	6955	11611	4904	970	3149	8362	3562
2022	6055	6991	11697	4918	979	3170	8386	3565
2023	6067	7009	11749	4921	986	3182	8389	3559
2024	6093	7045	11825	4935	995	3202	8413	3562
2025	6105	7064	11868	4937	1001	3214	8416	3557
年份	云南	西藏	陕西	甘肃	青海	宁夏	新疆	
2021	4961	350	3931	2686	516	540	1796	
2022	4991	353	3950	2698	513	532	1771	
2023	5008	355	3960	2704	509	523	1743	
2024	5036	358	3979	2717	506	516	1719	
2025	5051	360	3988	2723	502	506	1691	

鉴于人口预测的复杂性，在预测之后，与主流的预测结果进行比对，本书预测的全国总人口与中国人口信息研究中心预测的基本一致，该中心预测2035年峰值人口为14.37亿人。

(二) 各城市群常住人口预测结果及分析

2021—2035年各城市群常住人口预测结果如表10—5所示，可以看出，常住人口向发展质量较高的城市群集聚的趋势较为明显，呈现明显的"人随产业走"的特征。虽然中国经济增长逐渐走向合理区间，但是大部分城市群的经济绝对增量仍然较大，呈现较为明显的"集聚效应"，常住人口进一步增加。

表 10—5　　　　　　　　各城市群常住人口预测结果　　　　　　　单位：万人

年份	山东半岛城市群	中原城市群	关中城市群	呼包鄂榆城市群	晋中城市群	兰西城市群	宁夏沿黄城市群	北部湾城市群	成渝城市群	滇中城市群
2021	10238	6963	3970	1182	1651	1196	588	4368	9554	2281
2022	10303	7003	3993	1191	1659	1207	595	4407	9611	2294
2023	10366	7046	4014	1200	1668	1214	601	4447	9667	2308
2024	10426	7091	4035	1210	1676	1221	608	4487	9718	2321
2025	10483	7121	4054	1220	1684	1225	616	4525	9770	2334
2026	10546	7146	4073	1229	1692	1233	623	4562	9825	2348
2027	10612	7183	4092	1239	1700	1241	630	4598	9881	2361
2028	10674	7227	4115	1246	1708	1250	637	4633	9938	2374
2029	10736	7263	4135	1257	1716	1257	644	4672	9992	2388
2030	10797	7299	4155	1266	1724	1264	651	4711	10045	2401
2031	10858	7334	4175	1275	1732	1271	658	4748	10100	2414
2032	10920	7368	4195	1285	1740	1278	665	4785	10154	2428
2033	10983	7404	4215	1294	1748	1286	672	4822	10210	2441
2034	11046	7441	4236	1303	1756	1294	679	4859	10265	2454
2035	11108	7479	4256	1312	1764	1301	686	4897	10319	2468

年份	哈长城市群	黔中城市群	长三角城市群	长江中游城市群	京津冀城市群	大湾区城市群	辽中南城市群	海峡西岸城市群	天山北坡城市群	
2021	4408	1763	15634	12589	11634	6509	3136	4036	350	
2022	4393	1775	15726	12659	11707	6625	3141	4069	350	
2023	4379	1788	15822	12729	11787	6733	3150	4101	350	
2024	4369	1799	15917	12796	11878	6829	3161	4133	349	
2025	4359	1810	16006	12865	11975	6920	3172	4165	349	
2026	4349	1822	16089	12935	12073	7010	3177	4197	349	
2027	4337	1834	16169	13005	12164	7109	3182	4230	348	
2028	4321	1847	16256	13075	12233	7228	3188	4263	348	
2029	4310	1858	16354	13144	12323	7325	3195	4295	347	

续表

年份	哈长城市群	黔中城市群	长三角城市群	长江中游城市群	京津冀城市群	大湾区城市群	辽中南城市群	海峡西岸城市群	天山北坡城市群
2030	4299	1870	16442	13213	12415	7421	3205	4327	347
2031	4288	1881	16528	13282	12507	7518	3212	4359	347
2032	4276	1893	16614	13351	12596	7617	3219	4392	346
2033	4264	1905	16701	13421	12683	7718	3225	4424	346
2034	4251	1917	16789	13491	12769	7821	3232	4457	346
2035	4239	1929	16879	13560	12856	7922	3240	4489	345

将2035年预测值与2018年的实测值进行对比（见表10—6），十九大城市群常住人口共增加了1.08亿人。与之前各省份的常住人口预测结果对比来看，大部分的集聚来自本省份向中心城市或城市群的迁移。从常住人口增长绝对数来看，京津冀城市群、大湾区城市群、长三角城市群是增长的重点，都在1400万人以上；山东半岛城市群、成渝城市群、长江中游城市群也呈现较好的集聚态势，都在1000万人左右。从相对集聚来看，大湾区城市群常住人口增加了25.73%，宁夏沿黄城市群增加了21.70%。从增长绝对数占比来看，长三角城市群、大湾区城市群和京津冀城市群都在13%以上，山东半岛城市群、成渝城市群、长江中游城市群在10%左右，哈长城市群和天山北坡城市群常住人口有一定的萎缩。

表10—6　　　　　各城市群常住人口集聚分析

	增长绝对数（万人）	增长相对值（%）	增长绝对数占比（%）
山东半岛城市群	1060.40	10.55	9.79
中原城市群	576.32	8.35	5.32
关中城市群	330.61	8.42	3.05
呼包鄂榆城市群	163.18	14.20	1.51
晋中城市群	136.66	8.40	1.26
兰西城市群	119.56	10.12	1.10

续表

	增长绝对数（万人）	增长相对值（%）	增长绝对数占比（%）
宁夏沿黄城市群	122.38	21.70	1.13
北部湾城市群	641.48	15.07	5.92
成渝城市群	924.19	9.84	8.53
滇中城市群	226.93	10.13	2.09
哈长城市群	-187.78	-4.24	-1.73
黔中城市群	197.28	11.39	1.82
长三角城市群	1477.70	9.59	13.64
长江中游城市群	1177.21	9.51	10.87
京津冀城市群	1585.42	14.07	14.63
大湾区城市群	1621.14	25.73	14.96
辽中南城市群	119.15	3.82	1.10
海峡西岸城市群	548.03	13.91	5.06
天山北坡城市群	-5.19	-1.48	-0.05

从常住人口排名位次变化来看（见表10—7），2035年大湾区城市群超过中原城市群，排名上升1位；哈长城市群排名下降3位，被北部湾城市群、海峡西岸城市群和关中城市群超过；呼包鄂榆城市群超过兰西城市群，排名上升1位。

表10—7　　　　各城市群常住人口排名位次变化

	2018年占比（%）	2018年排名	2035年占比（%）	2035年排名	变化情况
长三角城市群	15.37	1	15.20	1	0
长江中游城市群	12.36	2	12.21	2	0
京津冀城市群	11.25	3	11.58	3	0
山东半岛城市群	10.03	4	10.00	4	0
成渝城市群	9.37	5	9.29	5	0
大湾区城市群	6.29	7	7.13	6	1
中原城市群	6.89	6	6.74	7	-1
北部湾城市群	4.25	9	4.41	8	1
海峡西岸城市群	3.93	10	4.04	9	1

续表

	2018年占比（%）	2018年排名	2035年占比（%）	2035年排名	变化情况
关中城市群	3.92	11	3.83	10	1
哈长城市群	4.42	8	3.82	11	-3
辽中南城市群	3.11	12	2.92	12	0
滇中城市群	2.24	13	2.22	13	0
黔中城市群	1.73	14	1.74	14	0
晋中城市群	1.62	15	1.59	15	0
呼包鄂榆城市群	1.15	17	1.18	16	1
兰西城市群	1.18	16	1.17	17	-1
宁夏沿黄城市群	0.56	18	0.62	18	0
天山北坡城市群	0.35	19	0.31	19	0

第六节　研究结论与政策建议

本次模拟基于"S"形人口增长模型，模型参数设定中考虑水资源承载力对人口集聚的影响。根据研究，预测2034年全国总人口达到峰值，届时人口总数为144203万人。北京常住人口在下降；东北、西北地区部分省份人口在下降，西南、东南地区省份人口在上升，其他省份基本保持稳定。常住人口向发展质量较高的城市群集聚的趋势较为明显，呈现明显的"人随产业走"的特征。但是，由于中国人口增速的逐渐放缓，绝对增量相比其他地区来说较高，体现人口的进一步集聚。从人口增长绝对数来看，京津冀城市群、大湾区城市群、长三角城市群是增长的重点，都在1400万人以上；山东半岛城市群、成渝城市群、长江中游城市群也呈现较好的集聚态势，都在1000万人左右。

根据研究结论提出以下政策建议：

第一，推进区域协同发展。推进和创新区域协同发展机制，一是转变原有的区域协同发展机制，二是形成符合水资源承载力的协同机制。第二，对用水效率进行有效界定。在最严格水资源管理制度中，"用水效率红线"是水资源系统与经济系统结合最直接的管理制度。除节水的技术进步之外，其他的效应都与直接用水关系不大。利用总体的用水效率考量水资源管理的效果是不公平的。一是在经济发达的区域，即使不采用节水措施，其经济系统中自发的结构效应、外部效应、非节水技术效应也有可能提升用水效率。二是在保障粮食安全和能源安全的区域，由于节水设备的边际效用递减，即节约相同的水资源需要越来越大的投入，用水效率提升更依赖于结构效应、外部效应、非节水的技术效应。同时，由于粮食安全和能源安全的实际需要，区域产业自由性较低，用水效率的提升与其他区域不能类比。因此，需要对用水效率进行有效界定，并分类型管理。在最严格水资源管理中，只对节水型技术效率进行管理。第三，创新协调发展模式，进一步引导产业转移。一是引导高耗水、高污染、高耗能的产业向国内水资源承载力较好的地区转移，创新协调发展模式。二是进一步疏解单纯依靠劳动力投入的服务业的转移。三是进一步疏解与首都功能不相符的消费型服务业和公共服务业的产业。第四，推动创新驱动发展战略。优先发展高端制造业、生产型服务业，实现创新驱动发展战略。发展高附加值、低中间物质投入的产业，降低单位产出对物质投入的消耗，让知识和创新成为产业发展主要动力。第五，进一步加大基础设施投入。一是加大节水型器具的投入和研发，在居民家庭、商场、写字楼推动节水器具的使用。二是完善自来水管网系统，降低自来水管网中的损失。

第十一章

智慧城市是否加速了城市创新？

第一节 问题的提出

建设创新型国家是中国面向未来的重大战略，而增强城市创新能力、建设创新型城市是建成创新型国家的重要抓手。城市化由于人口集聚、知识技术溢出、节约交易费用等效应能有力推动创新发展（杨维等，2019），城市在专业化与多样性、人力资本积累、信息交流网络形成、交易效率提高以及基础设施建设等方面的优势，既为创新提供了良好实现平台，也为创新扩散创造了便捷传播条件，有利于加快技术创新的产生与扩散（程开明，2009、2010）。当下，伴随人工智能、5G、大数据等新一代信息技术的推广应用，城市化与信息技术融合发展的崭新模式——智慧城市不仅成为新一代信息技术的载体，更是实现数字国家、智慧国家的加速器（Kar 等，2019）。

目前，学界对智慧城市内涵的界定虽尚无定论（Camero 和 Alba，2019），但中国有关智慧城市的实践从未停止过。本书认为，智慧城市旨在通过运用新一代信息技术，分析、整合城市运行大数据，高效配置城市资源，实现智慧式城市管理运行，推动城市和谐可持续发展（吴标兵和林承亮，2016；陈海波，2019），这将对变革生产生活方式、加快工业化、信息化、城镇化和农业现代化融合，提升城市可持续发展能力具有不可估量的意义。中国政府于 2013 年 1 月公布了首批智慧城市试点名单，同年 8 月和 2015 年 4 月又相继公布了第二批和第三批智慧城市试点名单。之后颁布的一系列政策，为新一代信息化背景下智慧城市发展提供了指南，加快了"十三五"时期进入智慧城市 2.0 时代的步伐（石大千等，

2018）。在智慧城市发展系列政策支持下，中国城市信息化进程后来居上（傅荣校，2019），智慧城市发展取得了显著成效。

学界对智慧城市的发展效应进行了有益探索。Giffinger 和 Gudrun（2010）认为智慧城市能大幅提升居民生活舒适度和幸福感，特别有助于提升城镇和青年居民的获得感（李烨，2019）。石大千等（2018）研究发现智慧城市能显著降低9%—24%的城市环境污染，为实现经济绿色可持续发展提供保障。而在解决由快速城市化带来的一系列能源短缺、城市拥堵、环境污染等问题上，智慧城市能显著提升城市弹性，具有良好的抵御外界干扰能力（Zhu等，2019）。在智慧城市的创新效应方面，刘巧等（2018）、付平和刘德学（2019）以及张龙鹏等（2020）均发现智慧城市能带动城市创新，与Caragliu 和 Chiara（2019）基于欧洲专利数据所得结论一致，但因前者对试验组样本选择的片面性以及对内部机制缺乏探讨，有关智慧城市创新效应的研究仍值得深入挖掘。但是，一些学者得出了相反的结论，比如Veselitskaya等（2019）认为政商民之间的利益冲突以及信息安全方面的问题导致智慧城市不利于城市创新。尤其是，当前中国智慧城市在发展过程中面临一些缺乏顶层设计、统筹规划等方面突出问题背景下（辜胜阻等，2013），智慧城市究竟能否推动城市创新？智慧城市对城市创新的影响是否因地理空间和城市等级存在差异？智慧城市对城市创新的影响通过哪种渠道进行传导？回答上述问题将对未来中国智慧城市发展以及创新型国家建设具有重要战略意义。

本研究可能的创新之处包括以下三点：（1）从革新信息科学技术、集聚高端人力资本和优化制度营商环境三方面深入阐述了智慧城市推动城市创新的作用机制；（2）基于中国285个地级市数据，采用双重差分法系统评估了智慧城市对中国城市创新的净效应，并采用中介效应模型从信息技术效应、人力资本效应和制度环境效应三个方面检验了智慧城市影响城市创新的内部机制；（3）从城市地理位置和行政等级两个方面验证了智慧城市对城市创新的差异化影响。本章接下来的安排是：第二节是机制分析与理论假说；第三节是模型构建与变量说明；第四节是实证检验及结果分析；第五节是作用机制识别；第六部分是结论与政策建议。

第二节 机制分析与理论假说

智慧城市是在中国资源日益匮乏、经济从数量增长向质量发展转型时期城市发展的崭新模式。城市日趋"智慧"能否给城市创新带来积极影响，为中国跻身创新型国家前列提供保障，取决于智慧城市所具有的本质内涵。Nam 和 Pardo（2011）提出，智慧城市存在三大认识维度，第一是技术维度，主要基于基础设施（特别是信息通信技术 ICT）以及相关方式，改善和改变城市的生活和工作，技术不仅是一种手段，而且是使城市变得更加清洁、可持续的目标（Kar 等，2019）；第二是人的维度，主要基于人、教育、学习和知识，他们是智慧城市的关键驱动力，智慧城市更需要智慧公民（Janssen 等，2015）；第三是制度维度，主要是基于治理和政策，利益相关者和机构政府之间的合作，制度维度对设计和实施智慧城市计划至关重要，主要是因为智慧城市计划需要经过治理才能取得成功，智慧城市的发展需要以外部良好的营商环境和法制环境为依托。可见，技术、人才和制度是智慧城市发展过程中最核心的三个因素。

对此，本书试图从智慧城市革新信息科学技术、智慧城市集聚高端人力资本、智慧城市优化制度营商环境三方面阐述其影响城市创新的内部机制。总体来讲，一方面，智慧城市自身的建设发展与全面升级将会通过信息技术效应、人力资本效应以及制度环境效应三种渠道强化其对城市创新的积极影响；另一方面，智慧城市的区际融合与网络链接将在很大程度上加速城市创新的外溢效应，从而强化智慧城市对城市创新的积极影响，最终将智慧城市的创新效应提升至新的高度。

首先，智慧城市通过革新信息科学技术推动城市创新。智慧城市是新一代信息通信技术的载体，其基本元素是与人活动相关的数据，通过对数据的实时采集、传输、脱敏、脱密、加工之后形成信息，连接生活，变革社会，最终提升城市服务质量。一方面，智慧城市建设有利于加速互联网信息服务创新，实现万物互联，以智能手段极大地优化资源配置，提高资源使用效率，变革城市发展与城市治理（石大千等，2018），降低公共服务中的"信息不对称"，缩小传统生产者与消费者之间的"信息鸿沟"，以逼近完美的市场信息满足消费者日益多元化的个性需求，加速企业供给与市场需求良好对接，促进企业实现"客户拉动型"创新研发活动，提高创新成果转化率，打通"专利——产品"的"最后一公里"，在提高创新数量的同时，提升创新质量（袁航和朱承亮，2019）。另一方面，在智慧城市发展过程中，还将不断涌现出新一轮软件开发创新，用以支持智慧城市在快速发展过程中的高端信息技术需求，不断革新信息技术，提升城市整体创新能力。此时，伴随各利益主体对信息通信技术的广泛、深度应用，将形成多重螺旋反哺和推动智慧城市建设，加速完善和更新技术的迭代开发（楚金华，2019），推动城市创新。在物联网、3S[①] 和云计算等核心技术的支撑下，智慧城市终将通过技术创新壮大新一代信息技术产业，带动创意产业、软件与信息服务业等新兴产业发展，以及智能、生物、纳米等新技术群体集聚，培育战略性新兴产业，创造新的经济增长点（辜胜阻等，2013；辜胜阻和王敏，2012），增强城市创新力和竞争力。新一代大数据等信息技术的全面推广和应用，使得智慧城市已经成为推动城市创新发展、提升城市服务质量的重要手段。如今，智慧城市不间断连续工作和监控能有效确保城市资源高效使用，提升城市管理水平和服务质量，加深市民对城市的整体感知，使得城市能以更加精细、动态、高效、集约的方式管理生产和生活，以智能社会带动城市创新，最终实现智慧社会，带动中国早日跻身创新型国家前列。

其次，智慧城市通过集聚高端人力资本推动城市创新。智慧城市是利用互联网、物联网、大数据、人工智能等新一代信息通信技术带动城市智能化发展的过程，但信息通信技术并非自动产生智慧城市。实质上，智慧城市始于人力资本端，其核心是人（Shapiro，2006；Hollands，2008；楚金华，2019），人所拥有的智力资本是智慧城市不可或缺的重要财产（吴标兵和林承亮，2016），智慧城市的发展归根结底需要依托于智慧公民（Janssen 等，2015）。伴随智慧城市的快速发展，一方面，智慧城市为开发人力资本潜力和实现创造力的生活提供多元化机会（Nam 和 Pardo，2011），往往能极大地吸引和留住人才，在数量层面提升人力资本水平；另一方面，智慧城市以其新一代信息通信技术发展为前提，对高端人力资本的刚性需求使智慧城市成为高等教育和受过良好教育人才的聚集中心

[①] 3S 是指地理信息系统 GIS、全球定位系统 GPS 和遥感 RS。

(Winters，2011）。而且，已有研究发现，只有具有大学及以上学历的高技能劳动者能有效匹配信息通信技术应用带来的生产方式与组织结构变革，并与之形成互补效应，提升信息通信技术的生产率（何小钢等，2019），智慧城市的发展也将在质量层面提升人力资本水平。可见，智慧城市在数量层面和质量层面共同带来的人力资本提升效应，使得这种最具能动性的"人的因素"有利于加速知识在空间的传播、扩散与溢出，并由此提升地区生产效率和劳动生产率，促进城市创新能力的提升，推动地区创新发展。基于此，日趋成熟的智慧城市还将在"磁铁效应"带动下，通过大规模人力资本集聚和知识传播交流打造"学习型城市"，提高智慧城市在全球知识经济中的竞争力，使智慧城市更加"智慧"（吴标兵和林承亮，2016；Caragliu等，2011），高效、便捷、精准的万物互联式城市发展模式，将极大地改善城市运行效率，加速推动智慧城市创新发展，提高城市服务质量。

最后，智慧城市通过优化制度营商环境推动城市创新。完善的制度是加速城市创新的重要保障，智慧城市的建设与发展为地区制度环境的优化升级亦提供了有益支持。在新一代新兴技术推动下，一方面，智慧城市加速了人与人、人与物、物与物之间的联系，万物互联、瞬时即达的崭新模式大大缩小了传统交易过程中的空间距离与时间距离，减弱了现实生活中的信息不对称，减少了城市运行过程中的人力成本与人为错误，显著降低了城市运营成本和市场交易成本（Harris，1998），便利了企业研发信息的搜集与获取，使企业不仅能够更加便捷地获取客户需求信息，提高企业实用型创新效率，而且还会强化企业之间的研发合作，促进协同创新，这种"效率效应"和"协同效应"又将反过来减少企业内外部交易费用和生产成本（Afuah，2003），不断强化智慧城市对城市创新的推动作用。另一方面，智慧城市的智能化发展有助于巩固企业市场主体地位，大大提高市场化进程。相较于以往，政府"一言堂"已经不复存在，智慧城市的引领使得每个人、每家企业都能成为推动中国经济高质量发展的参与者与主导者，这种由信息技术带来的宽松、自由、开放、包容的市场环境能有效促进信息、知识和观念的广泛传播（Harris，1998），完善并拓宽了企业信息收集渠道，提升了企业获取信息的便捷性与高效性，有助于降低企业的交流成本与搜寻成本（黄群慧等，2019），智慧技术的持续渗透还将进一步降低产品和服务成本（辜胜阻等，2013），激发企业充分释放创新潜能，推进城市创新。然而，在现实中，制度环境的优化升级并非一朝一夕就能实现，要推动一项制度的变革，需要解决影响制度最根本的深层次因素方可见效，中国的智慧城市目前正处于发展初期，其对制度环境优化升级的促进作用有可能还不显著。于是，根据上述分析，我们提出以下有待验证的理论假说。

理论假说1：智慧城市的设立与发展对城市创新具有显著的推动作用。

理论假说2a：智慧城市能通过革新信息科学技术推动城市创新。

理论假说2b：智慧城市能通过集聚高端人力资本推动城市创新。

理论假说2c：智慧城市能通过优化制度营商环境推动城市创新，但考虑到一项制度的变革需从本质上解决相关深层次问题，处于发展初期的智慧城市通过优化制度营商环境进而推动城市创新的路径目前可能并不显著。

另外，在中国，广袤的疆域使中国城市在地理区位方面存在明显差异，而不同行政等级的城市在响应国家政策时亦存在显著不同。一般而言，在城市地理区位方面，相较于中西部经济欠发达城市，东部经济发达城市将凭借先天资源禀赋优势和开放的市场运行环境，能更为有效地利用新一代信息技术，集聚全球高端人力资本，优化制度营商环境，为智慧城市创新发展赋能。在城市行政等级方面，省会城市、副省级城市以及较大城市[①]相较于一般城市往往具有较高的城市行政等级，有助于智慧城市政策在推行实施过程中的信息快速可达和政策顺利推进，有利于智慧城市发展政策的深入贯彻和全面落实，从而更易带动城市"智慧型"演化，引领城市创新发展。基于此，我们得到有待验证的第三个理论假说。

理论假说3：位于东部地区或者属于省会城市、副省级城市和较大城市等高行政等级的智慧城市对城市创新的推动作用将更大，智慧城市对城市创新的促进作用在城市区位和城市等级方面存在边际递增效应。

---

① 较大的城市是为了解决地级市立法权而设立的，一旦获得"较大城市"的地位，就拥有了地方立法权。

第三节 模型构建与变量说明

一 模型构建

通过对智慧城市促进城市创新的作用机制进行系统阐述，此处，将采用双重差分模型进行实证检验。该模型是以政策冲击为自然实验，根据政策实施点将总样本划分为"实验组"和"控制组"，根据政策实施时间将总样本划分为"实验前"与"实验后"，并在满足共同趋势假定的前提下，客观准确地评估政策冲击所产生的净影响。

中国分批次设立的智慧城市为本研究提供了良好的准自然实验。2013年1月住房城乡建设部公布首批（2012年）智慧城市试点90个，对应59个地级市（剔除4个直辖市）；同年8月新增智慧城市试点103个，对应66个地级市；2014年新增智慧城市试点84个，对应36个地级市。于是，截至2016年年底，中国设立的智慧城市试点对应161个地级市，构成本研究的"实验组"；基于285个地级市研究总体，其余124个地级市则构成"控制组"。根据双重差分模型的构建方法，在政策虚拟变量的设定过程中，就实验分组而言，如果某一地级市成为智慧城市试点，赋值为1，否则，赋值为0；就实验分期而言，如果在某一年设立了智慧城市试点，那么，该年份及其以后年份赋值为1，之前赋值为0。本书结合智慧城市分批试点的设立特点，直接生成智慧城市试点的虚拟变量，并借鉴袁航和朱承亮（2018a）的做法，采用双向固定效应模型，将模型设定为如下形式：

$$cityinnovation_{i,t} = \alpha_0 + \alpha_1 smartcity_{i,t} + \sum \delta x_{i,t} + \mu_i + \eta_t + \varepsilon_{i,t} \tag{11—1}$$

式（11—1）中，$cityinnovation_{i,t}$为被解释变量，表示i地区t时期的城市创新水平；$smartcity_{i,t}$为直接生成的智慧城市虚拟变量，如果某一地区在某一年被设立为智慧城市试点，那么该城市在该年份及之后取值为1，否则取值为0；α_1是政策效应估计系数，是本研究的核心参数，如果$\alpha_1 > 0$，说明智慧城市对城市创新的净影响为正，设立智慧城市能显著增强城市创新能力，反之，智慧城市对城市创新具有不利影响。$x_{i,t}$为一系列控制变量，包括政府规模、经济发展水平、人力资本水平、信息基础水平、基础设施建设水平以及对外开放程度，控制变量的加入在很大程度上能有效避免因遗漏变量带来的估计偏误。μ_i是个体固定效应；η_t是时间固定效应，$\varepsilon_{i,t}$为误差项。

二 变量说明

（一）被解释变量

本研究的被解释变量是城市创新水平，采用2001—2016年中国城市创新指数进行测度，该数据来自复旦大学产业发展研究中心公布的《中国城市和产业创新力报告》。在对城市创新效应的研究中，有学者直接采用地级市专利数据作为城市创新能力的代理变量（付平和刘德学，2019）。客观来讲，专利仅是从产出角度刻画创新的数量，而非测度创新质量高低的良好指标（袁航和朱承亮，2019；袁航等，2019）。在创新驱动发展背景下，本研究探讨的城市创新不仅指产出视角下的城市专利数量多寡，而是对城市整体创新能力高低的考量。对此，《中国城市和产业创新力报告》中公布的从创新和创业两大方面测度的中国城市创新指数不失为一个完美的替代指标，该指数基于国家知识产权局的专利数据以及国家工商局的企业注册资本数据两大微观数据库。首先，采用专利更新模型估计了不同年龄专利的平均价值，并将每个专利的价值加总到城市层面，得到城市创新指数。其次，将各城市所有新成立企业的注册资本金加总得到城市创业指数。最后，结合创新指数和创业指数排名的平均值测算得出各城市创新指数，比较全面、客观地测度了城市创新。

（二）解释变量

本研究的解释变量是智慧城市虚拟变量，该变量是根据住建部公布的智慧城市名单与中国地级市匹配后所得。其中，2013年1月公布的首批智慧城市试点对应59个地级市（剔除4个直辖市），2013年8月新增的智慧城市对应66个地级市，2014年新增的智慧城市对应36个地级市，截至2016年年底，中国智慧城市试点共对应161个地级市。于是，这161个智慧城市就构成"实验组"，其余124个地级市构成"控制组"，为采用双重差分模型提供了客观依据。

（三）控制变量

为了进一步降低遗漏变量带来的内生性问题，本研究还根据已有文献选择了一系列影响城市创新的控制变量，包括：（1）政府规模。城市创新是一项浩大工程，往往会得到政府资助，但政府规模过大、干预过多，反而不利于地区创新（钱肖颖和孙斌栋，2017），本研究利用公共财政支出与地区 GDP 的比值测算地区政府规模。（2）经济发展水平。良好的经济发展环境和较高的经济发展水平是地区创新的基础保障，较高的经济发展水平往往能为地区创新提供丰富的人力和物力保障，但因创新具有投资大、周期长、不确定性高等特征以及"创造性破坏"，城市创新能力在提升过程中可能会伴随一个先变小后变大的过程，本研究利用实际人均 GDP 测算经济发展水平，为了验证经济发展对城市创新的非线性影响轨迹，还加入实际人均 GDP 的二次项。（3）人力资本水平。根据已有文献，人力资本及其外部性对发展中国家的企业创新具有重要促进作用（Mariz-Pérez 等，2012；李建强等，2019），本研究采用各地区高等学校在校生数与地区年末总人口的比值测算人力资本水平。同时，人力资本水平也是本书重要的中介变量之一，在智慧城市作用于城市创新过程中，人力资本将从数量与质量两方面发挥重要作用。（4）信息基础水平。信息化能显著促进全要素生产率（孙早和刘李华，2018），良好的信息基础对增强城市创新能力具有积极带动作用，本研究采用传统的人均邮电业务与人均 GDP 的比值测算信息基础水平。（5）基础设施建设水平。交通和能源基础设施利用效率对 TFP 具有显著的"资本效应"，交通基础设施规模与利用效率可以通过 R&D 途径显著促进 TFP（王自锋等，2014），有利于加速城市创新，本研究采用人均城市道路面积测度基础设施建设水平。（6）对外开放程度。高水平开放经济对实施创新驱动发展战略具有积极影响，"高水平引进来"和"大规模走出去"会得到全球智慧和资源，有利于加速城市创新，助推中国创新型国家建设（刘志彪，2015），本研究以实际利用外资与地区 GDP 的比值测算对外开放程度，变量的选择与测算见表 11—1。

表11—1 变量的选择与测算

变量	指标的测算方法
城市创新（cityinnovation）	城市创新指数
智慧城市（smartcity）	智慧城市虚拟变量
政府规模（gov）	（公共财政支出/地区GDP）*100
经济增长水平（pergdp）	实际人均GDP/100
人力资本（human）	地区高等学校在校生数与/地区年末总人口
信息基础水平（inform）	人均邮电业务/人均GDP
基础设施建设（infrastr）	人均城市道路面积
对外开放程度（open）	（实际利用外资/地区GDP）*100

本研究所用数据均来自历年《中国城市统计年鉴》和《中国城市和产业创新力报告》，以货币计量的所有变量均以1990年为基期，剔除了价格因素的影响。其中，实际利用外资是以美元度量，我们采用人民币兑换美元的平均汇率，将实际利用外资折算为人民币计价，之后再计算其与地区GDP的比值。变量的描述性统计见表11—2。

表11—2 变量的描述性统计

变量	总样本 obs	min	max	实验组样本 obs	min	max	控制组样本 obs	min	max
cityinnovation	4544	0	694.0470	667	0.1034	694.0470	3877	0	230.7530
smartcity	4560	0	1	667	1	1	3893	0	0
gov	4525	0.2752	233.7928	667	4.4145	222.9605	3858	0.2752	233.7928
pergdp	4531	0.1390	463.4457	667	8.7494	438.8260	3864	0.1390	463.4457
human	4409	0	1311.2410	659	1.8905	1311.2410	3750	0	1270.4240
inform	4521	0.0083	26.5602	665	0.0286	2.3875	3856	0.0083	26.5602
infrastr	4509	0	442.9500	661	0.2847	442.9500	3848	0	228.2100
open	4385	0.0012	47.8774	633	0.0059	11.4919	3752	0.0012	47.8774

第四节　实证检验及结果分析

一　基准模型检验

根据基准模型方程式（11—1）估计了智慧城市对城市创新的净效应，所得结果见表11—3。在表11—3第（1）列中，当未加入控制变量时，智慧城市对城市创新的估计系数为11.6717，在1%水平下显著，说明设立智慧城市能显著增强城市创新能力，初步验证了理论假说1。考虑到宏观层面影响城市创新的因素较多，为了防止因遗漏变量给估计结果带来的偏误，我们采用逐一加入控制变量的方法对基准方程（11—1）再次进行回归。根据表11—3第（2）—第（7）列可知，当逐一加入控制变量时，智慧城市始终能显著促进城市创新，该结论具有很强的一致性和稳健性，从侧面也反映了本书所选控制变量的合理性。从表11—3第（7）列可知，当全部加入控制变量之后，R^2值增至最大，拟合度较高，此时，智慧城市对城市创新的净影响系数为10.2732，在1%水平下显著，充分说明智慧城市能显著推动城市创新，智慧城市无疑已经成为带动中国城市创新、助力中国迈向创新型国家的强大动力，有力验证了理论假说1。一系列控制变量回归结果显示，政府规模对城市创新的影响系数在5%水平下显著为负，支持了政府规模过大、干预过多会给城市创新带来不利影响的观点。经济发展水平的二次项对城市创新的影响系数在1%水平下显著为正，说明经济发展水平对城市创新的影响呈"U"形，这意味着由于"创新破坏"的存在，伴随经济发展水平的提升，城市创新水平经历了先变小后变大的过程。人力资本水平对城市创新具有显著的促进作用，以人均邮电业务总量表征的信息基础水平对城市创新的影响为正，但在统计上不显著，城市创新越来越需要新一代互联网信息技术带动发展。基础设施建设水平和对外开放程度对城市创新的影响系数在数值上为负，这可能与中国基础设施建设水平和对外开放程度不高有关，未来需进一步强化基础设施建设，加大对外开放程度。

表 11—3　　　　　　　智慧城市对城市创新的基准回归

变量	(1)	(2)	(3)	(4)	(5)	(6)	(7)
$smartcity$	11.6717***	11.3053***	11.5378***	10.4374***	9.6801***	9.5810***	10.2732***
	(3.43)	(3.39)	(3.43)	(2.90)	(3.23)	(3.13)	(3.10)
gov		-0.1751**	-0.1878**	-0.1403**	-0.1494*	-0.1504*	-0.1734**
		(-2.05)	(-2.05)	(-1.99)	(-1.96)	(-1.83)	(-2.09)
$pergdp^2$			0.0004***	0.0004**	0.0006***	0.0006***	0.0006***
			(2.74)	(2.58)	(3.93)	(3.84)	(3.62)
$pergdp$			-0.2056**	-0.1998**	-0.2365***	-0.2334**	-0.2276**
			(-2.47)	(-2.29)	(-2.62)	(-2.58)	(-2.45)
$human$				0.0395***	0.0415***	0.0412***	0.0372***
				(3.08)	(3.54)	(3.53)	(2.90)
$inform$					0.4515	0.4651	0.5251
					(1.07)	(1.09)	(1.19)
$infrastr$						-0.0354	-0.0575
						(-0.63)	(-0.60)
$open$							-0.7996
							(-1.46)
$\_cons$	0.2414	1.077	6.7480***	4.2377*	4.7404*	4.8864*	7.0136**
	(0.30)	(1.36)	(2.94)	(1.70)	(1.88)	(1.84)	(2.15)
时间固定	YES	YES	YES	YES	YES	YES	YES
个体固定	YES	YES	YES	YES	YES	YES	YES
N	4544	4515	4515	4398	4393	4376	4259
R^2	0.1100	0.1149	0.1184	0.1419	0.1697	0.1670	0.1821

注：(1) 括号内为 T 统计值；(2) *、** 和 *** 分别表示在 10%、5% 和 1% 水平下显著；(3) 所有回归均采用以地区为聚类变量的聚类稳健标准误。

二　平行趋势检验

采用双重差分法进行政策评估的前提是"实验组"与"控制组"要满足平行趋势假定，以此保证在政策实施前，"实验组"与"控制组"具有相同的变化趋势，避免分组样本之间因其他因素给政策评估效应带来干扰。考虑到智慧城市分批试点的特点，本研究采用方程回归法对平行趋势进行检验，基本思路是：通过对智慧城市虚拟变量在试点之前和试点之后分别赋值，考察政策效应是否显著。如果在智慧城市试点之前，即尚未设立智慧城市时，智慧城市虚拟变量对城市创新无显著影响，则满足"实验组"与"控制组"具有平行趋势的假定。反之，若在智慧城市试点之前，智慧城市虚拟变量已经对城市创新产生了显著影响，则说明"实验组"与"控制组"之间不满足平行趋势假定，该显著影响可能源自其他因素对城市创新的溢出效应。基于此，我们对智慧城市虚拟变量设立当年赋值为1，其余赋值为0，记为 smartcity0，对智慧城市设立前一年赋值为1，其余赋值为0，记为 before1，对智慧城市设立后一年赋值为1，其余赋值为0，记为 after1，以此列类推，分别赋值到前5年和后5年，并对其进行回归。根据表11—4回归结果可知，加入控制变量后，在智慧城市设立之前，其对城市创新的估计系数均不显著，充分验证了在未设立智慧城市时，智慧城市对城市创新并无显著影响的客观事实，从而证实了基准模型中智慧城市能显著推动城市创新的结论。与此同时，在智慧城市设立之后，其对城市创新的促进作用伴随时间逐渐增大，反映了智慧城市对城市创新的积极作用具有逐步加强的动态效应。综上所述，采用双重差分法估计智慧城市对城市创新的净效应满足平行趋势假定，基准模型所得结论是真实可靠的。

表11—4　　　　　　　　　　平行趋势检验

变量	(1)	(2)
before5	-0.4005	-0.8239
	(-0.26)	(-0.59)
before4	-0.2100	-0.8213
	(-0.13)	(-0.58)
before3	0.2275	-0.3817
	(0.19)	(-0.36)
before2	1.1656	0.2514
	(0.73)	(0.17)
before1	2.6172	1.7656
	(1.62)	(1.20)
smartcity0 设立当年	4.7418**	3.9458**
	(2.93)	(2.65)

续表

变量	(1)	(2)
$after1$	7.4134*** (4.56)	6.8966*** (4.57)
$after2$	11.7933*** (7.16)	11.2296*** (7.29)
$after3$	20.9612*** (11.16)	19.4296*** (10.97)
$after4$	44.9495*** (17.15)	34.0654*** (13.72)
$after5$	—	—
控制变量	NO	YES
时间固定	YES	YES
个体固定	YES	YES
N	4544	4258
R^2	0.4988	0.5247

注：(1) 括号内为 T 统计值；(2) *、** 和 *** 分别表示在10%、5%和1%水平下显著；(3) 所有回归均采用以地区为聚类变量的聚类稳健标准误。

三 内生性问题讨论

智慧城市影响城市创新过程中的内生性问题主要源自反向因果和遗漏变量。首先，在反向因果方面，智慧城市的设立与发展能显著带动城市创新，但城市创新能力的提升对智慧城市的设立不一定存在直接显著的影响，意即智慧城市的设立并非以城市创新能力强弱为唯一决定因素。根据2012年国家智慧城市试点工作会议要求，申报智慧城市需具备以下4个条件：(1) 智慧城市建设工作已列入当地国民经济和社会发展"十二五"规划或相关专项规划；(2) 已完成智慧城市发展规划纲要编制；(3) 已有明确的建设资金筹措方案和保障渠道；(4) 责任主体的主要负责人负责创建试点申报和组织管理。不难发现，能否成为智慧城市需满足多项要求，而非简单取决于城市创新水平的高低，此二者之间的反向因果关系并不强烈。其次，为了规避因遗漏变量带来的内生性问题，本研究在回归时逐一加入了政府规模、经济发展水平、人力资本水平、信息基础水平、基础设施建设水平以及对外开放程度等主要控制变量,很大程度上降低了因遗漏变量带来的内生性问题。此外,本研究采用的双重差分法本身就是基于政策冲击的准自然实验进行估计的评价方法,能在很大程度上降低内生性问题,在接下来的稳健性检验部分采用 PSM-DID 方法进一步加强了实验组和控制组样本选择的随机性,极大地缓解了本研究的内生性问题。

四 稳健性检验

(一) PSM-DID 方法再估计

在智慧城市试点过程中,2012 年首批智慧城市试点名单对应 59 个地级市,2013 年公布的第二批新增智慧城市试点名单对应 66 个地级市,2014 年公布的第三批新增智慧城市试点对应 36 个地级市,相较之下,2013 年的试点数量最多。于是,在研究跨期 2001—2016 年间,为了检验智慧城市能否稳健地促进城市创新,本研究删除 2012 年和 2014 年智慧城市试点对应的地级市样本,将多期 DID 简化为一期 DID,并采用 PSM-DID 方法对智慧城市的城市创新净效应进行重新估计,具体的方程设定如下:

$$cityinnovation_{i,t} = \alpha_0 + \alpha_1 treated_{i,t} + \alpha_2 time_{i,t} \\ + \alpha_3 treated_{i,t} \times time_{i,t} + \sum \delta x_{i,t} + \varepsilon_{i,t} \tag{11—2}$$

在式 (11—2) 中,$treated_{i,t}$ 为分组虚拟变量,如果某地级市设立了智慧城市,赋值为 1,否则赋值为 0;$time_{i,t}$ 为时间虚拟变量,在智慧城市试点当年及以后,赋值为 1,否则赋值为 0;$treated_{i,t} \times time_{i,t}$ 为政策实施之后的政策净效应,其他变量的解释同式 (11—1)。

在采用倾向得分匹配时,"重叠假定"要求"实验组"与"控制组"子样本存在重叠。而"匹配假定"保证了"实验组"与"控制组"的倾向得分取值范围具有相同的部分。在匹配时,为了提高匹配质量,通常仅保留倾向得分重叠部分的个体,如果某实验组个体的倾向得分高于控制组倾向得分的最大值或低于控制组倾向得分的最小值,则去掉该实验组个体。本研究采用 logit 回归和核匹配(Kernel Matching)估计倾向得分,对"实验组"和"控制组"数据进行良好匹配。由表 11—5 的匹配结果可知,匹配后,所有变量的标准化偏差大幅降低,匹配效果较好。同时,根据图

11—1（所有变量的标准偏差）可直观发现，大多数观测值均落在共同取值范围内，充分说明匹配后的数据达到了"平衡数据"的目的。

表 11—5　　　　　　　　　　数据匹配前后结果对比

variable	Unmatched Matched	Mean Treated	Mean Control	% bias	% reduct |bias|	t-test t	p>|t|
gov	U	12.979	15.653	-31.0		-7.34	0.000
	M	13.004	13.055	-0.6	98.1	-0.16	0.872
$pergdp^2$	U	2242.1	1122.1	26.5		7.85	0.000
	M	1761.4	1760.6	0.0	99.9	0.01	0.994
$pergdp$	U	38.801	29.606	41.5		11.37	0.000
	M	36.787	36.368	1.9	95.4	0.44	0.656
$human$	U	129.88	85.728	30.4		8.00	0.000
	M	130.76	143.1	-8.5	72.1	-1.40	0.162
$inform$	U	0.1947	0.2237	-6.2		-1.39	0.164
	M	0.1956	0.1967	-0.2	96.3	-0.14	0.890
$infrastr$	U	10.7670	7.9844	34.3		9.67	0.000
	M	9.9519	9.6647	3.5	89.7	0.98	0.329
$open$	U	2.2387	1.7188	20.3		5.07	0.000
	M	2.2227	2.3470	-4.9	76.1	-0.85	0.398

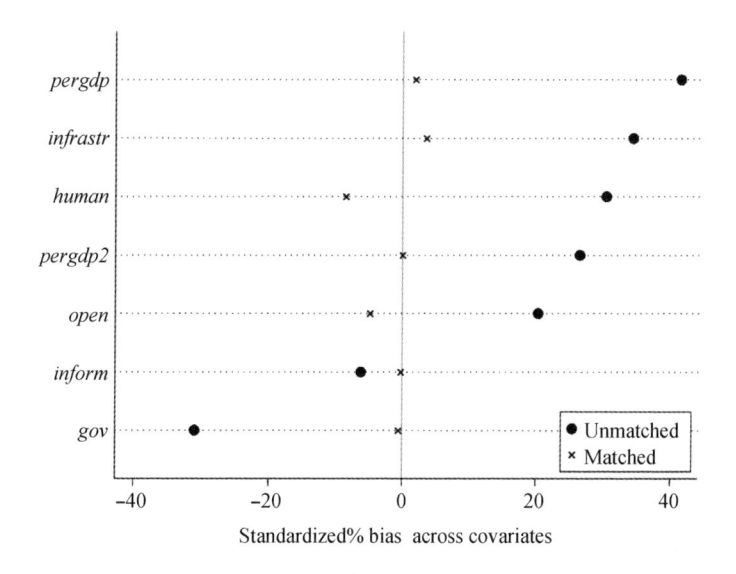

图 11—1　所有变量的标准偏差图示

PSM-DID方法依据匹配估计量这一基本思想,可以较好地解决"实验组"与"控制组"在受到政策冲击前两个分样本不具备共同趋势假定所带来的一系列问题,有利于进一步增强政策评价效果的准确性。于是,经过上述检验,在满足数据平衡性假定之后,采用PSM-DID方法对方程(11—2)进行了估计,所得结果见表11—6。此时,智慧城市对城市创新的影响系数为6.232,在1%水平下显著,充分肯定了智慧城市能显著促进城市创新,验证了基准模型所得结论。

表11—6　　　　　　　　PSM-DID 估计结果

变量	智慧城市设立之前 控制组 Control	智慧城市设立之前 处理组 Treated	智慧城市设立之前 差分 Diff (T-C)	智慧城市设立之后 控制组 Control	智慧城市设立之后 处理组 Treated	智慧城市设立之后 差分 Diff (T-C)	双重差分估计结果 DID
$cityinnovation$	2.467	1.033	-1.435	2.467	7.265	4.798	6.232
S. Err			0.328			0.459	0.457
T值			-4.38			10.44	13.64
$p>\vert t \vert$			0.000**			0.000***	0.000***

注:(1) *、** 和 *** 分别表示在10%、5%和1%水平下显著;(2) 控制组样本为1833;实验组样本为1022,总样本为2835;(3) R^2 为0.06。

(二) 替换被解释变量

在基准模型回归中,被解释变量采用的是《中国城市和产业创新力报告》中公布的中国城市创新指数。考虑到以专利数据表征创新水平已经在学界得到广泛认可,此处我们采用地级市每万人拥有的专利授权数作为城市创新能力的代理指标,对基准模型进行重新估计,所得结果见表11—7中第(1)列。此时,估计系数在1%水平下显著为正,说明设立智慧城市能显著促进城市创新,基准模型所得结论是稳健的。

(三) 变量1%缩尾

为了防止个别离群值对估计结果产生干扰,此处我们对变量进行1%缩尾处理,并重新估计基准模型,所得结果见表11—7中第(2)列。此时,智慧城市对城市创新的影响系数仍然在1%水平下显著为正,说明智慧城市能有效促进城市创新,肯定了基准模型所得结论具有稳健性。

(四) 缩短研究跨期

在研究跨期2001—2016年间，为了避免中国先后因2001年加入WTO、2003年突发"非典"疫情、2008年爆发国际金融危机等重大事件给研究结果带来的干扰，此处我们将研究跨期缩短至2009—2016年，并重新对基准模型进行估计，所得结果见表11—7中第（3）列。此时，智慧城市对城市创新的影响系数依然在1%水平下显著为正，进一步肯定了基准模型所得结论的稳健性。

(五) 加入时间和省级固定效应交互项

本研究基准回归分析采用的是双向固定效应模型，其中，时间固定效应假定智慧城市试点政策对于所有地区一致，地区固定效应假定个体效应不随时间变化。但事实上，还是存在一些伴随省份和时间变动的其他因素干扰回归结果，而这些因素是我们无法通过时间固定效应和个体固定效应进行控制的。于是，我们加入时间与省级固定效应交互项，对基准模型重新估计，结果见表11—7中第（4）列。此时，智慧城市对城市创新的影响系数依旧在1%水平下显著为正，再次肯定了基准模型所得结论的稳健性。

表11—7　　稳健性检验

变量	替换被解释变量（1）	1%缩尾处理（2）	缩短研究跨期（3）	加入时间和省级固定效应交互项（4）
$smartcity$	4.8691*** (3.31)	5.9894*** (5.22)	6.6226*** (3.50)	10.3146*** (9.82)
$\_cons$	7.3986*** (4.48)	0.5622 (0.53)	8.1680* (1.70)	
控制变量	YES	YES	YES	YES
时间固定	YES	YES	YES	YES
个体固定	YES	YES	YES	YES
N	4269	4259	2144	4221
R^2	0.3113	0.4149	0.1589	0.5652

注：（1）括号内为T统计值；（2）*、**和***分别表示在10%、5%和1%水平下显著；（3）所有回归均采用以地区为聚类变量的聚类稳健标准误。

五 异质性检验

就本质而言，智慧城市的核心是城市，而城市的发展极易受资源可供量与政策的影响。在智慧城市的设立与发展过程中，资源可供量受制于城市所处的地理位置，而政策的推广与实施往往受城市自身行政等级的影响。那么，地处不同地理位置或不同行政等级的智慧城市是否对城市创新也存在差异化影响？对其进行验证后的结果分别见表11—8和表11—9。

表11—8　智慧城市对城市创新的地理位置差异检验

变量	东部地区		中西部地区	
smartcity	27.9760***	24.4074***	4.1209**	2.6711
	(2.94)	(2.83)	(2.47)	(1.65)
_cons	0.3400	15.6343	0.1895	−0.9514
	(0.16)	(1.29)	(0.47)	(−0.43)
control	NO	YES	NO	YES
时间固定	YES	YES	YES	YES
个体固定	YES	YES	YES	YES
N	1568	1546	2976	2713
R^2	0.1862	0.2365	0.1375	0.2907

注：(1) 括号内为 T 统计值；(2) *、** 和 *** 分别表示在10%、5%和1%水平下显著；(3) 所有回归均采用以地区为聚类变量的聚类稳健标准误。

表11—9　智慧城市对城市创新的城市行政等级差异检验

变量	高行政等级城市		低行政等级城市	
smartcity	23.9837*	24.6696*	2.4529***	2.1589***
	(1.91)	(1.91)	(3.67)	(3.64)
_cons	0.9528	10.0449	0.1003	2.5861***
	(0.22)	(0.57)	(0.75)	(3.73)
control	NO	YES	NO	YES
时间固定	YES	YES	YES	YES
个体固定	YES	YES	YES	YES

续表

变量	高行政等级城市		低行政等级城市	
N	752	738	3792	3521
R^2	0.2804	0.3545	0.2880	0.3821

注：（1）括号内为 T 统计值；（2）*、** 和 *** 分别表示在10%、5%和1%水平下显著；（3）所有回归均采用以地区为聚类变量的聚类稳健标准误。

在表11—8中，位于东部地区的智慧城市以其丰富的资源供给、先进的信息技术水平和开放包容的市场环境能显著促进城市创新，且其对城市创新的促进作用无论在数值还是统计显著性方面，均远高于中西部地区，充分证明了具有区位优势的智慧城市对城市创新的提升作用更强更显著，部分验证了理论假说3。

在表11—9中，本研究根据官方规定的省会城市、副省级城市以及较大城市等高行政等级分类目录[1]，借鉴袁航和朱承亮（2018b）的做法将省会城市、副省级城市以及较大城市界定为高行政等级城市，将其余城市界定为低行政等级城市。据此进行分样本回归后发现，具有高行政等级的智慧城市对城市创新的促进作用远大于低行政等级城市，充分凸显了高行政等级下智慧城市促进城市创新的强大优势，部分验证了理论假说3。

第五节　作用机制识别

一系列检验肯定了智慧城市对城市创新具有显著的促进作用，但该促进作用是否通过信息技术效应、人力资本效应以及制度环境效应进行传

---

[1] 省会城市（扣除四大直辖市，27个）：石家庄市、南京市、哈尔滨市、成都市、广州市、兰州市、南宁市、郑州市、南昌市、西安市、西宁市、贵阳市、昆明市、乌鲁木齐市、武汉市、沈阳市、太原市、合肥市、杭州市、拉萨市、呼和浩特市、长沙市、长春市、济南市、海口市、福州市、银川市。
副省级城市（15个）：哈尔滨市、长春市、沈阳市、大连市、济南市、青岛市、南京市、杭州市、宁波市、厦门市、广州市、深圳市、武汉市、成都市、西安市。
较大城市（18个）：大连市、齐齐哈尔市、宁波市、青岛市、苏州市、本溪市、包头市、大同市、淄博市、徐州市、抚顺市、洛阳市、唐山市、无锡市、吉林市、邯郸市、鞍山市、淮南市。

导,需采用中介效应模型逐一检验。

利用中介效应模型检验传导机制时,一般分三个步骤:首先,根据式(11—3)检验核心解释变量(智慧城市)对被解释变量(城市创新)的影响大小及显著性;其次,根据式(11—4)检验核心解释变量对中介变量的影响大小及显著性;最后,同时纳入核心解释变量与中介变量,根据式(11—5)检验其对被解释变量的影响大小及显著性,并由核心解释变量估计系数及显著性确定中介效应的存在性与所属类型。基于此,对中介效应模型的回归方程设定如下:

$$cityinnovation_{i,t} = \alpha_0 + \alpha_1 smartcity_{i,t} + \mu_i + \eta_t + \varepsilon_{i,t} \quad (11—3)$$

$$mediator_{i,t} = \beta_0 + \beta_1 smartcity_{i,t} + \mu_i + \eta_t + \varepsilon_{i,t} \quad (11—4)$$

$$cityinnovation_{i,t} = \gamma_0 + \gamma_1 smartcity_{i,t} + \gamma_2 mediator_{i,t} + \mu_i + \eta_t + \varepsilon_{i,t} \quad (11—5)$$

式(11—4)中的$mediator_{i,t}$表示中介变量,包括信息技术效应、人力资本效应和制度环境效应。如果存在此三方面中介传导机制,就要求核心解释变量(智慧城市)显著影响被解释变量(城市创新),核心解释变量显著影响中介变量,以及中介变量显著影响被解释变量,意即在式(11—3)—式(11—5)中,α_1、β_1和γ_2必须满足统计上的显著性。进一步地,如果式(11—5)中核心解释变量的回归系数γ_1小于式(11—3)中的回归系数α_1,说明核心解释变量对被解释变量的影响效果部分被中介变量吸收,存在部分中介效应;如果式(11—5)中核心解释变量的回归系数γ_1变得不再显著,则说明解释变量对被解释变量的影响完全被中介变量吸收,存在完全中介效应。

一 信息技术效应检验

根据前文理论分析,智慧城市建设有利于提升互联网信息服务和促进新软件开发等信息技术革新,进而带动城市创新。对此,本研究根据《中国城市和产业创新力报告》中的互联网信息服务创新指数和软件开发创新指数作为新一代信息技术革新的代理变量,采用中介效应模型进行检验,结果见表11—10。根据表11—10中第(1)—第(3)列可知,智慧城市对城市创新的影响系数为11.6717,在1%水平下显著;智慧城市对互联网信息服务创新的影响系数为 0.2112，在 10% 水平下显著；同时加入智慧城市和互联网信息服务创新之后，智慧城市对城市创新的促进作用降至 6.3627，在 1% 水平下显著，说明智慧城市对城市创新的促进作用部分通过互联网信息服务创新进行传导。结合表 11—10 中第（1）列和第（4）—第（5）列可知，智慧城市对软件开发创新的促进作用为 0.2287，在 10% 水平下显著，当同时纳入智慧城市和软件开发创新后，智慧城市对城市创新的促进作用降至 5.4746，在 1% 水平下显著，说明智慧城市促进城市创新部分通过软件开发创新进行传导。总体而言，智慧城市对城市创新的促进作用是通过互联网信息服务创新和软件开发创新渠道进行传导的，证实了智慧城市通过信息技术效应促进城市创新的观点，验证了理论假说 2a。

表 11—10　　　　　　　　机制检验——信息技术效应

变量	城市创新（1）	互联网信息服务（2）	城市创新（3）	软件开发（4）	城市创新（5）
smartcity	11.6717*** (3.43)	0.2112* (1.92)	6.3627*** (3.47)	0.2287* (1.79)	5.4746*** (4.17)
互联网信息服务			37.8841*** (65.56)		
软件开发					25.6459*** (83.84)
_cons	0.2414 (0.30)	-0.7859*** (-2.90)	-17.3482*** (-3.83)	-0.7406*** (-2.82)	-8.2256*** (-3.03)
时间固定	YES	YES	YES	YES	YES
个体固定	YES	YES	YES	YES	YES
N	4544	999	999	1331	1331
R^2	0.1100	0.0727	0.8871	0.0687	0.8964

注：（1）括号内为 T 统计值；（2）*、** 和 *** 分别表示在 10%、5% 和 1% 水平下显著。

二　人力资本效应检验

智慧城市促进城市创新主要得益于受过高等教育的高端人力资本，在本研究的控制变量部分，我们已经采用高等学校在校生数与地区年末总人口的比值衡量地区人力资本水平，这是从数量维度对人力资本水平的反映，此处继续使用该指标进行中介效应检验。实际上，智慧城市对城市创新的促进作用更依赖于人力资本的质量，对此，借鉴程虹（2018）、岳书敬和刘朝明（2006）的做法，以平均受教育年限与劳动力数量乘积这一存量指标表示人力资本质量。其中，以地区三次产业从业人员总数衡量劳动力数量，参考邢春冰等（2013）的做法对教育年限依次赋值：未上过学赋值为0；小学赋值为6；初中赋值为9；高中赋值为12；大学专科赋值为15；大学本科赋值为16；研究生及以上赋值为19，平均受教育年限的计算公式为：

$$h = \frac{n_1 \times 0 + n_2 \times 6 + n_3 \times 9 + n_4 \times 12 + n_5 \times 15 + n_6 \times 16 + n_7 \times 19}{n_1 + n_2 + n_3 + n_4 + n_5 + n_6 + n_7}$$

(11—6)

在式（11—6）中，n_1、n_2、n_3、n_4、n_5、n_6 和 n_7 分别表示劳动就业人员中具有未上学、小学、初中、高中、大学专科、大学本科和研究生及以上教育背景的人数。由于中国未公开地级市层面就业人员受教育程度构成数据，此处我们根据《中国劳动统计年鉴》测算了2001—2016年省际平均受教育年限，并将其匹配到地级市。

之后，采用中介效应模型检验所得结果见表11—11。在表11—11第（1）列，智慧城市对城市创新的影响系数显著为正，由第（2）和第（3）列可知，智慧城市在数量维度对人力资本水平具有显著的提升作用，当同时加入智慧城市和人力资本数量之后，智慧城市对城市创新的促进作用从第（1）列的11.6717降至第（3）列的10.4236，说明智慧城市对城市创新的促进作用部分通过人力资本数量传导；同时，结合表11—11中第（4）—第（5）列可知，智慧城市可以显著提升人力资本质量，而且当同时加入智慧城市与人力资本质量之后，智慧城市对城市创新的促进作用从第（1）列的11.6717降至第（5）列的2.0873，且在统计上不显著，说明智慧城市对城市创新的推动作用完全通过人力资本质量传导实现。总体而言，智慧城市能通过人力资本效应推动城市创新，由此，验证了理论假说2b。

表 11—11　　　　　　　　　机制检验——人力资本效应

变量	城市创新(1)	人力资本数量(2)	城市创新(3)	人力资本质量(4)	城市创新(5)
smartcity	11.6717*** (3.43)	35.6271*** (3.55)	10.4236*** (2.90)	1.7016*** (4.53)	2.0873 (1.37)
人力资本数量			0.0410*** (3.18)		
人力资本质量					5.6748*** (3.02)
_cons	0.2414 (0.30)	50.2066*** (6.92)	-2.1611** (-2.33)	2.7994*** (20.74)	-15.8272*** (-2.79)
时间固定	YES	YES	YES	YES	YES
个体固定	YES	YES	YES	YES	YES
N	4544	4409	4399	4504	4494
R^2	0.1100	0.3310	0.1365	0.2716	0.5056

注：(1) 括号内为 T 统计值；(2) *、** 和 *** 分别表示在 10%、5% 和 1% 水平下显著。

三　制度环境效应检验

由机制分析可知，由新一代信息技术推动下的智慧城市能从降低市场交易成本和促进市场化进程两个方面为企业发展营造自由宽松的营商环境，有助于推动城市创新。对此，我们分别进行检验。首先，由于中国尚无公开市场交易费用的官方数据，我们将采用卢现祥和朱迪（2019）测算的"中国制度性交易成本数据"，该数据基于制度性交易成本产生的宏观经济不利影响和微观企业投资减少、资源错配以及技术进步缓慢等方面，通过构建指标体系测算了中国 31 个省市区 2001—2014 年的制度性交易成本。其次，我们采用樊纲市场化指数测度中国的市场化进程，由于每一期中国市场化指数报告的跨期较短，对此，我们根据袁航和朱承亮（2019）的做法，通过方程回归拟合延长了市场化指数的时序。此外，考虑到上述两个指标均为省级面板数据，我们手动将其匹配至各地级市，并根据中介效应模型进行回归，所得结果见表 11—12。

根据表 11—12 中第（1）列，智慧城市能显著促进城市创新，根据第（2）—第（3）列可知，智慧城市能降低制度性交易成本，但在统计上不显著，当同时加入智慧城市与制度性交易成本之后，制度性交易成本显著抑制了城市创新，智慧城市能显著促进城市创新，而且此时的促进作用由第（1）列中的11.6717降低至第（3）列中的第10.0898，据此我们可以大致推断，降低制度性交易成本是智慧城市推动城市创新的一个中介变量，但此传导机制因智慧城市发展不成熟，未触及制度革新的深层次因素而在统计上不显著。同理，根据第（4）—第（5）列可知，智慧城市对市场化进程具有促进作用，但在统计上不显著，当模型同时纳入智慧城市与樊纲市场化指数之后，市场化指数和智慧城市均能显著促进城市创新，而且智慧城市对城市创新的促进作用由11.6717降至9.4942。总之，结合制度环境正反两方向的替代指标检验之后发现，优化制度营商环境是智慧城市推动城市创新的中介变量，只是这种中介效应因智慧城市发展不成熟，未触及制度革新的深层次原因而在统计上不显著，验证了理论假说2c。

表11—12　　　　　　机制检验——制度环境效应

变量	城市创新（1）	制度性交易成本（2）	城市创新（3）	樊纲市场化指数（4）	城市创新（5）
$smartcity$	11.6717***	-0.0255	10.0898***	0.0146	9.4942***
	(3.43)	(-0.87)	(3.30)	(0.70)	(3.39)
制度性交易成本			-5.7865**		
			(-2.32)		
樊纲市场化指数					4.7201***
					(2.90)
_cons	0.2414	8.5169***	49.5174**	5.6200***	-21.5228**
	(0.30)	(470.34)	(2.39)	(568.19)	(-2.41)
时间固定	YES	YES	YES	YES	YES
个体固定	YES	YES	YES	YES	YES
N	4544	3990	3976	3420	3408
R^2	0.1100	0.3373	0.1190	0.7083	0.1216

注：（1）括号内为T统计值；（2）*、**和***分别表示在10%、5%和1%水平下显著。

第六节 结论与政策建议

作为现代化城市运行和治理的一种新模式和新理念，以智慧城市带动城市创新，引领中国跻身创新型国家前列成为实现高质量发展的重要议题。本研究基于 2001—2016 年中国 285 个地级市，采用双重差分法系统检验了智慧城市对城市创新的净影响，在通过平行趋势检验、异质性检验和 PSM-DID 等稳定性检验之后，研究得出：（1）智慧城市能显著促进城市创新，有助于推动中国跻身创新型国家前列；（2）智慧城市对城市创新的促进作用因其所处地理区位和城市行政等级不同而存在明显差异，具体而言，位于东部地区的智慧城市和省会城市、副省级城市以及较大城市等具有较高行政等级的智慧城市对城市创新的促进作用更大，智慧城市对城市创新的促进作用存在明显的发散特征，一定程度上会拉大中国城市之间的创新差距。（3）作用机制显示：第一，智慧城市能通过互联网信息服务创新和软件开发创新为主的信息技术效应促进城市创新；第二，智慧城市能从数量维度和质量维度共同提升人力资本效应进而推动中国城市创新；第三，智慧城市能通过降低制度性交易成本和加快市场化进程两方面优化制度营商环境进而推动中国城市创新。

未来要进一步强化智慧城市对城市创新的积极影响，充分释放信息技术效应、人力资本效应和制度环境效应对智慧城市促进城市创新的催化作用，助力中国跻身创新型国家前列。具体而言，应从以下几个方面着手：首先，加快智慧城市发展建设，充分发挥智慧城市对城市创新的促进作用。一要根据城市的等级、性质、特点、功能和历史等实际情况，充分利用城市比较优势，结合数字化、移动化、融合化、互动化、智能化发展理念，增强智慧城市的根植性和自生发展能力，保障智慧城市在发展过程中形成的分工和协作关系，增强地缘城市发展之间的互补性和带动性。二要完善智慧城市发展的政策保障体系建设，加强创新资源在区域之间自由流动，充分发挥市场配置资源功能，实现智慧城市"智慧增长"。三要促进各智慧城市之间的交流与学习，借助大数据等新型创新资源以及智能化服务平台实现资源共享，增强智慧城市对城市创新的促进作用，大力推进中国创新型国家建设。其次，要进一步强化新一代信息技术水平，增强互联网信息服务和软件开发创新等基础建设，夯实高端信息技术发展基础，打造新一代信息技术服务体系，完善智慧城市高科技信息基础设施，增强信息技术对智慧城市推动城市创新的积极带动作用。再次，要不断提升中国人力资本质量，持续优化人力资本结构，特别是提升高等教育人才素质，提高人力资本存量，增加人力资本要素积累，完善智慧城市促进城市创新的人力资本传导渠道，为智慧城市促进城市创新提供充足的人才支撑。最后，要加快市场化进程，降低经济发展过程中的制度性交易成本，持续不断地优化制度营商环境，为企业的创新研发活动提供自由、舒适、开放、包容的环境，激发企业创新动机，提升企业创新能力，增强产业创新能力与产业竞争力，畅通智慧城市推动城市创新的中间渠道，加速智慧城市对城市创新的积极促进作用，助推中国创新型国家建设。

参考文献

中共中央编译局:《马克思恩格斯全集》(第42卷),人民出版社2016年出版。

何传启:《中国现代化报告2012——农业现代化研究》,北京大学出版社2012年出版。

何新华、吴海英、曹永福、刘睿:《中国宏观经济季度模型China_QEM》,社会科学文献出版社2005年出版。

万宝瑞:《中国农村经济管理与研究》,中国农业出版社2002年出版。

汪同三、沈利生:《中国社会科学院数量经济与技术经济研究所经济模型集》,社会科学文献出版社2001年出版。

王慧炯、李泊溪、李善同:《中国实用宏观经济模型1999》,中国财政经济出版社2000年版。

张欣:《可计算一般均衡模型的基本原理与编程》,格致出版社2001年出版。

陈海波:《以智慧城市建设助推高质量发展》,《智慧中国》2019年第5期。

陈钦源、马黎珺、伊志宏:《分析师跟踪与企业创新绩效——中国的逻辑》,《南开管理评论》2017年第3期。

陈秧分、孙炜、薛桂霞:《粮食适度规模经营的文献评述与理论思考》,《中国土地科学》2015年第5期。

陈雨露、马勇:《金融体系结构、金融效率与金融稳定》,《金融监管研究》2013年第5期。

陈禹:《复杂性研究的新动向——基于主体的建模方法及其启迪》,《系统辩证学学报》2003年第1期。

程大中：《中国服务业增长的特点、原因及影响——鲍莫尔—富克斯假说及其经验研究》，《中国社会科学》2004年第2期。

程虹：《管理提升了企业劳动生产率吗？——来自中国企业劳动力匹配调查的经验证据》，《管理世界》2018年第2期。

程开明：《城市化、技术创新与经济增长——基于创新中介效应的实证研究》，《统计研究》2009年第5期。

程开明：《城市化促进技术创新的机制及证据》，《科研管理》2010年第2期。

程开明：《城市体系中创新扩散的空间特征研究》，《科学学研究》2010年第5期。

程令国、张晔、刘志彪：《农地确权促进了中国农村土地的流转吗？》，《管理世界》2016年第1期。

楚金华：《从"被动接受"到"合作共创"：基于演化视角的智慧城市理论发展框架》，《国际城市规划》2019年第4期。

崔连标、朱磊、宋马林、郑海涛：《中美贸易摩擦的国际经济影响评估》，《财经研究》2018年第12期。

董国礼、李里、任纪萍：《产权代理分析下的土地流转模式及经济绩效》，《社会学研究》2009年第1期。

付平、刘德学：《智慧城市技术创新效应研究——基于中国282个地级城市面板数据的实证分析》，《经济问题探索》2019年第9期。

傅荣校：《智慧城市的概念框架与推进路径》，《求索》，2019年第5期。

高铁梅、梁云芳、何光剑《中国季度宏观经济政策分析模型——对宏观经济政策效应的模拟分析》，《数量经济技术经济研究》2007年第11期。

苟琴、黄益平、刘晓光：《银行信贷配置真的存在所有制歧视吗？》，《管理世界》2014年第1期。

苟琴、黄益平：《我国信贷配给决定因素分析——来自企业层面的证据吗》，《金融研究》2014年第8期。

辜胜阻、曹冬梅、李睿：《让"互联网+"行动计划引领新一轮创业浪潮》，《科学学研究》2016年第2期。

辜胜阻、曹誉波、庄芹芹：《推进企业创新亟需重构创业板制度安排》，

《中国软科学》2015年第4期。

辜胜阻、李华、易善策：《均衡城镇化：大都市与中小城市协调共进》，《人口研究》2010年第5期。

辜胜阻、王敏：《智慧城市建设的理论思考与战略选择》，《中国人口·资源与环境》2012年第5期。

辜胜阻、杨建武、刘江日：《当前我国智慧城市建设中的问题与对策》，《中国软科学》2013年第1期。

辜胜阻、庄芹芹：《资本市场功能视角下的企业创新发展研究》，《中国软科学》2016年第11期。

辜胜阻、庄芹芹、曹誉波：《构建服务实体经济多层次资本市场的路径选择》，《管理世界》2016年第4期。

顾乃华、李江帆：《中国服务业技术效率区域差异的实证分析》，《经济研究》2006年第1期。

关兴良、魏后凯、鲁莎莎、邓羽：《中国城镇化进程中的空间集聚、机理及其科学问题》，《地理研究》2016年第2期。

郭克莎：《中国产业结构调整升级趋势与"十四五"时期政策思路》，《经济研究》2017年第3期。

郭守亭：《对我国实施农产品品牌工程的几点思考》，《农业经济问题》2005年第12期。

何大安：《互联网应用扩张与微观经济学基础——基于未来"数据与数据对话"的理论解说》，《经济研究》2018年第8期。

何小钢、梁权熙、王善骝：《信息技术、劳动力结构与企业生产率——破解"信息技术生产率悖论"之谜》，《管理世界》2019年第9期。

黄季焜、杨军、仇焕广：《新时期国家粮食安全战略和政策的思考》，《农业经济问题》2012年第3期。

黄鹏、汪建新、孟雪：《经济全球化再平衡与中美贸易摩擦》，《中国工业经济》2018年第10期。

黄群慧、余泳泽、张松林：《互联网发展与制造业生产率提升：内在机制与中国经验》，《中国工业经济》2019年第8期。

黄守宏：《论市场经济条件下农业的基础地位》，《经济研究》1994年第1期。

黄泰岩、王检贵:《工业化新阶段农业基础性地位的转变》,《中国社会科学》2001 年第 3 期。

黄晓凤、廖雄飞:《中美贸易失衡的主因分析》,《财贸经济》2011 年第 4 期。

黄兴李、邓路、曲悠:《货币政策、商业信用与公司投资行为》,《会计研究》2016 年第 2 期。

黄宗智:《小农户与大商业资本的不平等交易:中国现代农业的特色》,《开放时代》2012 年第 3 期。

惠宁、周晓唯:《互联网驱动产业结构高级化效应分析》,《统计与信息论坛》2016 年第 10 期。

贾俊生、伦晓波、林树:《金融发展、微观企业创新产出与经济增长——基于上市公司专利视角的实证分析》,《金融研究》2017 年第 1 期。

姜爱林:《城镇化与信息化互动关系研究》,《经济学动态》2004 年第 8 期。

江飞涛、李晓萍:《直接干预市场与限制竞争:中国产业政策的取向与根本缺陷》,《中国工业经济》2010 年第 9 期。

江小涓:《服务业增长:真实含义,多重影响和发展趋势》,《经济研究》2011 年第 4 期。

江小涓:《高度联通社会中的资源重组与服务业增长》,《经济研究》2017 年第 3 期。

焦长权、周飞舟:《"资本下乡"与乡村的再造》,《中国社会科学》2016 年第 1 期。

金碚:《关于"高质量发展"的经济学研究》,《中国工业经济》2018 年第 4 期。

金欣鹏、马林、张建杰、马文奇、张福锁:《农业绿色发展系统研究思路与定量方法》,《中国生态农业学报》2020 年第 8 期。

亢梅玲:《中美贸易不平衡的原因分析》,《世界经济研究》2006 年第 4 期。

孔东民、王亚男、代昀昊:《为何企业上市降低了生产效率?——基于制度激励视角的研究》,《金融研究》2015 年第 7 期。

靳明、李爱喜、赵昶:《绿色农产品的定价策略与博弈分析》,《财贸经济》2005 年第 3 期。

靳明、周亮亮：《绿色农产品原产地效应与品牌策略初探》，《财经论丛》2006 年第 4 期。

蓝庆新、彭一然：《论"工业化、信息化、城镇化、农业现代化"的关联机制和发展策略》，《理论学刊》2013 年第 5 期。

李瑾、马晨、赵春江、冯献：《"互联网+"现代农业的战略路径与对策建议》，《中国工程科学》2020 年第 4 期。

李海舰、田跃新、李文杰：《互联网思维与传统企业再造》，《中国工业经济》2014 年第 10 期。

李建强、赵西亮、张昀彬：《教育扩招、人力资本与企业创新》，《中国经济问题》2019 年第 3 期。

李昕：《中美贸易摩擦——基于 GTAP 可计算一般均衡模型分析》，《国际贸易问题》2012 年第 11 期。

李心合、王亚星、叶玲：《债务异质性假说与资本结构选择理论的新解释》，《会计研究》2014 年第 12 期。

李烨：《智慧城市建设能提高居民获得感吗——基于中国居民的异质性分析》，《吉林大学社会科学学报》2019 年第 6 期。

梁文泉、陆铭：《后工业化时代的城市：城市规模影响服务业人力资本外部性的微观证据》，《经济研究》2016 年第 12 期。

刘端、陈诗琪、陈收：《制造业上市公司的股权增发、外部融资依赖对企业创新的影响》，《管理学报》2019 年第 8 期。

刘合光：《乡村振兴的战略关键点及其路径》，《中国国情国力》2017 年第 12 期。

刘建江、杨细珍：《产品内分工视角下中美贸易失衡中的贸易利益研究》，《国际贸易问题》2011 年第 8 期。

刘巧、石大千、刘建江：《智慧城市建设对城市技术创新的影响》，《技术经济》2018 年第 5 期。

刘守英、王佳宁：《长久不变、制度创新与农地"三权分置"》，《改革》2017 年第 10 期。

刘伟、张辉：《中国经济增长中的产业结构变迁和技术进步》，《经济研究》2008 年第 11 期。

刘兴凯、张诚：《中国服务业全要素生产率增长及其收敛分析》，《数量经济技术经济研究》2010 年第 3 期。

刘彦随：《中国新时代城乡融合与乡村振兴》，《地理学报》2018 年第 4 期。

刘元春：《中美贸易摩擦的现实影响与前景探究——基于可计算一般均衡方法的经验分析》，《人民论坛·学术前沿》2018 年第 16 期。

刘志彪：《在新一轮高水平对外开放中实施创新驱动战略》，《南京大学学报》（哲学·人文科学·社会科学）2015 年第 2 期。

卢现祥、朱迪：《中国制度性交易成本测算及其区域差异比较》，《江汉论坛》2019 年第 10 期。

陆正飞、杨德明：《商业信用：替代性融资，还是买方市场？》，《管理世界》2011 年第 4 期。

罗必良：《疫情高发期的农业发展：新挑战与新思维》，《华中农业大学学报》（社会科学版）2020 年第 3 期。

吕明元、陈磊：《"互联网＋"对产业结构生态化转型影响的实证分析——基于上海市 2000—2013 年数据》，《上海经济研究》2016 年第 9 期。

马增林、余志刚：《不同社会经济目标下的黑龙江省土地适度经营规模实证研究》，《商业研究》2012 年第 9 期。

梅建明：《再论农地适度规模经营——兼评当前流行的"土地规模经营危害论"》，《中国土地科学》2002 年第 9 期。

倪国华、蔡昉：《农户究竟需要多大的农地经营规模？》，《经济研究》2015 年第 3 期。

钱贵霞、李宁辉：《粮食主产区农户最优生产经营规模分析》，《统计研究》2004 年第 10 期。

钱克明、彭廷军：《我国农户粮食生产适度规模的经济学分析》，《农业经济问题》2014 年第 3 期。

仝冰：《宏观经济计量模型的新发展》，《浙江社会科学》2009 年第 8 期。

石大千、丁海、卫平：《智慧城市建设能否降低环境污染》，《中国工业经济》2018 年第 6 期。

孙浦阳、李飞跃、顾凌骏：《商业信用能否成为企业有效的融资渠道——

基于投资视角的分析》，《经济学》（季刊）2014年第4期。

孙学涛：《新冠肺炎疫情对农业农村经济的影响及补救措施研究》，《山西农业大学学报》2020年第5期。

孙早、刘李华：《信息化提高了经济的全要素生产率吗——来自中国1979—2014年分行业面板数据的证据》，《经济理论与经济管理》2018年第5期。

谭林丽、孙新华：《当前农业规模经营的三种路径》，《西南大学学报》（社会科学版）2014年第6期。

万俊毅、曾丽军、周文良：《乡村振兴与现代农业产业发展的理论与实践探索》，《中国农村经济》2018年第3期。

王国敏、侯守杰：《新冠肺炎疫情背景下中国粮食安全：矛盾诊断及破解路径》，《新疆师范大学学报》2020年第1期。

王金杰、郭树龙、张龙鹏：《互联网对企业创新绩效的影响及其机制研究——基于开放式创新的解释》，《南开经济研究》2018年第6期。

王可、李连燕：《"互联网+"对中国制造业发展影响的实证研究》，《数量经济技术经济研究》2018年第6期。

王恕立、胡宗彪：《中国服务业分行业生产率变迁及异质性考察》，《经济研究》2012年第4期。

王恕立、汪思齐、滕泽伟：《环境约束下的中国服务业全要素生产率增长》，《财经研究》2016年第5期。

王自锋、孙浦阳、张伯伟、曹知修：《基础设施规模与利用效率对技术进步的影响：基于中国区域的实证分析》，《南开经济研究》2014年第2期。

温军、冯根福、刘志勇：《异质债务、企业规模与R&D投入》，《金融研究》2011年第1期。

温涛、陈一明：《数字经济与农业农村经济融合发展：实践模式、现实障碍与突破路径》，《农业经济问题》2020年第7期。

文芳：《产权性质、债务来源与企业R&D投资——来自中国上市公司的经验证据》，《财经论丛》2010年第3期。

吴标兵、林承亮：《智慧城市的开放式治理创新模式：欧盟和韩国的实践及启示》，《中国软科学》2016年第5期。

厦门大学宏观经济研究中心课题组：《中国季度宏观经济模型的开发与应用》，《厦门大学学报》（哲学社会科学版）2007 年第 4 期。

奚国泉、李岳云：《中国农产品品牌战略研究》，《中国农村经济》2001 年第 9 期。

夏益国、宫春生：《粮食安全视阈下农业适度规模经营与新型职业农民》，《农业经济问题》2015 年第 5 期。

肖静华、谢康、吴瑶、廖雪华：《从面向合作伙伴到面向消费者的供应链转型——电商企业供应链双案例研究》，《管理世界》2015 年第 4 期。

肖志敏、冯晟昊：《中美贸易摩擦的经济影响分析——基于增加值贸易视角》，《国际经贸探索》2019 年第 1 期。

邢春冰、贾淑艳、李实：《教育回报率的地区差异及其对劳动力流动的影响》，《经济研究》2013 年第 11 期。

徐伟呈、范爱军：《"互联网+"驱动下的中国产业结构优化升级》，《财经科学》2018 年第 3 期。

徐欣、唐清泉：《财务分析师跟踪与企业 R&D 活动——来自中国证券市场的研究》，《金融研究》2010 年第 12 期。

徐忠：《新时代背景下中国金融体系与国家治理体系现代化》，《经济研究》2018 年第 7 期。

徐宗阳：《资本下乡的社会基础——基于华北地区一个公司型农场的经验研究》，《社会学研究》2016 年第 5 期。

许庆、尹荣梁：《中国农地适度规模经营问题研究综述》，《中国土地科学》2010 年第 4 期。

宣慧玉、高宝俊、李群、冯平：《一个基于离散事件仿真的 Multi-Agent 经济仿真模型》，《信息与控制》2002 年第 1 期。

干春晖、郑若谷、余典范：《中国产业结构变迁对经济增长和波动的影响》，《经济研究》2011 年第 5 期。

严若森、姜潇：《关于制度环境、政治关联、融资约束与企业研发投入的多重关系模型与实证研究》，《管理学报》2019 年第 1 期。

阎寿根：《标准化：品牌农业和品牌战略的基础》，《中国农村经济》2000 年第 9 期。

杨忍、刘彦随、陈秧分：《中国农村空心化综合测度与分区》，《地理研究》2012 年第 9 期。

杨维、姚程、苏梦颖：《城镇化水平影响创新产出的地区差异性和空间依赖性——基于非空间面板与空间面板模型的实证分析》，《中国软科学》2019 年第 7 期。

杨向阳、徐翔：《中国服务业全要素生产率增长的实证分析》，《经济学家》2006 年第 3 期。

叶初升、任兆柯：《互联网的经济增长效应和结构调整效应——基于地级市面板数据的实证研究》，《南京社会科学》2018 年第 4 期。

于景元：《钱学森综合集成体系》，《西安交通大学学报》2006 年第 6 期。

于铁流、李秉祥：《中美贸易摩擦的原因及其解决对策》，《管理世界》2004 年第 9 期。

袁航、茶洪旺、郑婷婷：《创新数量、创新质量与中国产业结构转型互动关系研究——基于 PVAR 模型的实证分析》，《经济与管理》2019 年第 2 期。

袁航、朱承亮：《创新属性、制度质量与中国产业结构转型升级》，《科学学研究》2019 年第 10 期。

袁航、朱承亮：《国家高新区推动了中国产业结构转型升级吗》，《中国工业经济》2018 年第 8 期。

袁航、朱承亮：《西部大开发推动产业结构转型升级了吗？——基于 PSM-DID 方法的检验》，《中国软科学》2018 年第 6 期。

袁敏芳：《关于我国农产品创建名牌的若干思考》，《北京大学学报》2002 年第 1 期。

岳书敬、刘朝明：《人力资本与区域全要素生产率分析》，《经济研究》2006 年第 4 期。

岳希明、张曙光：《我国服务业增加值的核算问题》，《经济研究》2002 年第 12 期。

张华新、刘海莺、程娜：《中美贸易冲突的动因研究与对策——基于美国贸易政策与税改内在逻辑视角》，《东北亚论坛》2019 年第 4 期。

张家平、程名望、韦昕宇、龚小梅、潘烜：《人口信息化与人口城镇化协调性及其时空演变》，《中国人口·资源与环境》2018 年第 12 期。

张杰、芦哲、郑文平：《融资约束、融资渠道与企业 R&D 投入》，《世界经济》2012年第10期。

张龙鹏、钟易霖、汤志伟：《智慧城市建设对城市创新能力的影响研究——基于中国智慧城市试点的准自然试验》，《软科学》2020年第1期。

张侠、赵德义、赵书海：《河北省土地适度规模经营研究》，《商业时代》2010年第7期。

郑曼妮、黎文靖、柳建华：《利率市场化与过度负债企业降杠杆：资本结构动态调整视角》，《世界经济》2018年第8期。

郑湛、徐绪松、赵伟、马海超、陈达：《面向互联网时代的组织架构、运行机制、运作模式研究》，《管理学报》2019年第1期。

周政宁、史新鹭：《贸易摩擦对中美两国的影响：基于动态GTAP模型的分析》，《国际经贸探索》，2019年第2期。

朱信凯、夏薇：《论新常态下的粮食安全：中国粮食真的过剩了吗?》，《华中农业大学学报》（社会科学版）2015年第6期。

Afuah A., "Redefining firm boundaries in the face of the internet: Are firms really shrinking?", *The Academy of Management Review*, Vol. 28, No. 1, 2003.

Aghion P., Howitt P., Mayerfoulkes D., "The Effect of Financial Development on Convergence: Theory and Evidence", *Quaterly Journal of Economics*, Vol. 120, No. 1, 2005.

Aivazian V., Ge Y., Qiu J., "Can corporatization improve the performance of state-owned enterprises even without privatization?", *Journal of Corporate Finance*, Vol. 11, No. 5, 2005.

Allen F., Qian J., Qian M., "Law, finance, and economic growth in China", *Journal of Financial Economics*, Vol. 77, No. 1, 2005.

Almeida R., Carneiro P., "The return to firm investments in human capital", *Labour economics*, Vol. 16, No. 1, 2009.

Arntz M., Boeters S., Gürtzgen N., Schubert S., "Analyzing welfare reform in a microsimulation-AGE model: The value of disaggregation", *Economic Modelling*, Vol. 122, No. 25, 2008.

Atkinson A., Bourguignon F. and Chiappori P., "What do We Learn about

Tax Reform from International Comparisons? France and Britain", *European Economic Review*, Vol. 95, No. 32, 1988.

Backman M., "Human capital in firms and regions: Impact on firm productivity", *Papers in Regional Science*, Vol. 93, No. 3, 2014.

Ballot G., eds., "Firms' human capital, R&D and performance: a study on French and Swedish firms", *Labour economics*, Vol. 8, No. 4, 2001.

Benfratello L., Schiantarelli F., Sembenelli A., "Banks and innovation: Microeconometric evidence on Italian firms", *Journal of Financial Economics*, Vol. 90, No. 2, 2008..

Berger A. N., Udell G. F., "Small business credit availability and relationship lending: The importance of bank organisational structure", *Economic Journal*, Vol. 112, No. 477, 2002.

Bhagat S., Welch I., "Corporate Research & Development Investments International Comparisons", *Journal of Accounting and Economics*, Vol. 19, No. 23, 1995.

Bharadwai Conti G., "Training, productivity and wages in Italy", *Labour economics*, Vol. 12, No. 4, 2005.

Bhattacharya S., Chiesa G., "Proprietary Information, Financial Intermediation, and Research Incentives", *Journal of Financial Intermediation*, Vol. 4, No. 4, 1994.

Boot A. W., Thakor A. V., "Can relationship banking survive competition?", *The Journal of Finance*, Vol. 55, No. 2, 2002.

Borisova G., Brown J. R., "R&D sensitivity to asset sale proceeds: New evidence on financing constraints and intangible investment", *Journal of Banking & Finance*, Vol. 37, No. 1, 2013.

Bourguignon F., Spadaro A., "Microsimulation as a tool for evaluating redistribution policies", *Journal of Economic Inequality*, Vol. 4, No. 1, 2006.

Brandt L., eds., "Creative accounting or creative destruction? Firm-level productivity growth in Chinese manufacturing", *Journal of Development Economics*, Vol. 97, No. 2, 2012.

Brown J. R., Fazzari S. M., Petersen B. C., "Financing Innovation and

Growth: Cash Flow, External Equity, and the 1990s R&D Boom", *Journal of Finance*, Vol. 64, No. 1, 2009.

Brown J. R., Martinsson G., Petersen B. C., "Do financing constraints matter for R&D?", *European Economic Review*, Vol. 56, No. 8, 2012.

Caragliu A., Chiara D. B., Nijkamp P., "Smart cities in Europe", *Journal of Urban Technology*, Vol. 18, No. 2, 2011.

Caragliu A., Chinra D. B., "Smart innovative cities: The impact of smart city policies on urban innovation", *Technological Forecasting and Social Change*, Vol. 42, No. 7, 2019.

Cardona M., Kretschmer T., Strobel T., *ICT and productivity: conclusions from the empirical literature*, Information Economics and Policy, Vol. 25, No. 3, 2013.

Che Y., Lu Y., Tao Z. G., Wang P., "The impact of income on democracy revisited", *Journal of Comparative Economics*, Vol. 41, No. 1, 2013.

Choi, C., eds., "The effect of the Internet on economic growth: Evidence from cross-country panel data", *Economics Letters*, Vol. 105, No. 1, 2009.

Colla P., Ippolito F., Li K., "Debt Specialization", *The Journal of Finance*, Vol. 68, No. 5, 2013.

Conner K. R., "A historical comparison of resource-based theory and five schools of thought within industrial organization economics: do we have a new theory of the firm?", *Journal of management*, Vol. 17, No. 1, 1991.

Cornaggia J., Mao Y., Tian X., eds., "Does banking competition affect innovation?", *Journal of Financial Economics*, Vol. 115, No. 1, 2015.

Creedy J., Duncan A., "Behavioral microsimulation with labor supply responses", *Journal of Economic Surveys*, Vol. 16, No. 1, 2002.

Czarnitzki D., Kraft K., "Capital control, debt financing and innovative activity", *Journal of Economic Behavior & Organization*, Vol. 71, No. 2, 2009.

Czernich N., O. Falck, T. Kretschmer and L. Woessmann, "Broadband Infrastructure and Economic Growth", *The Economic Journal*, Vol. 21, No. 52, 2011.

David P., O'Brien J. P., Yoshikawa T., "The implications of debt heterogeneity for R&D investment and firm performance", *Academy of Management Journal*, Vol. 51. No. 1, 2008.

Engle, R. F. and Granger, C. W. J., "Co-integration and error correction representations, estimation and testing", *Econometrica*, Vol. 55, 1987.

Fisman R., Love I., Trade Credit, "Financial Intermediary Development, and Industry Growth", *The Journal of Finance*, Vol. 58, No. 1, 2003.

Forman C., Goldfarb A., Greenstein S., "How Did Location Affect Adoption of the Commercial Internet? Global Village versus Urban Leadership", *Journal of Urban Economics*, Vol. 58, No. 3, 2005.

Forman C., Goldfarb A., Greenstein S., "The Internet and local wages: A puzzle", *The American Economic Review*, Vol. 102, No. 1, 2012.

Giffinger R., Gudrun H., "Smart cities ranking: An effective instrument for the positioning of the cities?", *Architecture, City and Environment*, Vol. 4, No. 12, 2010.

Glaeser E. L., Kallal H. D., Scheinkman J. A., eds., "Growth in cities", Journal of political economy, Vol. 100, No. 6, 1992.

Glaeser E. L., "Are cities dying?", *The Journal of Economic Perspectives*, Vol. 12, No. 2, 1998.

Gorton G., Kahn J., "The Design of Bank Loan Contracts", *Review of Financial Studies*, Vol. 13, No. 2, 2000

Hall B. H., "The Financing of Research and Development", *Oxford Review of Economic Policy*, Vol. 18, No. 1, 2002.

Henderson J. V., "Marshall's scale economies", *Journal of urban economics*, Vol. 53, No. 1, 2003

Hoshi T., Kashyap A., Scharfstein D., "Corporate Structure, Liquidity, and Investment: Evidence from Japanese Industrial Groups", *Quarterly Journal of Economics*, Vol. 106, No. 1, 1991.

Hsu P. H., Tian X., Xu Y., "Financial development and innovation: Cross-country evidence", *Journal of Financial Economics*, Vol. 112, No. 1, 2011.

Ivus O., Boland M., "The employment and wage impact of broadband deployment in Canada", *Canadian Journal of Economics*, Vol. 48, No. 5, 2015.

Jimenez-RodriguezR., "Evaluating the Effects of Investment in Information and Communication Technology", *Economics of Innovation and New Technology*, Vol. 21, No. 2, 2012.

Jorgenson, D. W., eds., "A Retrospective Look at the U. S. Productivity Growth Resurgence", *Journal of Economic Perspectives*, Vol. 22, No. 1, 2008.

Justin Yifu Lin, Xin Wang, "Trump Economics and China-US trade imbalances", *Journal of Policy Modeling*, Vol. 40, No. 3, 2018.

King R. G., Levine R., "Finance and Growth: Schumpeter Might be Right", *The Quarterly Journal of Economics*, Vol. 108. No. 3, 1993.

Labeaga J., Oliver X., Spadaro A., "Discrete choice models of labour supply, behavioural microsimulation and the Spanish tax reforms ", *Journal of Economic Inequality*, Vol. 6, No. 9, 2008.

Lewis T., Sappington D., "TechnologicalChange and theBoundaries of theFirm", *American Economic Review*, Vol. 81, No. 4, 1991.

Mann W., "Creditor rights and innovation: Evidence from patent collateral", *Journal of Financial Economics*, Vol. 130, No. 1, 2018.

Miyazaki S., Idota H., Miyoshi H., "Corporate productivity and the stages of ICT development", *Information Technology and Management*, Vol. 13, No. 1, 2012.

Moore E., "Cramming More Components Onto Integrated Circuits", *Electronics*, Vol. 38, No. 8, 1965.

Moretti E., "Workers' education, spillovers, and productivity: evidence from plant-level pro-duction functions", *American Economic Review*, Vol. 94, No. 3, 2004.

Moser P., Voena A., "Compulsory licensing: Evidence from the trading with the enemy act", *American Economic Review*, Vol. 102, No. 1, 2012.

Oliner, S. D., D. E. Siechel, and K. J. Stiroh, "Explaining a Productive Decade", *Journal of Policy Modeling*, Vol. 30, No. 4, 2008.

Opler T. C., Titman S., "Financial Distress and Corporate Performance", *Journal of Finance*, Vol. 49, No. 3, 1994.

Rajan R. G., Zingales L., "Financial Dependence and Growth", *American Economic Review*, Vol. 88, No. 3, 1998.

Rauh J. D., Sufi A., "Capital structure and debt structure", *The Review of Financial Studies*, Vol. 23, No. 12, 2010.

Romer P. M., "Endogenous Technological Change", *Journal of Political Economy*, Vol. 98, No. 5, 1990.

Romm J., "The internet and the new energy economy", *Conservation and Recycling*, Vol. 36, No. 3, 2002.

Rostow W., "the Stages of Economic Growth", *The Economic History Review*, Vol. 12, No. 1, 1959.

Saxenian A., "Contrasting patterns of business organization in Silicon Valley", *Environment and Planning D: Society and Space*, Vol. 10, No. 4, 1992.

Shapiro J. M., "Smart cities: quality of life, productivity, and the growth effects of human capital", *The review of economics and statistics*, Vol. 88, No. 2, 2006.

Sims, C., "Macroeconomics and Reality", *Econometrica*, Vol. 48, No. 1, 1980.

Song Z., Storesletten K., Zilibotti F., "Growing Like China", *American Economic Review*, Vol. 101, No. 1, 2011.

Stein J. C., "Takeover Threats and Managerial Myopia", *Journal of Political Economy*, Vol. 96, No. 1, 1988.

Suedekum J., "Human capital externalities and growth of high-and low-skilled jobs", *Jahrbücherfür Nationalökonomie und Statistik*, Vol. 230, No. 1, 2010.

Suk Hi Kim, Mario Martin-Hermosillo, Junhua Jia, "The U. S. – China Trade Friction: Causes and Proposed Solutions", *Journal of Applied Business and Economics*, Vol. 16, No. 5, 2014.

Varian, H. R., "Computer Mediated Transactions", *American Economic Review*, Vol. 100, No. 2, 2010.

Veselitskaya N., Karasev O., Beloshitskiy A., "Drivers and barriers for smart cities development", *Theoretical and Empirical Researches in Urban Management*, Vol. 14, No. 1, 2019.

Vriend N. J., "An illustration of the essential difference between individual and social learning, and its consequences for computational analyses", *Journal of economic dynamics and control*, Vol. 24, No. 1, 2000.

Williamson O. E., "Transaction Cost Economics", *Handbook of Industrial Organization.* 1989, Vol. 1, No. 1, 1989.

Winters J. V., "Why are smart cities growing? Who moves and who stays", *Journal of Regional Science*, Vol. 51. No. 2, 2011.

Yushkova E., "Impact of ICT on Trade in Different Technology Groups: Analysis and Implications", *International Economics and Economic Policy*, Vol. 11, No. 1, 2014.

Zhang J., eds., "The future is in the past: Projecting and plotting the potential rate of growth and trajectory of the structural change of the Chinese economy for the next 20 years", *China & World Economy*, Vol. 23, No. 1, 2015.

Zhu S., Li D., Feng H., "Is smart city resilient? Evidence from China", *Sustainable Cities and Society*, Vol. 50, No. 6, 2019.